HANNE K. GÖTZE
Die Sehnsucht kleiner Kinder

Hanne K. Götze

Die Sehnsucht kleiner Kinder

Liebe und Geborgenheit
in der Erziehung –
Eine Ermutigung für Eltern

ARES VERLAG

Umschlaggestaltung: DSR – Digitalstudio Rypka / Iris Schwarzl, Dobl
Umschlagabb. Vorderseite: Adobe Stock / inarik
Bildnachweis: Archiv Verlag: 95, 102; Blausen.com / WikiJournal of Medicine: 61; Archiv der Autorin: sonstige.

Wir haben uns bemüht, bei den hier verwendeten Bildern die Rechteinhaber ausfindig zu machen. Falls es dessen ungeachtet Bildrechte geben sollte, die wir nicht recherchieren konnten, bitten wir um Nachricht an den Verlag. Berechtigte Ansprüche werden im Rahmen der üblichen Vereinbarungen abgegolten.

Bibliographische Information der Deutschen Nationalbibliothek
Die Deutsche Nationalbibliothek verzeichnet diese Publikation in der Deutschen Nationalbibliografie; detaillierte bibliografische Daten sind im Internet unter https://www.dnb.de abrufbar.

Erklärung des Verlags
Medizin, Psychologie und angrenzende wissenschaftliche Fachbereiche unterliegen fortwährenden Entwicklungsprozessen, sodass alle im vorliegenden Buch enthaltenen Angaben – insbesondere zu gesundheitlichen und therapeutischen Implikationen – immer nur dem Wissensstand zum Zeitpunkt des Abdrucks der jeweiligen Quellen entsprechen können. Hinsichtlich der angegebenen Empfehlungen wurde seitens der Verfasserin die größtmögliche Sorgfalt beachtet.
Nichtsdestoweniger bleibt der Leser selbst verantwortlich für jede Interpretation und/oder Umsetzung der im vorliegenden Buch vertretenen Positionen und wird hiermit ausdrücklich dazu aufgefordert, im Zweifelsfall einen Spezialisten zu konsultieren.

Hinweis: Dieses Buch wurde auf chlorfrei gebleichtem Papier gedruckt. Die zum Schutz vor Verschmutzung verwendete Einschweißfolie ist aus Polyethylen chlor- und schwefelfrei hergestellt. Diese umweltfreundliche Folie verhält sich grundwasserneutral, ist voll recyclingfähig und verbrennt in Müllverbrennungsanlagen völlig ungiftig.

Auf Wunsch senden wir Ihnen gerne kostenlos unser Verlagsverzeichnis zu:
Ares Verlag GmbH
Hofgasse 5 / Postfach 438
A-8011 Graz
Tel.: +43 (0)316/82 16 36
Fax: +43 (0)316/83 56 12
E-Mail: ares-verlag@ares-verlag.com
www.ares-verlag.com

ISBN 978-3-99081-014-9

Alle Rechte der Verbreitung, auch durch Film, Funk und Fernsehen, fotomechanische Wiedergabe, Tonträger jeder Art, auszugsweisen Nachdruck oder Einspeicherung und Rückgewinnung in Datenverarbeitungsanlagen aller Art, sind vorbehalten.

© Copyright by Ares Verlag, Graz 2019

Layout: Ecotext-Verlag, Mag. G. Schneeweiß-Arnoldstein, A-1010 Wien
Gesamtherstellung: Christian Theiss GmbH, A-9431 St. Stefan
Printed in Austria

Inhalt

Vorwort 7

1. Stillen & Co. – Was ist eigentlich Mütterlichkeit? 9
   - Stillen – still werden 11
   - Getragen werden – getragen sein 25
   - Liebevoll anschauen – gesehen werden 30
   - Liebevoll Ansprechen – sich angesprochen fühlen 33
   - Zärtlich berühren – berührt sein 37
   - Zusammen schlafen – Nestwärme spüren 39
   - Da sein – Vertrauen lernen 45

2. Das Band der Liebe – Was ist eigentlich Bindung,
   wie entsteht sie und welche Bedeutung hat sie? 49
   - Bindung über die Sinne 51
   - Bindung durch Gleichheit/Identifikation 51
   - Bindung durch Zugehörigkeit und Loyalität 52
   - Bindung durch Bedeutsamkeit 52
   - Bindung über das Gefühl 53
   - Bindung durch Vertrautheit 53
   - Bindung – Basis der Selbstständigkeit 54
   - Bindung – Basis des Beziehungsaufbaus zu anderen
     Personen 54
   - Bindung – Basis für Erziehung und Bildung 55
   - Bindung – Basis für Gesundheit und Sozialverhalten ... 56

3. Geheimnis Gehirn – Einige Ergebnisse der
   Hirnforschung 60

4. Wer bin ich? – Entwicklungspsychologische Grundlagen
   des frühkindlichen Verhaltens 67

5. Der kleine Trotzkopf – Wie setzt man liebevoll
   Grenzen? 75

6. Mama oder Papa – ist das nicht egal? 82

7. Scheiden tut weh – Was bedeutet Trennung
 für ein kleines Kind? 88

8. Frühe Wunden – späte Schmerzen: einige mögliche
 Spätfolgen früher Trennung 99
 Anzeichen für seelische Probleme 99
 Anzeichen für Lern- und Sprachprobleme 100
 Anzeichen für Beziehungsprobleme/Bindungsangst 101
 Anzeichen für die Wiederholung von Bindungserfahrungen .. 104

9. Geborgenheit von Anfang an 107

10. Bindungs-los – kinderfeindliche Tendenzen unserer
 Gesellschaft 110

11. Wie kann ich den Alltag mit kleinen Kindern
 bewältigen? 116
 Bindung leben und zulassen! 119
 Essen, Trinken, Schlafen nicht vergessen! 119
 Prioritäten setzen! 120
 Von Tag zu Tag denken! 121
 Alles hat seine Zeit! 121
 Hausarbeit mit kleinen Kindern einüben! 122
 Ausruhen mit kleinen Kindern einüben! 123
 Den Ehepartner nicht aus dem Blick verlieren! 123

12. Und was habe ich davon? –
 Über Lebensglück und Muttersein 125

Schlusswort 129

Anhang
 Quellen- und Literaturverzeichnis 131
 Glossar 138
 Stellungnahme zum „Tag des Kindes" 2018: Kinder sind
  die Zukunft unserer Gesellschaft 140
 Anmerkungen 141

Vorwort

Nachdem mein Buch „Kinder brauchen Mütter" erschienen war, wurde vielfach der Wunsch an mich herangetragen, noch einmal etwas Kürzeres für junge Eltern mit wenig Zeit zu schreiben. Dem bin ich gerne nachgekommen. Während mein erstes Buch als Diskussionsbeitrag an die gesamte Gesellschaft gerichtet war und deshalb ausführlich auch die sozialen und politischen Zusammenhänge beleuchtete, in denen Muttersein und Familie sich abspielen, will ich nun zentral die wichtigsten wissenschaftlichen Erkenntnisse zur frühen Kindheit beschreiben. Inzwischen neu hinzugekommene Forschungsergebnisse, welche in mein erstes Buch noch keinen Eingang finden konnten, habe ich hier aufgenommen. Es begeistert mich immer wieder, was die Wissenschaftsgebiete Entwicklungspsychologie, Bindungsforschung und Hirnforschung zutage gebracht haben, und dass sie trotz unterschiedlicher Herangehensweisen zu den gleichen Ergebnissen kommen: Eltern sind das Kostbarste und Wichtigste für (kleine) Kinder. Es sind die einfachen, uralten Dinge, die in unserer Natur als Menschen liegen, die – wenn wir sie tun und leben – mit uns für das Gedeihen unserer Kinder „arbeiten". Und nicht nur das: Wenn wir uns darauf einlassen, dann wird die Mammutaufgabe des Elternseins nicht nur leichter, sondern auch wir gehen nicht leer dabei aus. Die Lebendigkeit des Lebens steht sozusagen hinter uns.

Dieses Wissen, verknüpft mit eigenen Erfahrungen und erprobten Tipps anderer liebevoller Familien, möchte ich Ihnen, liebe Eltern, in die Hand geben. Es soll Sie ermutigen und Ihnen Orientierung im Alltäglichen, aber auch bei Grundsatzentscheidungen geben. Es soll Ihnen einen liebevollen Blick auf Ihr Kind und seine Bedürfnisse schenken, Ihren Blick aber auch für gesellschaftliche Trends schärfen, die dem Kind schaden können. In einigen Punkten werfe ich einen Blick über die frühe Kindheit hinaus, weil das Umsorgen des kleinen Kindes die Grundlage für später schafft. Wenngleich alle Kapitel inhaltlich miteinander verbunden sind, kann auch jedes Kapitel für sich allein gelesen werden, so wie man gerade Zeit und Interesse hat.

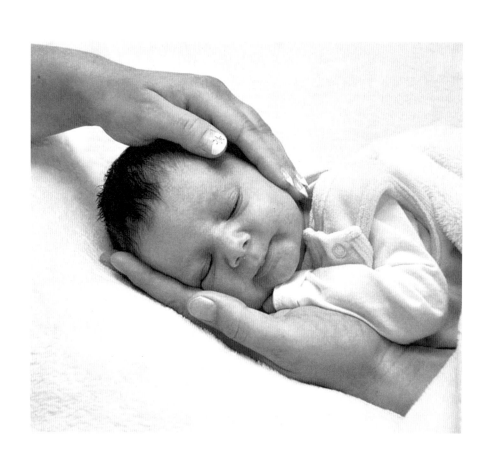

1. Stillen & Co. – Was ist eigentlich Mütterlichkeit?

Was wünschen wir uns, wenn wir ein Kind bekommen? Wir wünschen uns das Beste für unser Kind! Dass alles gut mit ihm wird, dass es gedeiht und dass es gesund groß wird. Wir wünschen uns, dass es später unbeschadet die „Hürden" der Pubertät nimmt und dass dann der Lebensaufbau – die Berufs- und Partnerwahl – gelingen möge. Kurz, wir wünschen uns Freude an und mit unserem Kind, eine geglückte Erziehung und eine glückliche Beziehung zueinander. Das ist die Sehnsucht aller Eltern. Und wenn es gelingt, ist das das Glück der Eltern![1]

Aber wie können wir das erreichen? Gibt es so etwas wie eine tragfähige Leitlinie, oder ist es einfach nur Schicksal, wie sich ein Kind entwickelt? Schließlich gibt es ja so viele äußere Einflüsse. Um darauf eine Antwort zu finden, lohnt es sich, dorthin zu schauen, wo alles beginnt – an den Lebensanfang. Und wir sollten uns fragen: Was ist die Sehnsucht kleiner Kinder?

Immer wenn ich wieder ein Neugeborenes im Arm halten konnte und in sein Gesichtchen sah, dachte ich: Es schaut so ernst und eindringlich, als wüsste es ganz genau, wonach es sich sehnt. Es kann es bloß noch nicht in Worte fassen. *Der Mensch kommt mit einer großen Grundsehnsucht zur Welt. Diese Grundsehnsucht ist die Liebe.* Eine Liebe, die ihn *annimmt* und die ihm *bedingungslos* geschenkt wird.

Liebe ist nicht etwas, was theoretisch vorausgesetzt oder formuliert werden kann, um empfunden zu werden. *Liebe muss ankommen.* Die Liebe muss unter die Haut gehen und direkt ins Herz treffen. Ein Baby muss sie hautnah mit allen Sinnen und mit allen Fasern spüren, denn anders kann es Liebe noch nicht wahrnehmen.[2] Das passiert dann, wenn die instinktiven und elementaren Lebensbedürfnisse des Kindes erfüllt werden. Es ist durch die neun Monate während Schwangerschaft geprägt und an eine vollkommen umschließende Geborgenheit der Mutter gewöhnt. Ich glaube, es kennt uns viel besser als wir das Kind. Und nach der Geburt in eine kalte, helle, laute und unendlich weite Welt – der Ent-Bindung – braucht es sofort wieder Bindung. Es braucht sofort wieder die unmittelbare *Nähe* zu genau dieser Person, eben seiner Mama: die Wärme ihres Körpers, das Umschlossensein in ihren Armen, ihre Haut, ihren Herzschlag, den Klang ihrer Stimme, und – was neu ist – ihr liebes Gesicht und die gute warme Milch aus ihrer Brust für das bis dahin unbekannte Hungergefühl im Bauch. Bekommt es das, dann „weiß" das Kleine, dass alles gut ist. Es wird still und friedlich. Sein Körper und seine Seele, die in dieser Phase noch völlig eins sind, fühlen sich wohl. Und in seinem Innersten kommt an: *Ich werde geliebt. Ich bin wertvoll.* Damit diese Botschaft sich dauerhaft in seiner Seele verankern kann, muss dieses Wohlgefühl immer wieder hergestellt werden. Die *im* Körper der Mutter begonnene körperliche und emotionale Entwicklung kann nur *an* ihrem Körper fortgesetzt werden. Die sensorischen Impulse, die das kindliche Gehirn bereits im Mutterleib empfangen hat, müssen für seine optimale Entfaltung fortwirken können. Das Kind braucht die elementare körperliche Mutterwahrnehmung.[3] „Wesentlich ist die Kommunikation zwischen Kind und Mutter, die sich in Anatomie und Physiologie lebendiger Körper abspielt." So drückte es der englische Kinderarzt und Psychotherapeut Donald Winnicot aus.[4]

Das kleine Kind sehnt sich nach der Wellness-Oase „Mama", es sehnt sich nach ihrer Mütterlichkeit, nach den Mütterlichkeitsantworten auf seine Bedürfnisse.[5] *Mütterlichkeit ist also – so meine persönliche Definition – die emotionale Fähigkeit und die Motivation einer Mutter, die elementaren Grundbedürfnisse ihres Kindes zu stillen.* Sie ist unsere Fähigkeit, unsere Kinder aus der Sicht unseres Herzens zu umgeben und zu betreuen. Diese Fähigkeit ist bereits in uns Frauen angelegt, sie erwacht – sofern sie nicht durch verschiedene Faktoren blockiert wird – durch Schwangerschaft, Geburt sowie durch die unmittelbare Nähe zum Kind nach der Geburt, nämlich durch die dabei ausgeschütteten speziellen Hormone. Wir werden überschwemmt davon, wenn wir unserem Kind das erste Mal in die Augen sehen und seine Nähe spüren. Dann verlieben wir uns in unser Kind.[6] Das ist die sogenannte *erste Bindung*, das Bonding.[7]

Für viele Mutter-Kind-Paare in der Zeit unserer Mütter und Großmütter wurde dieser Moment durch die trennende Klinikbetreuung von Mutter und Kind gleich nach der Geburt verdorben. Kein Wunder, dass viele Mütter nicht stillen konnten, aber auch, dass so manche den Zugang zu ihrem Kind nicht richtig finden und diese Kluft nicht überwinden konnten.[8] Das Zeitfenster für das Bonding wurde verpasst, und ich vermute, dass so manche Mutter-Kind-Paare sogar ein Leben lang daran kranken. Bei meinem ersten Kind erlebte ich das in der Klinik. Ich erinnere mich an das Gefühl, mit einem quasi fremden Kind nach Hause zu fahren: Ich war irritiert und schämte mich dessen. Welch ein Fortschritt, dass sich heute immer mehr die Überzeugung durchsetzt, wie wichtig das Bonding ist!

Mütterlichkeit ist die Antwort auf die Sehnsucht kleiner Kinder. Sie wird gelebt, indem die Mutter spontan und intuitiv immer wieder erspürt, was ihr Kind gerade braucht: Sie reagiert auf die Signale des Kindes mit Stillen, Tragen, liebevoller Schlafbegleitung, Liebkosen sowie liebevollem Ansehen, Ansprechen und treuem und verlässlichem Da-Sein. Und indem sie das tut, entwickelt sich eine symbiotische* Beziehung[9] zwischen Mutter und Kind – eine Verbundenheit mit allen Fasern.

Stillen – still werden

Wenn das Baby schreit, ist der erste Impuls seiner Mutter, es an sich zu nehmen und zu stillen. Es ist das tiefste Ziel mütterlichen Empfindens, dass das Kind aufhört zu schreien. Es gibt nichts Nervenaufreibenderes für eine Mutter, als wenn ihr Kind schreit und sie es nicht schafft, es zu stillen – zu beruhigen. Und umgekehrt ist es Glück pur, wenn man es schafft, sein Kind satt und zufrieden zu machen. Ich kenne beide Gemütszustände und bin dankbar für die glücklichen Stillbeziehungen, die ich genießen durfte. Je mehr ich damit befasst war, desto mehr faszinierte mich das Phänomen „Stillen und Muttermilch" – die darin steckenden Gesetze des Lebens. Was können wir Mütter unseren Kindern doch Gutes geben, ohne dass wir uns über Details den Kopf zerbrechen müssen!

Die Muttermilch allein ist schon „ein besonderer Saft". Sie ist immer keimfrei, frisch, richtig temperiert, jederzeit verfügbar und – wie ein begeisterter Vater einmal mir gegenüber bemerkte – so wunderschön „verpackt". Ihre Zusammensetzung ist optimal; so „wächst" sie etwa mit dem Kind mit, sodass sie für ein Neugeborenes anders zusammengesetzt ist als für ein fünf Monate altes Baby oder ein neun Monate altes Krabbelkind, und selbst für Frühchen ist gesorgt. Ihre optimale Zusammensetzung bewirkt eine ebenso optimale Aufnahme und Verarbeitung im Körper; Muttermilch ist eine quasi körpereigene Nahrung, die zum Beispiel auch die Bronchialschleimhaut kaum reizt, sollte einmal etwas in den „falschen Hals" geraten sein.[10]

Stillen gleicht jedesmal einem festlichen Drei-Gänge-Menü: erst die durstlöschende Vorspeise, dann der Hauptgang und zum Schluss das Dessert mit viel Sahne. Dabei gibt es noch Variationen nach Tages- und sogar nach Jahreszeit; so ist die Muttermilch am frühen Nachmittag fettreicher als zu anderen Tageszeiten und nachts sowie in der wärmeren Jahreszeit bzw. an heißen Tagen dünnflüssiger und durstlöschender als in der kühleren. Gerade an heißen Tagen möchte ein Baby möglicherweise besonders häufig gestillt werden: Es trinkt dann instinktiv immer nur den zuerst kommenden, dünnflüssigeren Anteil der Muttermilch – das sogenannte Dursttrinken.

Auch die abgegebene Menge der Muttermilch kann ständig angepasst werden: Wird nach Bedarf gestillt, funktioniert das Zusammenspiel von Brustdrüse und Gehirn wie ein gut geführtes Unternehmen – Angebot und Nachfrage stellen sich aufeinander ein; wir brauchen nicht abzumessen, zu wiegen oder Kalorien zu zählen. Das Wissen darum ist vor allem wegen der Wachstumsschübe eines Babys (ca. am 10. Tag, in der 6. bis 8. Woche, der 12. Woche und mit 5 Monaten) so wichtig. Das sind meiner Erfahrung nach die klassischen Abstillzeiten, weil eine Mutter, die noch immer vom Vier-Stunden-Rhythmus ausgeht, glaubt, zufüttern zu müssen. Und Zufüttern leitet oftmals das Abstillen ein. Dabei braucht es meist nur ein paar

Tage mehr Anlegen sowie Geduld, Gelassenheit und Selbstvertrauen, und das Kleine wird wieder satt und zufrieden.

Zum optimalen Verhältnis von Wasser, Eiweißen, Fetten und Kohlenhydraten kommen noch Vitamine, Mineralstoffe – wichtig ist hier die ausgewogene Ernährung der Mutter – und Abwehrstoffe hinzu. Die Abwehrstoffe sind zunächst in der Vormilch (Kolostrum) und dann in der Muttermilch für ein Krabbelkind besonders hoch. Diese Milchzusammensetzungen enthalten Immunglobuline und sogar lebende Zellen. Wenn man bedenkt, dass erst im Alter von drei Jahren das kindliche Immunsystem als ausgereift gilt, so ist allein schon deshalb die Bedeutung des Stillens bis in die Kleinkindzeit nicht hoch genug einzuschätzen. Wunderbarerweise werden die Abwehrstoffe entsprechend den Erregern gebildet, mit denen die Mutter zusammenkommt. Das Kleine ist dadurch gegen Familieninfekte ebenso geschützt (bzw. übersteht sie leichter und schneller) wie gegen Erreger, die außer Haus Mutter und Kind „umwehen". Hier zeigt sich bereits, wie wichtig der beständige Kontakt und die gelebte Nähe von Mutter und Kind in einem gemeinsamen Umfeld für die Gesundheit des Kindes sind. Muttermilch unterstützt auf dieser körperlichen Ebene den natürlichen mütterlichen Schutzimpuls.

Muttermilch ist in unnachahmlicher Weise optimal für das kleine Menschenkind, ihr Nährwert kann von keiner Ersatznahrung erreicht werden – es ist eben die ganz spezielle Milch einer individuellen Mama für ihr ganz individuelles Kind. Vergleicht man die Muttermilch hinsichtlich ihrer Zusammensetzung mit Milch der Säuger aus dem Tierreich, ergibt sich ein deutlicher Unterschied: *Muttermilch ist auf Gehirnentwicklung und -wachstum ausgerichtet.* So beträgt die Größe des Neugeborenengehirns ein Drittel des ausgewachsenen Zustandes und nach einem Jahr bereits zwei Drittel. Kuhmilch ist hingegen die ideale Milch für das Kalb, denn sie befördert das Muskelwachstum. In Robbenmilch bewirkt wiederum der hohe Fettanteil den Aufbau von viel Fettgewebe, das den kleinen Robben in ihrer kühlen und nassen Umgebung das Überleben sichert.

Bei den Eiweißen in der Milch handelt es sich hauptsächlich um Kasein und Lactalbumin. Kasein ist ein klumpig gerinnendes Eiweiß, Lactalbumin ist sehr viel feiner strukturiert. In der Muttermilch beträgt das Verhältnis Kasein zu Lactalbumim 2:3, in der Kuhmilch 12:3; Kuhmilch und darauf basierende Ersatznahrung enthalten also einen hohen Anteil schwer verdaulichen Eiweißes, das durch seine Neigung, zähe Klumpen zu bilden, die Verdauung der Babys erheblich belasten kann. Diese Verklumpung soll in künstlicher Babynahrung durch einen hohen Wasseranteil und Schleimzusatz verhindert werden. Muttermilcheiweiß wird dagegen vom Baby vollkommen aufgenommen. Der hohe Lactalbuminanteil ist leichter, aber auch schneller verdaulich. Aus diesem Grund wollen die Kinder zunächst öfter gestillt werden. Sie brauchen häufiger kleine Mahlzeiten, als es für Flaschenkinder vorgesehen ist. So kommt es leider aufgrund mangelnden

Wissens bisweilen dazu, dass eine junge Mutter sich selbst unter Druck setzt oder von anderen unter Druck gesetzt wird, weil für die Betreuung des Babys zeitlich nur der Vier-Stunden-Rhythmus eingeplant ist, während ein Stillkind einfach auch einmal öfters „seine Bedürfnisse anmeldet". Ein wunderbarer Nebeneffekt des häufigeren Anlegens sollte nicht übersehen werden: Das Baby erhält zwangsläufig mehr Zuwendung und dadurch auch mehr positive Entwicklungsreize für das kleine Gehirn.

Muttermilch enthält ca. 4 % Fette. Muttermilchfett ist ebenfalls anders aufgebaut als Kuhmilchfett. Sie enthält wesentlich mehr ungesättigte Fettsäuren, während die Kuhmilch Butterfett enthält, das ein Baby nur schlecht verwerten kann. Die Hersteller der Flaschennahrung haben daher bisweilen pflanzliche Öle zugesetzt und eine der Muttermilch ähnliche Fettsäure entwickelt. Die menschlichen Fettsäuren bleiben jedoch unnachahmlich. Neben dem Aufbau der Zellmembranen und der Entwicklung der Augen sind diese Fettsäuren ebenfalls auf Gehirnwachstum und die Reifung des gesamten Nervensystems und damit wiederum auf Intelligenz und Lernfähigkeit ausgerichtet. Ein in der Muttermilch enthaltenes Enzym, die Lipase, hilft dem Kind bei der Verwertung der Fette für seinen Energiehaushalt und den Aufbau von Fettpölsterchen. So ein süßes Baby reizt uns zum Knuddeln und Schmusen. Und das sind immer wieder positive Anreize für die Gehirnentwicklung. Die Fettsäuren haben nicht nur eine für unser Gehirn optimale Wirkung und schützen vor Infektionen, sondern senken überdies lebenslang die Risiken für Herz- und Gefäßerkrankungen sowie Multiple Sklerose und Krebs.

Der zweitwichtigste Energielieferant ist der Milchzuckeranteil (Laktose). Er ist in der Muttermilch doppelt so hoch wie in der Kuhmilch. Und es ist wiederum interessant, dass dieser Anteil umso größer ist, je größer das Gehirn der betreffenden Gattung ist. Die speziellen menschlichen Milchzucker tragen auf ihre Weise zur Gehirnentwicklung bei.[11] Laktose unterstützt ferner die Verwertung bestimmter Mineralstoffe (zum Beispiel Kalzium) für den Aufbau von Knochen und Zähnen. Somit ist auch hier eine positive Langzeitwirkung der Muttermilch feststellbar.

Während der Laktoseanteil von Flaschennahrung dem der Muttermilch angeglichen werden kann, lassen sich andere Zuckeranteile nicht nachahmen. Eine ganz besondere Rolle spielt der sogenannte Bifidusfaktor; er bewirkt das Gedeihen des Lactobacillus bifidus in der Darmflora des Kindes. Das durch ihn erzeugte saure Milieu wirkt der Ausbreitung von Krankheitserregern wie Kolibakterien und Streptokokken (Angina- und Scharlacherreger) entgegen – der beste Schutz gegen die damit verbundenen Krankheiten. Die Säuglingsenteritis (Durchfall) beispielsweise kann durch die relativ schnell eintretende Austrocknung lebensbedrohlich werden.

Muttermilch ist deshalb – sollte sich ein Stillkind einen Darminfekt zugezogen haben – auch die beste Heilnahrung, sogar noch bei einem gestillten Kleinkind. Oft sind die kranken Kleinen so verstimmt, dass sie jede andere Nahrung verweigern, nehmen aber instinktiv die Muttermilch aus der Brust – verbunden mit wohltuender und tröstlicher Nähe – an. Dadurch ist meist die Gefahr des Zusammenbruchs des Mineralstoff- und Wasserhaushaltes gebannt und der Infekt insgesamt schnell überstanden.

Auch Vitamine und Mineralstoffe sind in der Muttermilch in optimaler Menge und Aufbereitung vorhanden. Und obwohl sie darin in geringerer Menge als etwa in der Kuhmilch enthalten sind, werden sie vollkommen aufgenommen, während die größere, zugesetzte Menge in künstlicher Nahrung teilweise wieder ausgeschieden wird oder unter Umständen den kindlichen Körper zusätzlich belastet. Der hohe Mineralstoffanteil der Kuhmilch beeinträchtigt den Flüssigkeitshaushalt und die Nieren.

Schon bei diesen kurzen Ausführungen über die Muttermilch wird eines deutlich: Muttermilch ist der „Natur-Schutz" für unser Kind. Im Umkehrschluss heißt das: Ohne Stillen erhöhen sich die gesundheitlichen Risiken für unsere Kinder, und zwar möglicherweise lebenslang. Kinder, die künstliche Nahrung bekommen, erkranken zum Beispiel doppelt so häufig an Mittelohrinfektionen wie Kinder, die das erste Lebensjahr hindurch gestillt werden.

Magen- und Darmerkrankungen treten bei nichtgestillten Kindern mehr als doppelt so oft auf wie bei gestillten. Wenn Säuglinge nur 15 Wochen lang gestillt werden, bietet die Muttermilch immerhin sieben Jahre lang einen erhöhten Schutz vor Atemwegsinfektionen. Ferner verringert sich durch Muttermilch die Gefahr von Übergewicht und Fettsucht, denn der gesamte Gewebeaufbau ist anders als bei künstlicher Ernährung, der Stoffwechsel wird in natürlicher Form aufgebaut, der natürliche Rhythmus von Hunger- und Sättigungsgefühl kann sich entfalten. Nichtgestillte Kinder sind mit sechs Jahren doppelt so oft übergewichtig und dreimal so häufig fettleibig wie Kinder, die länger als ein Jahr gestillt wurden. In Deutschland sind etwa 10 bis 15 % der Kinder bereits bei der Einschulung übergewichtig – mit steigender Tendenz. Ende 2017 meldete die WHO, dass jedes 14. Mädchen und jeder neunte Junge in Deutschland fettleibig sei.[12] Dass viele Erwachsene Gewichtsprobleme haben, ist augenfällig. Und das hängt nicht nur mit unserem materiellen Wohlstand zusammen. Wir (ich meine die meisten Erwachsenen) sind aufgrund der Falschberatung unserer Mütter eine kaum gestillte Generation.

Das Risiko späterer Herz-Kreislauf-Erkrankungen ist bei nichtgestillten Kindern ebenfalls erhöht, denn die Muttermilchzusammensetzung hat eine unmittelbar blutdrucksenkende Wirkung: Eine Studie an der Bristol University[13] an mehr als 4700 Kindern im Alter bis sieben Jahre ergab einen um durchschnittlich 0,8 mmHg niedrigeren systolischen und einen um durchschnittlich 0,6 mmHg niedrigeren diastolischen Druck bei gestillten Kindern. Je länger ein Kind gestillt wurde, desto größer waren die Auswirkungen auf den diastolischen Druck. Diese Ergebnisse blieben auch gleich, als weitere Faktoren wie Geburtsgewicht und Herkunft der Mutter berücksichtigt wurden. Die Wissenschaftler nehmen an, dass Blutdruckwerte schon sehr früh festgelegt werden und dass dadurch ein positiver Langzeiteffekt des Stillens eintritt.

Ohne Muttermilch besteht die Gefahr, später Allergien zu entwickeln. Dass Allergien inzwischen Volkskrankheiten sind, ist wenig überraschend, denn die meisten von uns kamen allzu früh mit Flaschennahrung in Berührung. Leider ist es so, dass bereits der erste, frühe Kontakt mit Fremdeiweißen das zarte, unreife Immunsystem des Babys sensibilisiert.[14] Bereits die erste Flasche, die unter Umständen ohne Zustimmung und Wissen der Mutter nachts auf einer Entbindungsstation verabreicht wird, reicht also, um diese Schwächung zu erzielen. Der Grund: Die komplexen Fremdeiweiße werden im jungen Darm ungenügend aufgespalten und wandern durch die Darmschleimhaut, deren Zellen noch nicht fest miteinander verbunden sind, ungehindert in die Blutbahn, was die Sensibilisierung verursacht.[15] Untersuchungen haben gezeigt: Wird vor dem Ende des vierten Lebensmonats eine andere Milchnahrung als Muttermilch verabreicht, steigt das Erkrankungsrisiko der Kinder für Asthma im engeren Sinne um 25 %, für mehrfach auftretende asthmatische Symptome wie keuchenden Husten bzw. keuchende Atmung um 41 %. Grundlage dieser asthmatischen Beschwerden sind oft Atemwegsallergien, erzeugt etwa durch Pollen oder Hausstaub.[16]

Ein weiteres gesundheitliches Risiko der künstlichen Ernährung kann von den Flaschen ausgehen. Schließlich wurde die Glasflasche von der Plastikflasche abgelöst. Im September 2008 ging eine Meldung durch die Medien, wonach die in Flaschenmaterial enthaltene Substanz Bisphenol A in die Nahrung übergehe und das Gehirn des Kindes schädigen könne.

Erhebliche Risiken durch künstliche Milch können ferner auch dann entstehen, wenn diese zum Beispiel durch Überlagerung Krankheitserreger enthält oder ihr bei der Herstellung Stoffe beigemengt werden, die sich als schädlich herausstellen. So wurde ebenfalls im September 2008 bekannt, dass in China Flaschennahrung mit dem Kunstharzgrundstoff Melamin verpanscht worden war. Hunderttausende Säuglinge entwickelten dadurch schwere Nierenprobleme, sechs von ihnen starben.

Und so intim das Stillen auch ist, so sehr sollte es trotzdem öffentliche Beachtung finden, weil es nicht zu unterschätzende wirtschaftliche Auswirkungen hat: Das Stillen reduziert – aufgrund der o. g. Sachlage – nachweislich die Gesundheitskosten eines Landes. Gestillte Kinder müssen während ihres ersten Lebensjahres zum Beispiel *zehnmal weniger häufig* stationär behandelt werden. Es bleibt ein Rätsel, warum das Stillen nicht schon längst als Gesundheits- und damit als Wirtschaftsfaktor anerkannt worden ist. Auch wenn der Gesundheitsaspekt des Stillens in der öffentlichen Wahrnehmung an Bedeutung gewonnen hat, mangelt es noch immer an breiter Akzeptanz.[17] Vor allem dann, wenn die Stillzeit länger dauert, wird das Stillen noch immer als archaisch und zu abhängig machend empfunden. Es droht die sogenannte „Opferfalle", in die die Mütter tappen können.[18] Natürlich wird dieses Meinungsklima von handfesten Profitinteressen beeinflusst, beispielsweise denen der Babynahrungshersteller.[19] Würde die Mehrheit der Mütter den natürlichen, allmählichen Weg von der Muttermilch zum Familientisch gehen, und zwar ohne Umweg über Flaschennahrung und Fertigbreie, müsste dieser Wirtschaftszweig nämlich mit empfindlichen Einbußen rechnen.

Das Stillen kann aber nicht nur unmittelbare Krankheitskosten während der Stillzeit sparen, sondern auch langfristige.[20] Es wäre schon interessant, einmal die Kosten für die Behandlung all der Allergien, der Herz-Kreislauf-Krankheiten, der Diabetes, der psychosomatischen Beschwerden, der Süchte, Depressionen usw. zusammenzurechnen (siehe Kap. 7). Da das Stillen neben der seelischen Gesundheit und der Beziehungsfähigkeit auch die Intelligenz fördert – der IQ ist bei jungen Erwachsenen, die sieben bis neun Monate lang gestillt wurden, um sechs Punkte höher[21] –, verursacht das Nichtstillen als Trend logischerweise nicht nur steigende Gesundheitskosten, sondern auch eine langfristige Schädigung des Wirtschaftsstandortes Deutschland insgesamt.

Aber nicht allein die Einzigartigkeit der Muttermilch hat phänomenale Auswirkungen auf unsere Kinder, sondern auch die *Art und Weise* dieser besonderen Nahrungsaufnahme, nämlich das Saugen. Das Baby kommt mit einem Saugbedürfnis zur Welt und kann über Monate hinweg überhaupt nur schlucken und saugen. Der Überlebensinstinkt des Saugens wird nur wirklich „zufriedengestellt" an dem dafür von der Natur vorgesehenen Ort, nämlich der Mutterbrust. Zum einen kann nur so die Milchbildung bedarfsgerecht geregelt werden, zum anderen wird keine andere Fütterungsart (auch keine Flasche mit abgepumpter Muttermilch) und kein Nuckel das intensive Saugbedürfnis befriedigen. Wird das Saugbedürfnis des kleinen Kindes in der ersten Lebensphase, in der eben gesaugt werden soll, befriedigt – das heißt: wirklich *gesättigt und gestillt* –, dann ist dieses Bedürfnis lebenslang gesättigt und gestillt. Und damit sinkt das Risiko einer oralen* Sucht (Rauchen, Alkohol, übermäßiges Essen …) ebenfalls lebenslang.[22]

Das intensive Saugen bedeutet intensive Ausarbeitung der gesamten Gesichtsmuskulatur und der Zunge. Darauf bauen sich die Mimik und das Sprechen auf, also die Artikulationsfähigkeit durch das Zusammenspiel von Muskeln und Nervenimpulsen. Der Kiefer erhält gleichfalls eine gesunde Formung als Basis für eine ordentliche Zahnstellung. So manche Spange müsste nicht sein.

Ein wenig bekannter Aspekt des Saugens ist die Ausbildung des Lymphabflusses im Gesicht. Das Saugen wirkt jedes Mal ähnlich wie eine Lymphdrainage. Am Lymphabfluss „hängen" die Abwehr und die Bewältigung von Erkältungsinfekten. Funktioniert er gut, bleibt ein Schnupfen eine eher harmlose Sache und die Gefahr des „Auswachsens" zu schmerzhaften Ohrenentzündungen bei Kindern bzw. später zu Nasennebenhöhleninfektionen ist meist gebannt.

Eine weitere Wirkung des intensiven Saugens ist wiederum eine seelische. Bei der Mama zu trinken heißt nämlich, mit großer Lust und einer gewissen Erwartung eines süßen Lohnes sowie des wunderbaren Wohlgefühls eines gefüllten Bäuchleins das anstrengende Saugen in Angriff zu nehmen. Hier wird die Basis für so wichtige Eigenschaften wie Elan, Motivation, beherztes Anpacken einer lohnenswerten Aufgabe sowie Anstrengungsbereitschaft, Beharrlichkeit und Durchhaltevermögen gelegt. Darin liegt ein wichtiger Grundstein für den gesamten Bereich des Lernens und der Lernbereitschaft. Das Risiko von Depressionen, auch bereits die Neigung zu Passivität und allgemeiner Lustlosigkeit entstehen unter anderem dadurch, dass nicht oder zu wenig gestillt wurde. Eine Depression ist schließlich ein Zustand tiefster Elanlosigkeit.[23]

Die Frage, wie lange ein Baby gestillt werden sollte, löst immer noch bisweilen unangenehme Diskussionen aus. Da im Verlauf der Geschichte in unserem Kulturkreis die von Experten empfohlene Stilldauer systematisch verkürzt wurde, hält man heute im Allgemeinen eine Stilldauer von nur ein paar Wochen oder Monaten für normal. Das von manchen als übertrieben empfundene sogenannte Langzeitstillen ist jedoch das eigentlich Normale für die menschliche Spezies. Noch bis ins 19. Jahrhundert hinein waren durchaus Stillzeiten von drei bis vier Jahren (natürlich dann mit Beikost) üblich. Interessant ist, dass zum Beispiel im Lateinischen (und damit in der medizinischen Fachsprache) die Brustdrüse „Mamma" heißt. Ich nehme an, dass die alten Römer einfach die Bezeichnung gewählt haben, die ihre kleinen Kinder dafür hatten, die offenbar noch gestillt wurden, als sie schon erste Worte sprechen konnten. Noch um die Jahrhundertwende vom 19. zum 20. Jahrhundert galt in Deutschland immerhin noch eine Stillzeit von einem Jahr als normal und empfehlenswert, während diese bereits kurze Zeit später, nämlich in den 1930er-Jahren, auf drei Monate verkürzt wurde. Die WHO empfiehlt heute ausdrücklich mindestens sechs Monate Vollstillen und dann ein Weiterstillen über das zweite Lebensjahr hinaus so lange, wie es Mutter und Kind wollen.[24] Im Weltmaßstab wird auch heute noch durchschnittlich zweieinhalb Jahre lang gestillt. Unser Kulturkreis drückt also den globalen Standard erheblich.

Immerhin haben die Kleinen auch noch bis weit in die Kleinkindzeit hinein (oft bis zur Dreijährigkeit) ein Saugbedürfnis, was man schon daran sieht, wie lange manche noch Schnuller und Flasche brauchen. Während diese Kiefer und Zähne schädigen können, ist das beim Stillen auch in der Kleinkindzeit nicht der Fall. Im Gegenteil: Ein Kleinkind kann durch Muttermilch immerhin noch 95 % des Vitamin-C-Bedarfs, 100 % des Vitamin-A-Bedarfs, 44 % des Kalziumbedarfs, 41 % des Niacinbedarfs, 41 % des Folsäurebedarfs, 21 % des Riboflavinbedarfs und 50 % des Eisenbedarfs

Bitte frankieren!

ANTWORTSENDUNG

ARES VERLAG
Postfach 438
Hofgasse 5
8011 Graz

Name

Straße

PLZ   Ort

Telefon

E-Mail

☐ (Pflichtfeld) Ich bestätige, dass ich das 16. Lebensjahr vollendet habe und erteile meine ausdrückliche Zustimmung, dass die von mir oben angegebenen Daten durch die Ares Verlag GmbH zum Zweck der Vertragserfüllung und Leistungserbringung verarbeitet und an Auftragsverarbeiter weitergegeben werden, UND dass

☐ die angegebenen Daten durch die Ares Verlag GmbH zum Zweck des Newsletterversands verarbeitet, an Auftragsverarbeiter weitergegeben werden und ich werbliche Informationen und Angebote via Post, E-Mail, Telefon erhalte.

Ich kann meine Zustimmung jederzeit widerrufen. Dafür wende ich mich an die Ares Verlag GmbH (Hofgasse 5, A-8010 Graz; Tel: 0043316/821636; E-Mail: datenschutz@stocker-verlag.com). Alle Infos: www.stocker-verlag.com/datenschutz.

Datum _____ Unterschrift _____

ARES Verlag, Hofgasse 5, 8010 Graz, Österreich
Tel.: +43/316/82 16 36, Fax: +43/316/83 56 12,
E-Mail: office@ares-verlag.com, www.ares-verlag.com

Liebe Leserin, lieber Leser,

wir freuen uns über Ihr Interesse an unserer Verlagsarbeit.
Gerne informieren wir Sie über Neuerscheinungen aus
unserem Programm.

Diese Karte entnahm ich dem Buch:

Ihre Meinung zu diesem Buch:

Wie gefällt Ihnen unser Programm:

Welche Vorschläge für Bücher
haben Sie für uns?

Ihre Angaben helfen uns, unsere Bücher noch interessanter für Sie zu machen.
Herzlichen Dank!

Besuchen Sie uns auch im Internet: www.ares-verlag.com

Auf dieses Buch wurde ich
aufmerksam durch:

- ☐ Buchhandlung
- ☐ Buchhandelsprospekt
- ☐ Buchbesprechung
- ☐ Empfehlung
- ☐ Anzeige
- ☐ Inserat in: _____
- ☐ Verlagsprospekt
- ☐ Anderes: _____

decken. In der Kleinkindzeit deckt Muttermilch insgesamt 38 % des Eiweißbedarfs und 31 % des Energiebedarfs ab.[25] Und das merkt man tatsächlich! Ich war immer wieder begeistert, was für einen Kraftschub das Stillen auch bei einem Kleinkind bedeutet. Man stelle sich vor, es ist quengelig, müde, hungrig, durstig, der „Liebestank" ist leer, der Einkauf war anstrengend und der Arztbesuch hat länger gedauert. Dann, wo es auch sei, ein ruhiges Eckchen gesucht oder am besten zu Hause schnell als erstes zehn Minütchen an Mamas Brust: das Bäuchlein füllen und die Seele baumeln lassen, Liebe und Kraft wieder auftanken. Entweder schläft das Kleine gleich erst einmal friedlich ein, oder es taucht „wie neugeboren" wieder auf und geht ausgeglichen und fit zu neuen Taten über. So lebt es sich mit einem Kleinkind einfach leichter.

Beeindruckend ist ebenfalls, wie die Muttermilch die Abwehr des Kindes gegen Infektionen stärkt: So ist die Vitamin-C-Konzentration in der Muttermilch ca. dreimal so hoch wie im Blutplasma der Mutter; bei einem Blutplasma mit niedrigem Vitamin-C-Gehalt sogar sechs- bis zwölfmal so hoch. Das ist mit keiner anderen Nahrung zu erreichen. Die Immunglobuline (IgA und IgG) steigen im Krabbelalter auf das Niveau des Kolostrums während der Neugeborenenphase.[26] Wenn die Kleinen mit vielen Keimen in Berührung kommen, weil sie krabbeln und – um die Welt zu „begreifen" – alles in den Mund stecken, genau dann können wir ihnen besonders viel Natur-Schutz aus der Muttermilch geben. Einfach faszinierend!

Vorteile des Stillens und der Muttermilch für das Kind[27]:
- Unterstützung der Immunreifung und Schutz vor Krankheiten (steigt mit der Länge der Stillzeit und reicht teils bis ins Erwachsenenalter):
    - akute Erkrankungen: z. B. nekrotisierende Enterocolitis bei Frühgeborenen, Neugeborenen-Sepsis, plötzlicher Kindstod (SIDS), virale und bakterielle Infektionen der Atemwege, von Magen und Darm sowie des Hals-Nasen-Ohren-Bereiches, Gehirnhautentzündung.
    - chronische Erkrankungen: Mandelentzündung, Asthma, Ekzem (z.B. Neurodermitis), Allergien, Diabetes (Typ 1 und 2), Rheumatische Arthritis, chronische Darmentzündungen (Colitis Ulcerosa, Morbus Crohn, Zöliakie), Harnwegserkrankungen, multiple Sklerose.
    - Stoffwechselerkrankungen: Fettsucht.
    - Herz-Kreislauf-Erkrankungen: hoher Cholesterinspiegel, Arteriosklerose, Bluthochdruck.
    - Krebs: Leukämie, Lymphome, Brustkrebs.
- Optimales Gehirnwachstum:
    - bessere und schnellere Persönlichkeitsentwicklung, höherer Intelligenzquotient, bessere Emotions-, Schmerz und Stressverarbeitung (senkt lebenslang das Risiko stressbedingter Krankheiten wie Herzinfarkt, Schlaganfall, Depression und Sucht).

Die Kinder, die immer noch gerne gestillt werden wollen, empfinden diese Zeiten engster Nähe zur Mama als durch nichts zu ersetzen und als höchstes Glück. Das haben mich meine Kinder gelehrt. Als ich zum Beispiel eines von ihnen (etwa zweieinhalb Jahre alt) einmal scherzhaft fragte, ob es denn bei der Mama immer noch schmecke, antwortete es: „Schmeckt so gut, schmeckt so lieb ..." Da durchflutet es einen warm! Da spürt man, dass es sich lohnt, das zu tun, und zwar allen unangenehmen Äußerungen aus dem eigenen Umfeld zum Trotz. Ich weiß, dass viele Frauen nicht so lange stillen wollen, und sie werden sicher ihre Gründe dafür haben. Ich wollte meinen Kindern dieses höchste Glück nicht von mir aus verkürzen, nur weil es unsere Welt als unnormal oder falsch ansieht, und ich habe es bis heute nicht bereut.

Stillen befriedigt nicht nur das Hungergefühl und das Saugbedürfnis, sondern eben auch das Nähebedürfnis zur Mama: nach ihrer Körperwärme, ihrer weichen Haut, ihrem Atemrhythmus, ihrem Herzschlag und dem Blick in ihre freundlichen Augen. Wenn unser Kind schreit, dann sehnt es sich nach alledem. Und wir be*fried*igen es – es wird wieder zufrieden und still, wenn wir es stillen. *Stillen* – wir haben im Deutschen ein so wunderbares Wort für dieses Geschehen, das die ersten menschlichen Sehnsüchte so besonders und überwältigend erfüllt und *stillt*.

Mit dem Stillen haben wir zugleich die wirkungsvollste Möglichkeit, unser Kind zu trösten; wir erretten es nicht nur aus der Not seines Hungers, sondern können auch sonstigen Kummer und Schmerz stillen. So stellten zum Beispiel französische Ärzte fest, dass Säuglingen, denen sie Blut abnehmen mussten, deutlich geringere Anzeichen von Schmerzen zeigten, wenn sie während des Eingriffes bei ihrer Mutter saugen durften. Die Autoren des Artikels im „British Medical Journal" schreiben, dass ihre Befunde von klinischer Bedeutung seien, da sie zeigten, dass durch Brustfütterung während medizinischer Eingriffe natürliche Schutzmechanismen aktiviert werden können. Welche biochemischen Vorgänge dabei ablaufen, sei noch nicht bekannt.[28] Inzwischen weiß man, dass unter anderem das Berührungshormon Oxytocin, das während des Stillens in großen Mengen gebildet wird, Schmerz und Stress lindert, indem es die Funktion körpereigener Opioide* beeinflusst[29] (siehe Kap. 3).

Auch hier wird deutlich, dass die Mama unmittelbar da sein muss, wenn das Kind sich etwa wehgetan hat und Trost braucht. Man kann es nicht vertrösten und meinen, das abends oder irgendwann am Wochenende nachholen zu können. Denn es schreit nun einmal jetzt, und der natürliche mütterliche Impuls ist, sich seiner sofort anzunehmen: Aus dem Schreien in großer Not wird wieder großer Friede. Wenn wir stillen, wird unser Kind wieder still. Wer solchen Muttertrost erfahren hat, geht reich beschenkt, zufrieden und stark ins Leben.

Stillen ist also eine ständige Interaktion zwischen Mutter und Kind und funktioniert auch meist nur so reibungslos. Es bedeutet eine Ver-Bindung mit allen Fasern. Es heißt für das Kind, sich nach Herzenslust laben zu dürfen, Liebe in sich einzusaugen! Da geht Liebe ganz unmittelbar durch den Magen. Jeder Schluck heißt: Ich werde geliebt, ich werde angenommen, ich werde getröstet, ich bin wertvoll, ich bin geborgen! Es lohnt sich zu leben! So entsteht das Urvertrauen. So entstehen Selbstwertgefühl und sichere Bindung.

Wir können beim Stillen Laute des Wohlbehagens hören und zärtlich patschende Händchen spüren. Meist sehen wir hier das erste Lächeln und hören das erste Plappern. Die Kleinen jauchzen manchmal sogar. Ihre Augen strahlen, oder sie werden ganz still und schlafen friedlich ein. Sie „schwimmen in Glück"! Und welch ein Glück ist es, jemanden so glücklich zu machen!

Hinweise zum Stillen:

Zu solch einem Stillglück zu kommen, ist manchmal nicht leicht. Es gelingt leider noch immer viel zu oft nicht, da die Stillkultur in unserer Gesellschaft fast zerschlagen war und im Westen erst etwa ab den 1970er-Jahren und im Osten erst nach der Wende durch Stillgruppen und ehrenamtliche Stillberatung mühselig wieder ins Leben zurückgerufen wurde. Wie schön, dass das Stillen heute bei jungen Müttern wieder stärker gefragt ist. Aber gerade beim ersten Kind gibt es noch so manche Klippen, die es zu umschiffen gilt. Dazu sollen folgende Tipps beitragen:

Jeder Mutter, die gerne stillen möchte, sollte so viel Unterstützung wie möglich zukommen. Ich empfehle ihr für die Entbindung ein stillfreundliches Krankenhaus, am besten ein nach WHO-Standard zertifiziertes „Babyfreundliches Krankenhaus", ein Geburtshaus oder eventuell auch eine

Hausgeburt. Warum? Die Mutter-Kind-Betreuung nach der Geburt muss, wenn die erste Bindung entstehen und der Stillstart leichter gelingen soll, die biologischen Bindungsgesetze zwischen beiden beachten. Und das ist *Nähe* – Hautnähe sofort nach der Geburt. Das heißt: Abnabeln auf dem mütterlichen Körper sowie Mutter und Kind danach in Ruhe lassen, damit das Kind nach einer Zeit des Ausruhens bei Mama von sich aus zur Brust robben kann (das tut es nämlich instinktiv, wenn man es lässt), um dann das erste Mal zu stillen. In diesem Moment ist es richtig wach und dazu bereit. Es macht den Mund weit genug auf und die Zunge liegt ideal über der unteren Zahnleiste, sodass es die Brust gut erfassen und effektiv saugen kann.[30] Wenn es nicht zwingend medizinisch notwendig ist, sollten die Untersuchungen möglichst erst danach erfolgen. Mutter und Kind brauchen in den ersten Tagen (und Wochen) Zeit und Ruhe, um sich aufeinander einzustellen. Sie brauchen deshalb nicht nur ein „Rooming in", sondern ein „Bedding in", also das Kind *im Bett* der Mutter. Die Haut-Nähe ist *das* Lebenselixier und *der* Motor für das Kind, saugen zu wollen und zu können, und sie ist *das* seelisch-körperliche Moment für das Erwachen der Mütterlichkeit – die Hormone Prolaktin und Oxytocin werden im Übermaß ausgeschüttet. Die Mutter ist dann voll auf ihr Kleines fixiert; sie kann jede Regung wahrnehmen und stillen, sobald das Kind es braucht. Wichtig ist es, *oft* und *auf beiden Seiten* zu stillen (acht- bis zwölfmal in 24 Stunden für mindesten zehn Minuten) und *nur* zu stillen. Anfangs kommt die hochkalorische Vormilch, davon reichen schon wenige Gramm. Je häufiger gestillt wird, desto eher wird das „Kindspech" ausgeschieden und die Gelbfärbung verhindert, und desto eher geht das Kolostrum in die reife Muttermilch über (zwischen dem zweiten und dem sechsten Tag). Eine Gewichtsabnahme des Kindes um 5–10 % des Geburtsgewichtes ist normal und gibt bei reifgeborenen Babys keinen Anlass, zuzufüttern.[31] Das Zufüttern kann sogar kontraproduktiv wirken, denn es unterbricht die natürlichen Mechanismen: Wird z. B. Glukose zugefüttert, gibt es weniger Kolostrum, sodass die gelb färbenden Bilirubinwerte* höher sein können.[32] *Ein Zufüttern von künstlicher Milchnahrung sollte möglichst vermieden werden.* Wenn wirklich nötig, sollte abgepumpte Muttermilch bzw. Frauenmilch zum Einsatz kommen. Weiter ist wichtig, dass das Kleine *nicht* per Nuckelflasche gefüttert wird, sondern per Finger oder Becher oder mit dem Brusternährungsset (siehe gegenüberliegende Seite).

Da Brustsaugen und Saugen per Flaschensauger „zwei Paar Schuhe" sind, kann es zur sogenannten Saugverwirrung kommen. Das Baby kann dann nicht mehr effektiv an der Brust trinken. Die Milchproduktion kann dadurch zurückgehen, die Brustwarzen können wund werden, es kann auch ein Milchstau entstehen. Ähnlich wirken die sogenannten Saughütchen: Das Baby braucht bei ihrem Einsatz fünfmal so viel Kraft, um die gleiche Milchmenge zu bekommen, wie ohne sie, und sie verursachen mehr Probleme, als sie lösen. Leider kommen sie in einigen Kliniken geradezu

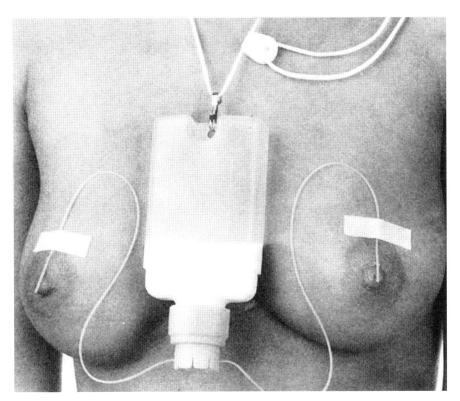

inflationär zum Einsatz. Und es gibt nach meinem Eindruck in der Stillberatung immer noch manche Krankenhäuser, in denen man schnell dabei ist, zufüttern zu wollen und die Mütter zu verunsichern, anstatt sie mit guter Anleitung zu ermutigen, einfach gelassen weiter und häufig anzulegen. Wird dort zugefüttert, dann noch immer oft mit Nuckelflaschen, obwohl man die Risiken kennen sollte und obwohl es bessere Alternativen gibt. Es empfiehlt sich, vor der Geburt Folgendes in der Klinik anzusprechen und ggf. schriftlich zu hinterlegen:

> *Was ist wichtig gleich nach der Geburt?*
> - Baby auf Mamas Bauch ausruhen, die Brust suchen und saugen lassen.
> - Haut-Nähe – Baby im Bett bei der Mama.
> - Häufig stillen (ca. alle zwei Stunden) und ausschließlich stillen.
> - Immer auf beiden Seiten anlegen.
> - Keine Nuckel, Flaschensauger oder Brusthütchen verwenden.
> - Ruhe, Gelassenheit, Ermutigung.

In zertifizierten „Babyfreundlichen Geburtskliniken" und solchen, die es werden wollen, werden diese Prinzipien im Wesentlichen beachtet, vor allem auch dann, wenn es medizinische Komplikationen gibt. Denn auch dann ist es wichtig, dass das empfindliche Bindungsgefüge zwischen Mutter und Kind und die Regelkreisläufe der Milchbildung, die sich erst einpendeln müssen, beachtet werden. Man kann es nicht oft genug betonen: Das A und O ist auch hier das Wahren und Gewähren von unmittelbarer Nähe, so weit wie möglich. Daher ist mein Tipp, nach solchen Kriterien zu fragen, wenn man sich eine Geburtsklinik aussucht.

Dass heute die Väter bei der Geburt und in manchen Kliniken auch in den ersten Tagen anwesend sein können, ist ein großartiger Fortschritt. Auch sie können gleich von Anfang an eine Bindung zu ihrem Kind entwickeln – auch bei ihnen werden höhere Oxytocinwerte[33] gemessen. Väter werden dadurch sanfter und fürsorglicher.[34] Viele Väter bekennen, das Geschehen sei für sie überwältigend gewesen, ein Schlüsselerlebnis.[35]

Wir Mütter brauchen unseren Mann als unseren wichtigsten Verbündeten. Denn wir sind als Wöchnerinnen durch die anstrengende Geburt,

Nach der Entlassung ist weiter wichtig:

- Nähe leben: tagsüber viel im Tragetuch tragen. Wenn man sich ausruht, das Kind neben sich legen, auch nachts im sogenannten Familienbett.
- Stillen nach Bedarf (bei saugschwachen Kindern oder bei wenig Gewicht mindestens alle zwei Stunden) und ausschließlich stillen.
- Beim Stillen eine bequeme Lage einnehmen: Das Kind sollte mit der Mama Bauch an Bauch liegen, sodass Ohr, Schulter und Hüfte eine Linie bilden. Der Mund sollte weit geöffnet sein, damit es viel Brust in den Mund bekommt. Es kann helfen, wenn man z. B. mit der Brustwarze ein wenig an der Unterlippe kitzelt. Dann, wenn das Kleine den Mund weit aufmacht, es nah an sich heranziehen und anlegen. Man braucht die Brust nicht mit einem Finger herunterzudrücken. Dadurch könnte sich der Unterdruck im Munde des Kindes wieder lösen, den es zum Saugen braucht. Es bekommt durch die Lücke von Brust, Näschen und Pausbäckchen genug Luft. Wenn sich alles eingespielt hat, geht vieles automatisch und leichter.
- Sauger und Beruhigungsnuckel meiden. Sollte ein Zufüttern nötig sein, dann besser mit dem Finger oder dem Brusternährungsset.
- Während der Wachstumsschübe des Babys (ca. mit sechs bis acht Wochen, zwölf Wochen und fünf Monaten) einfach häufiger anlegen, sowie das Baby schreit. Meist hat sich die Milchproduktion in ein bis drei Tagen wieder auf den höheren Bedarf eingestellt.
- In den ersten Wochen: ausruhen und Ruhe walten lassen! Stress ist der Feind der Milchbildung und des Stillens, daher:
  - stressige Unternehmungen wie Großeinkäufe, Amtsgänge oder gar Umzüge meiden;
  - wenig Besuch empfangen – auch liebe Menschen können für eine Wöchnerin zu anstrengend sein;
  - Hilfe (schon vor der Geburt) organisieren – am besten den Papa bitten, aber auch jemand Vertrauten aus dem Familien- oder Freundeskreis.

den durcheinandergewirbelten Hormonhaushalt und die intensive Ausrichtung unseres ganzen Ichs auf unser Kind nicht ganz wir selbst. Unser „Oberstübchen" funktioniert einfach nicht so wie sonst: Die Schwester sagt beispielsweise etwas zu uns, und ehe uns dämmert, worum es geht, ist sie schon längst zur Tür hinaus. Wir haben eine endlos „lange Leitung". Auch sind wir schnell zu verunsichern und zu verängstigen, vor allem dann, wenn etwa gleich mehrere Weißkittel vor uns stehen und meinen, wir sollten bereits zufüttern. Da brauchen wir einen starken Mann im Rücken, der sofort Fakten und Kenntnisse parat hat und auf den Punkt argumentieren kann. Wir brauchen seine Ermutigung, seinen Beistand und sein Durchsetzungsvermögen, besonders dann, wenn die Nähe zum Kind als Stillvoraussetzung nicht gewährt werden sollte (siehe Kap. 6).

Weitere Informationen zum Thema Stillen findet man in einem guten Stillbuch oder über das Internet. Schon in der Schwangerschaft – auf jeden Fall aber, wenn das Kleine dann da ist – kann auch der Besuch einer Stillgruppe hilfreich und ermutigend sein. Wenn akute Probleme auftreten, aber auch bei sonstigen Fragen, kann man sich an eine stillkundige Hebamme oder gleich per Telefon an eine Stillberaterin der AFS (Arbeitsgemeinschaft Freier Stillgruppen) oder der LLL (La Leche Liga) wenden.

Getragen werden – getragen sein

Wenn ich jetzt noch einmal mit meinem ersten Kind beginnen könnte, dann würde ich es auf jeden Fall tragen, gut gebunden in einem Tragetuch. Leider kann man die Zeit nicht noch einmal zurückdrehen. Ich musste auch bei mir feststellen, wie sehr ich durch unsercn Kulturkreis geprägt war: Schon als kleines Mädchen schob ich begeistert meinen Puppenwagen und später dann auch den Kinderwagen. Es wäre mir tatsächlich gar nicht anders in den Sinn gekommen. Die Tragekultur ist uns Europäern wohl noch radikaler abhandengekommen als die Stillkultur, sodass wir uns auch nicht mehr darauf verstanden haben. Ab meinem zweiten Kind habe ich es mit dem Tragen versucht. Aber nur anhand von Abbildungen und Beschreibungen war es gar nicht so einfach, das Binden des Tragetuches so hinzubekommen, dass das Kind richtig sitzt und es auch für mich bequem war. Leider habe ich das nicht perfekt hingekriegt und deshalb nicht lange am Stück ausgehalten, aber ich habe gespürt, was diese ungeheure Nähe mit uns macht, wie sie uns erfüllt und stärkt. Wie gut, dass es heute Trageberaterinnen gibt.

Es überwog über längere Zeit die Vorstellung, der Mensch sei ein Nesthocker, weil er so lange braucht, bis er eigenständig leben kann.[36] Und doch ist der Mensch verhaltensbiologisch nicht nur ein Säugling, sondern auch ein Tragling. Auf das feste Umgebensein, Getragenwerden sowie das sanfte Hin- und Herwiegen durch die Mutter in der Schwangerschaft eingestellt, tragen wir Menschen, wenn wir auf die Welt kommen, eine tiefe

Sehnsucht nach dem (Weiter-)Getragenwerden im Herzen. Ohne die uns *bewegende* Nähe unserer Mama kommen wir schlecht in dieser Welt außerhalb ihres Körpers zurecht.

Weil der Mensch ein Tragling ist, macht uns das Ab- und Weglegen unserer Kinder oft unbewusst viele Schwierigkeiten, unser alltägliches Pensum mit den Bedürfnissen eines Babys zu vereinbaren. Das Baby sucht unsere Nähe; es will uns spüren, und zwar häufiger und länger, als wir es oft vermuten. Es braucht die Signale unserer Anwesenheit, und diese reichen zunächst nur so weit, wie Auge und Ohr des Kleinen, eigentlich aber nur so weit die Ärmchen reichen, um uns zu fühlen. Fehlen die beständigen Signale unserer Anwesenheit, gerät das Kind – je kleiner es ist, umso schneller – in Existenznot.

Unsere alltägliche Arbeit brauche ich nicht weiter zu erläutern; gerade mit Kindern fällt da eine ganze Menge an. Und da wir Deutschen auch auf diesem Gebiet zur Genauigkeit, um nicht zu sagen: zum Perfektionismus neigen, geraten Mütter unter Umständen in einen gehörigen Zwiespalt zwischen den Bedürfnissen des Babys und dem, was erledigt werden muss. Das kann Stress pur sein, geradezu zum Davonlaufen. Viele von uns sind von der Vorstellung geprägt, dass das Baby, wenn es gestillt und trockengelegt ist, zufrieden sein muss. Es soll möglichst zwei bis drei Stunden durchschlafen oder uns so lange möglichst nicht behelligen, damit wir unsere Arbeit schaffen. Weil aber die meisten Babys so nicht sind, hat sich mit dem Verblassen der Kultur des Tragens ein ganzes Arsenal an Alternativen entwickelt, die dem Baby die (unmittelbare, körperliche) Anwesenheit der Mutter vorgaukeln sollen: Wiege und Mohnnuckel bereits in früheren Jahrhunderten; mundgerechte Beruhigungssauger, Schmusetücher, Schafsfell, Baby-Wasserbetten und -Wippen, Kassetten mit Herztönen, Kuscheltiere usw. liegen heute im Trend. Sogar Psychologen sind vielfach noch der Meinung, dass ein Kind solche – wie sie sie nennen – Übergangsobjekte brauchen, eben als Übergang zur weiteren Loslösung von der Mutter. Ich war erstaunt darüber, dass meine Kinder überhaupt keinen Drang danach verspürten, und erklärte mir das schon vor Jahren damit, dass sie eben mich zum Schmusen hätten. Dann fand ich die Bestätigung auch in der entsprechenden Literatur.[37] So praktisch und so normal es uns erscheint, dass wir über solche Utensilien verfügen, so sehr muss man bei genauerem Hinsehen feststellen, dass wir unsere Kinder darauf prägen, ihre Grundbedürfnisse mit Dingen zu befriedigen, je öfter wir diese einsetzen. Ebenso können diese Dinge, die sich zwischen uns und unser Kind schieben, unser mütterliches Einfühlungsvermögen schmälern.

Wenn wir uns auf das Tragen einlassen – ein Tragetuch ist, nebenbei bemerkt, auch finanziell meist günstiger als die oben genannten Dinge –, können wir mit einem Wohlfühl- und Glücksgewinn für Kind und Mama die Situation meist deutlich entspannen.

Was bringt das Tragen? Da wäre zunächst der kurzfristige *Beruhigungseffekt*: Wenn das Baby nach dem Stillen und dem Wickeln im Tragetuch mit der Mama verbunden ist, kann es noch einiges Interessantes beobachten, nämlich was die Mama gerade tut. Das letzte „Bäuerchen" kann kommen. Dann kann das Kleine entspannt in einer ähnlichen Haltung wie im Mutterleib – und während es wie dort durch die Bewegungen der Mutter gewiegt wird – in den Schlaf sinken. Die Mama kann, selbst die wohltuende Nähe des Kindes spürend, bereits wieder die sonst noch nötigen Arbeiten erledigen. Und zwar ohne inneren Stress.

Was man immer wieder beobachten kann, zeigte sich bereits Ende der 1980er-Jahre in Untersuchungen: Säuglinge, die etwa vier Stunden pro Tag in aufrechter Haltung getragen wurden, weinten ab der dritten Woche auffallend weniger als die Kinder der Kontrollgruppe. Sie wiesen zudem längere Wachphasen in zufriedener Stimmung auf.[38] So ist der mütterliche Körper bzw. sind die Arme und der Schoß der Mutter *die eigentliche Wiege des Menschenkindes*.

Langfristig bringt das Tragen viel für das körperliche, seelische und geistige Gedeihen, wie es zum Beispiel die Trageforscherin Evelin Kirkilionis in ihrem Buch „Ein Baby will getragen sein" ausführlich beschreibt.[39] Da wäre zunächst die *Unterstützung der Verdauung*, insbesondere der Darmfunktion, zu nennen. Der menschliche Darm ist auf die Senkrechte ausgerichtet. Das heißt, er braucht die Schwerkraft der Erde, um gut funktionieren zu können. Wenn unsere Kinder vorwiegend liegen, dann kann das volle Bäuchlein im wahrsten Sinne des Wortes nicht richtig sacken. Es drückt und unser Baby schreit. Das kann auch eine der Ursachen der bei vielen Babys zu beobachtenden abendlichen Unruhe bzw. Schreiphase sein, vor allem wenn das Baby tagsüber viel getrunken hat und möglicherweise außerdem Blähstoffe aus der Nahrung der Mutter ihre Wirkung zeigen. So kann man in jedem guten Stillbuch den Hinweis finden, dass die aufrechte Haltung des Babys kombiniert mit der Körperwärme und dem leichten Hin- und Herwiegen, wie wir es beim Tragen haben, hier Linderung und Abhilfe schafft. Für Babys, die generell zu Blähungen oder Koliken neigen, und – nicht zu vergessen – für deren Mamas und die ganze Familie ist das Tragen deshalb unübertrefflich.

Ferner unterstützt das Tragen die *Entwicklung des Stütz- und Bewegungsapparates*.[40] Denn beim Tragen hat das Kind eine Haltung ähnlich wie im Mutterleib, nämlich *rund und mittig*. Dadurch ist die ideale Spreiz-Beuge-Stellung der Beinchen für die Ausprägung der Beckenschaufeln gegeben, und wir brauchen uns um Hüftprobleme nur noch wenige Sorgen zu machen.[41] Durch das Tragen können wir diesen vorbeugen und eine bereits festgestellte Hüftfehlstellung hervorragend therapieren.[42] Auch der unter Ärzten und Krankengymnasten teilweise heute noch verbreitete Vorbehalt, die Wirbelsäule könnte Schaden nehmen, konnte in Untersuchungen entkräftet werden.[43] Im Gegenteil: Der Rücken ist fest gebunden und damit gut abgestützt. Die Schultern sind leicht nach vorne gebogen, sodass die Ärmchen bzw. Händchen entspannt (mittig) gehalten werden. Der Kopf ist frei beweglich, der Hinterkopf kann sich voll entwickeln und es gibt keine einseitigen Abplattungen.

Durch das ständige leichte Durchbewegen des kindlichen Körpers durch die mütterlichen Bewegungen wird die Rückenmuskulatur des Kindes gestärkt. Da sind vor allem die sogenannten autochthonen Muskeln zu nennen – kleinste Muskeln, die unmittelbar neben den einzelnen Wirbeln liegen, diese stützen und die von unserem Willen nicht direkt angesprochen werden können. Gerade diese für die Aufrechthaltung unserer Wirbelsäule so wichtigen Muskeln können bereits in einer frühen Lebensphase angeregt werden. Und ich frage mich, ob nicht die vielen Rückenschmerzen unserer Zeitgenossen ihre erste Ursache darin haben könnten, dass wir alle nicht getragen worden sind?

Ein dritter Aspekt ist der *Abbau der Neugeborenenreflexe**. Das Neugeborene überstreckt seinen Körper und seine Ärmchen nehmen die sogenannte Fechterstellung ein, wenn man es beispielsweise hochnimmt. Um die Arme zusammenbringen und mit den Händen greifen zu können, und um sich später umdrehen und krabbeln zu können, müssen diese Neugeborenenreflexe vorher – und zwar spätestens bis zum 5. Monat – abgebaut sein. Die runde, mittige Haltung beim Tragen hilft dabei und bereitet somit die *Motorik*, also die Bewegungsabläufe, vor. Nebenbei bemerkt können bei einem Säugling, der im Bettchen oder Kinderwagen flach hingelegt wird, die Neugeborenenreflexe sich so unbequem und quälend auswirken, dass sich ein unruhiges Schreikind entwickelt. Ich habe selbst bei einem meiner Kinder diese Erfahrung gemacht und war froh, von einer Physiotherapeutin den Hinweis auf die für den Säugling entspannende Haltung zu bekommen.

Beim Tragen wird die Motorik gleichfalls durch das ständige passive diagonale Hin- und Herbewegen vorbereitet. Letztlich haben wir bei einem guten physiologischen Laufstil auch eine diagonale Gegenbewegung der Arme und Beine. Für unseren aufrechten Gang brauchen wir weiterhin ein gut funktionierendes Gleichgewichtssystem – auch das wird durch das Hin- und Herbewegen und -drehen entwickelt. Tragen entwickelt ein gutes Bewegungs- und Körpergefühl, auch als Basis für die spätere Annahme des eigenen Körpers.[44] Das Hin- und Herbewegen erleichtert weiterhin das *Verknüpfen der rechten und linken Gehirnhälfte*. Und nicht nur das: Das Tragen fördert insgesamt die *Gehirnentwicklung*.[45] Viele positive und angenehme Reize lassen die Synapsen sprießen und besetzen sie mit ersten Erfahrungen und guten Empfindungen. (siehe Kap. 3) Es geht also auch hier wieder um die kognitive und emotionale Entwicklung! Da sind zunächst die Nähe der Mutter, ihre Körperwärme, ihr Herzschlag, ihr Gesicht, ihre Augen, ihre Stimme, ihre Mimik, ihre (Mutter-)Sprache über viele Stunden des Tages hinweg. Es gibt so viel zu sehen, und die Mama erzählt noch etwas dazu. Hier haben wir erneut den engen Zusammenhang von Bindung und Bildung; das sich entwickelnde kleine Gehirn ist ungeheuer lernbereit, wenn das Kind sich nahe bei der Mama aufhält. Umgekehrt behindern (Verlassenheits-)Ängste und Stress diese Prozesse.

Getragen werden heißt Getragen sein. Es heißt: Ich bin gut auf-gehoben. Weg von den Problemen *da unten,* wo ich zum Beispiel müde oder hungrig war oder mich gestoßen habe. Wie tröstend ist bereits das Hochnehmen für kleine Kinder. Sie wissen einfach: Nun wird alles gut. Getragen werden bedeutet: gut gebunden sein, sich verwurzeln können, die Ver-Bindung mit allen Fasern, sich wohlfühlen in der eigenen Haut. Es heißt: Ich werde geliebt, ich bin gewollt und ich gehöre dazu. Aus der empfundenen Liebe entstehen Ausgeglichenheit, Glück und ein hoher Selbstwert als Lebensgefühl.

Bei einem Mutter-Kind-Paar, das vor etlichen Jahren unsere Stillgruppe besuchte, war dies beispielhaft zu beobachten. Das Kind hatte offenbar einen besonders hohen Bedürfnispegel. Möglicherweise litt es aber auch an dem sogenannten Kiss-Syndrom, wovon wir zu dieser Zeit allerdings noch nichts wussten. Jedenfalls schrie es entsetzlich, sobald man es ablegen wollte. Da es das jüngste von drei Kindern war, kann man sich den Stress für die Mutter vorstellen. So trug sie das Baby faktisch ständig. Das ging volle sechs Monate so. Aber dieser Einsatz blieb zusammen mit einer langen Stillzeit und stabilem Da-Sein der Mutter in den ersten Jahren nicht ohne Folgen. Es hat sich gelohnt. Dieses extrem anstrengende Schreikind ist ein ausgeglichenes Schulkind und ein Teenager mit einem auffallend sonnigen Gemüt geworden.

Zum Tragen eignen sich z. B.
- Tragetücher, die man für verschiedene Bindetechniken verwenden kann, zum Beispiel in einer „Wiege"-Variante, als „Känguruh-Trage", „Wickelkreuz-Trage" oder „Kreuz-Trage"[46],
- Kangas (typisch afrikanisches Kleidungsstück) oder ein Sling (Tragehilfe aus einem rechteckigen Tuch)[47],
- Bettlaken, halbiert und zu knoten wie ein Kanga[48],
- ein handelsüblicher Tragesack – wichtig ist dabei, dass dieser „mitwachsen" kann und dass der Steg, auf dem das Kind sitzt, immer so breit ist, dass er bei gespreizten Beinen des Kindes von Kniekehle zu Kniekehle reicht. Nur dann hat es eine hüftgerechte Haltung. Für kleine Babys ist noch wichtig, dass das Köpfchen abgestützt wird.[49] Auch für die Eltern sollte die Tragehilfe bequem sein.

Daraus können wir schließen: *Wer ins Leben getragen wird, geht glücklich ins Leben.* Wer *fest gehalten* wird, hat etwas zum *Festhalten* und wird deshalb *nicht haltlos* werden. Und wenn man das Kind, das man neun Monate *unter* dem Herzen getragen hat, weiter viel *am* Herzen trägt, dann wird es einem *ans* Herz wachsen. Der enge Kontakt zum Kind lässt mütterliches Einfühlungsvermögen und Glück wachsen. Eine wunderbare Erfahrung! Ich möchte hier nicht unerwähnt lassen, dass auch ein Vater sein Kind wunderbar tragen kann – zur Entlastung der Mutter und nicht zuletzt auch als Gewinn für die Vater-Kind-Bindung. Die Last der Verantwortung wird so im wahrsten Sinne des Wortes auf mehrere Schultern verteilt.

Ein Baby sollte möglichst nicht mit dem Blick nach vorn gebunden werden, wie man es manchmal sehen kann, denn so kann es sich nicht vor den Reizen schützen, die es überfluten.

Auch für das Tragen brauchen wir außer einer guten Beratung ein wenig Geduld und Übung. Manche Eltern trauen sich nicht, es noch einmal zu probieren, wenn das Baby z. B. beim ersten Mal geschrien hat. Das könnte aber mehrere Ursachen gehabt haben: Vielleicht war es schon wieder hungrig und deshalb nicht in der Laune für so ein „Gewurschtel", denn die Eltern müssen ja auch erst üben. Oder es drückt oder kneift noch irgendwo. Deshalb einfach immer wieder mal probieren. Ich weiß aus vielen Rückmeldungen, dass es manchmal erst ab dem zweiten oder dritten Anlauf funktioniert hat und dass es dann sowohl die Eltern als auch die Kinder genießen konnten.

Liebevoll anschauen – gesehen werden

Es ist einer der spannendsten und großartigsten Momente, wenn man nach der Geburt zum ersten Mal in das Gesicht seines Kindes sieht. So sieht es also aus, das Kleine, auf das man neun Monate gewartet hat. Die feinen

Züge, die zarte Haut, das kleine Näschen … Ich war jedes Mal entzückt und tief berührt von dem kleinen Wunder, das ich in meinen Armen hielt. Es gab nichts Schöneres; ich mochte den Blick gar nicht mehr von ihm wenden. Die erste Bindung, das Bonding passierte. Und mein Baby schaute zurück und war dabei so auf mich fixiert, als wollte es sich sofort und für alle Zeiten mein Gesicht einprägen: Das ist also die Mama, die ich schon so lange kenne, das ist sie, die für mich da ist. Der Blick des Babys in das Gesicht seiner Mutter wird in den ersten Wochen immer intensiver und länger anhaltend. Wenn dann das erste Lächeln das Gesichtchen verzaubert, dann sind wir tief beglückt; wir spüren einen Widerhall unserer Zugewandtheit, unseres Blickes in seinem Gesicht und damit in seiner Seele.

Bindung geschieht über die Verbundenheit mit allen Fasern und mit allen Sinnen. Der tiefe Blick in die Augen will den anderen – immer wieder – erkennen, um ihn kennenzulernen, will den anderen wahrnehmen, um ihn anzunehmen. Die Bindung, die Liebesbeziehung, entsteht also auch durch die Zugewandtheit des Gesichtes und den immer wieder hergestellten Blickkontakt: Wir lassen uns nicht aus den Augen; wir haben einander im Blick, wir haben einen guten „Draht" zueinander.

In diesem Prozess vollzieht sich nicht nur die erste Bindung, sondern auch die allererste Erkenntnis. Der österreichisch-amerikanische Psychoanalytiker René Spitz merkte hierzu an: „Lange bevor der Säugling sein Lieblingsspielzeug unter anderen [...] wiedererkennen kann, ist er fähig, eine Auswahl unter Menschen zu treffen, Menschen wieder zu erkennen. Der erste solche Mensch ist begreiflicherweise die Mutter."[50] Erkennen, sprich: Vergleichen und Unterscheiden ist die Basis für jeden Erkenntnisprozess und für die weitere Erkenntnisfähigkeit. Beschauliches Betrachten, intensives Beobachten, beharrliche Konzentration auf eine bestimmte Sache, das Interesse, etwas Neues zu entdecken oder zu erfahren, die Ausrichtung auf eine Person und die Aufnahme dessen, was sie sagt, kurz: das Sehen, das Erkennen, das Erforschen hängen eng mit dem ersten Immer-wieder-Erkennen der Mama und der Bindung zu ihr zusammen. Das Sprechenlernen und die Lernfähigkeit überhaupt bauen darauf auf.

Ein kleines Kind kann das innere Bild, das es sich von seiner Mutter gemacht hat, nur für kurze Zeit im Gedächtnis aufrechterhalten. Auch deshalb braucht es unser verlässliches Da-Sein. Gehirnforscher sind der Ansicht, „[...] dass dieses Gesicht [der Mutter] das Weltbild der Kleinen ist. Und wenn dieses Weltbild zu früh variiert, wird das Kind in seinem noch unausgebildeten Gehirn überfordert, gerät in eine Stresssituation, die dann seine Entwicklung zur Motorik, zur Sprache und zur sozialen Begegnung erschwert."[51] Der Psychiater Matthias Franz schreibt: „Über ihr Gesicht vermittelt eine Mutter ihrem Kind [...] zweierlei: ‚Ich weiß, wie du dich fühlst und ich zeige dies in meinem Gesicht. Schau deshalb in mein Gesicht und lerne aus ihm, wer du bist und wie du dich selber fühlst. Aber ich weiß auch, was ich zu tun habe, um deinen Horror zu beenden und ich zeige dies ebenfalls in meinem Gesicht [...]' Kaum ein anderes ‚Objekt' ist deshalb so interessant für das Baby wie das mütterliche Gesicht und vor allem der mütterliche Blick."[52]

Über den Blickkontakt werden also viele erste Botschaften und emotionale Färbungen zwischen Mutter und Kind ausgetauscht und gespiegelt. Matthias Franz resümiert: „Man könnte sagen, das Baby trinkt nicht nur mit dem Mund, sondern auch mit den Augen."[53] Er bezeichnet das mütterliche Gesicht als ein „soziales interface",[54] als einen Gefühlssender und -empfänger, der eine zentrale Rolle für die emotionale Entwicklung spielt, denn „[g]roße Bereiche des Gehirns [...] widmen sich der Wahrnehmung und Interpretation des menschlichen Gesichts"[55]. (siehe Kap. 3 u. 4) Manche Kleinkinder achten darauf, wie ihre Mutter schaut, wenn sie etwas Bestimmtes tun. Manche reagieren sogar sofort auf den strengeren Blick, falls sie das gerade nicht tun sollen, was sie vorhaben.

Das Kind sieht, was die Mutter tut und wie sie es tut; es sieht ihre Reaktionen in Mimik und Gestik. Man hält es gar nicht für möglich, wie scharf und intensiv unsere Kinder uns beobachten: Eines meiner Kinder war ca. fünf Monate alt. Ich trug es gerade auf dem Arm, als es an der Wohnungstür klingelte. Eine Bekannte stand vor der Tür. Während ich sie begrüßte und die ersten Worte wechselte, spürte ich, wie konzentriert mein Kind das Ganze verfolgte. Ich fühlte mich tatsächlich beobachtet. Und ich dachte: So ist das also, ich stehe eigentlich unter Dauerbeobachtung. Bin ich mir dieser Verantwortung wirklich bewusst? Ist mir tatsächlich klar, dass ich durch mein Verhalten bereits Werte vermittle? Unser Kind macht sich ein Bild von uns. Wir werden so zum Vor-Bild.

Der Blickkontakt hilft auch uns Eltern, ganz buchstäblich zu *sehen*, wie es unserem Kind geht. Unser kleines Kind kann schließlich noch nicht (oder erst wenig) sprechen, und wir müssen lernen, es einstweilen ohne Worte zu verstehen. Wir müssen *sehen*, was ihm fehlt; wir müssen das Kind „lesen", also Mimik, Gestik und Körpersprache deuten lernen. Wenn wir darin Übung haben, sind die Kleinen für uns meist „wie ein offenes Buch", denn sie reagieren noch völlig unverstellt. Dadurch kann eine Mutter die kleinste Veränderung, auch Dinge, die vielleicht nicht in Ordnung sind, früher erkennen als jeder andere Mensch und – unter Umständen – noch ehe sie medizinisch messbar sind. Wenn wir *sehen*, was unserem Kind fehlt und was es gerade braucht, können wir entsprechend darauf reagieren. Wir gehen dadurch sozusagen „auf Augenhöhe" mit unserem Kind.

Strahlende Kinderaugen sind etwas Wunderbares: Ihr Blick ist so unmittelbar, unverfälscht und klar. Er ist so voller Annahme. Mein Kind strahlt mich an, egal wie ich gerade aussehe oder ob ich besonders toll bin. Einfach nur, weil ich da bin und weil ich ich bin. Wer nimmt einen schon so bedingungslos und bedenkenlos an? Selbst für fremde Erwachsene ist ein strahlendes Kindergesicht oft wie ein Licht-Blick im Dunkel. Mit einem liebevollen Blick sage ich meinem Kind: *Du bist gut, so wie du bist. Du bist wunderbar gemacht, und ich kann mich nicht sattsehen an dir. Ich habe dich lieb. Du bist unendlich kostbar in meinen Augen.*

Liebevoll Ansprechen – sich angesprochen fühlen

Hier wird die Liebe über das Hören unseres gesprochenen Wortes ins Herz unseres Kindes transportiert. Bereits im Mutterleib hört das Baby die Mama reden. Es hört die Worte, die Sprachmelodie und den Klang ihrer Stimme. Der Neurologe Manfred Spreng schreibt dazu: „Bereits ab der 14. bis 24. Entwicklungswoche [hört] der Fötus im Mutterleib *flüssigkeitsgekoppelt* [Herv. d. A.] die Mutterstimme und [ist] nach der Geburt voll darauf fixiert. Demgemäß sind weder der nicht flüssigkeitsgekoppelte Vater noch andere Frauenstimmen in der Lage, eine optimale und adäquate, also auf enger Zweierschaft basierende Beziehung zu dem Neugeborenen aufzubauen. Dies wurde durch eine Vielzahl von Untersuchungen an nur wenige Wochen alten Kindern mit Hilfe von Screeningverfahren (objektive Messverfahren, welche nicht auf sprachlichem Kontakt beruhen, wie z. B. Kopfdrehungen, Reflexe usw.) bestätigt. Kinder sind also von Geburt an fähig, die mütterliche Stimme gegenüber anderen deutlich zu unterscheiden bzw. gegenüber allen anderen zu bevorzugen."56

Da es ihre Stimme bereits kennt, wenn es zur Welt kommt, lässt sich das Kind auch durch ihre Stimme am besten beruhigen. Spricht die Mutter mit ihrem Kind, dann sprießen die Synapsen im Gehirn millionenfach (siehe Kap. 3), auch wenn es die Worte noch nicht versteht. Gerade für die helle Frauenstimme der Mutter ist das Gehirn besonders empfänglich, das junge, zarte Ohr ebenfalls. Die helle Stimme der Mutter korrespondiert besonders gut mit der hellen Kinderstimme, so als wolle sie sogar noch durch die Tonhöhe dem Kind liebevolle Annahme signalisieren: Vor einiger Zeit wurde im Kinderzentrum München das Interaktionsverhalten von Säugling und Mutter analysiert. Nicht selten geht der Dialog auch vom Baby aus. Es sendet Signale aus, die der präverbalen* Sprachentwicklung entsprechen. Die Mutter antwortet auf dieses Signal, indem sie ihr Gesicht zum Säugling richtet und mit einer Art Grußreaktion das Signal in gleicher Weise zurückgibt. Dabei hebt sie ihre ohnehin helle Stimme intuitiv noch um etwa eine weitere Oktave an.57 Das Sprechenlernen beginnt also lange, bevor wir es als solches wahrnehmen.

Die Möglichkeit, das Sprechen zu erlernen, bringen wir mit auf die Welt. Wie gut uns das gelingt – die Größe des Wortschatzes, das Beherrschen der Facetten der sprachlichen Ausdrucksmöglichkeiten und die Sprechweise – hängt sehr stark von den natürlichen Entfaltungsbedingungen des Sprechenlernens ab. Engster Kontakt, Verbundenheit und Nähe zwischen Mutter und Kind, die tiefe Geborgenheit befähigen das Gehirn und unseren Mund zum Erwerb der Sprache. Um das Sprechen anzubahnen, braucht bereits der junge Säugling das Schauen in das mütterliche Gesicht kombiniert mit den Sinnesreizen des Hörens für das Gehirn, wenn die Mutter mit dem Kind redet. Durch eine videogestützte Feinanalyse des Interaktionsverhaltens zwischen Säugling und Mutter stellte Theodor Hellbrügge folgendes fest: „Jede, auch die geringste mimische Veränderung im Gesicht der Mutter wird von dem Säugling wahrgenommen und imitiert […] Man kann fast sagen, die erste Sprache geschieht über die visuelle Kommunikation zwischen Mutter und Kind."58 Wir erlernen das Sprechen also durch das beständige *Hören* des Sprechens unserer Mutter und das *Fixiertsein* auf ihr Gesicht. Und weil wir sie auch in ihrem Reden nachahmen wollen, beginnt die Lautbildung des Mundes.

Aber nicht nur das Schauen in das mütterliche Gesicht und das Hören ihrer Stimme, sondern *auch Berührungen* machen das Gehirn sprachfähig. Man stellte in einer Studie Anfang der 1990er-Jahre fest, dass es sogenannte Hotspots für Sprache im Gehirn von Zwei- und Dreijährigen gibt, die jedoch nur bei *unmittelbarem Kontakt* zur Bindungsperson aktiviert sind – in dem Moment, als die Kinder auf dem Schoß ihrer Mutter saßen.59

So kommen zuerst die Tönchen der Babysprache und ab dem ersten Geburtstag eine gezieltere Wortbildung. Es ist Musik in unseren Ohren, wenn

wir unser Kind zum ersten Mal „Mama" und „Papa" sagen hören. Der kleine Mund steht nicht still, und den ganzen Tag ertönt süßes Babygeplapper. Es scheint so, als wollten die Kinder dann ganz schnell alles sagen können, was sie sich denken, um es uns mitzuteilen. Das Kleine erwartet, dass wir ihm zuhören, es verstehen und ihm antworten. So kommen Mutter und Kind miteinander ins Gespräch – eine Grundlage dafür, lebenslang gut miteinander im Gespräch zu bleiben und sich im wahrsten Sinne des Wortes gut zu verstehen. Und so erlernt ein Mensch seine *Mutter*sprache.

Theodor Hellbrügge hat in Langzeitstudien die Fähigkeiten von Krippenkindern mit denen derjenigen Kinder verglichen, die bei der Mutter aufwachsen. Die Ergebnisse waren eindeutig: „Was Sprache, soziales Verhalten und selbst die motorische Entwicklung betrifft, waren Kinder, die in den ersten Jahren bei der Mutter blieben, ihren Altersgenossen weit voraus."[60] Ich habe tatsächlich immer wieder beobachten können, wie das weitergeht: Da können sich dann Vierjährige bereits besser ausdrücken als so mancher Grundschüler. Dass sich dies wiederum positiv auf das Lesen- und Schreibenlernen auswirkt, liegt auf der Hand. Ferner hängt auch die Denkfähigkeit davon ab, denn wir denken ja ständig in unserer Muttersprache.

Der Erwerb der Muttersprache ist demnach stark mit der ungebrochenen Bindung an die Mutter verknüpft. Selbst ausgefeilteste frühkindliche Bildungsprogramme in Einrichtungen können das nicht leisten, geschweige denn übertreffen. Manfred Spreng verweist in diesem Zusammenhang auf eine Veröffentlichung des Barmer Ärztereports von 2012, wonach 38 % der Jungen und 30 % der Mädchen im sechsten Lebensjahr eine Sprechstörung aufweisen, die zu 20 % bzw. 14 % logopädisch behandelt werden muss. „Es handelt sich dabei um Störungen, bei denen die normalen Muster des Spracherwerbs von frühen Entwicklungsstadien an beeinträchtigt sind", heißt es wörtlich in diesem Report.[61]

Ahmt das Kind das Sprechen seiner Mutter nach, dann lernt es nicht nur seine Muttersprache, sondern auch ihre konkrete Sprechweise. Es werden der Tonfall, die konkrete Aussprache der Laute, Dialekt, Wortwahl sowie die dazugehörige Mimik, ja selbst bestimmte Redewendungen in bestimmten Situationen nachgeahmt.

Das hat seine Ursache auch in der Beschaffenheit des frühkindlichen Kehlkopfes. Er ist noch weich und plastisch und deshalb in der Lage, sich den Tönen und der Lautbildung anzupassen, die dem Klang der Muttersprache entsprechen. Er durchläuft einen Prozess, der wissenschaftlich als Lautkontraktion bzw. Tonschrumpfung bezeichnet wird, wodurch er für das ganze weitere Leben festgelegt wird. So ist in der Kleinkindzeit phonetisch noch alles möglich, während man in der Regel später einen anderen Dialekt oder eine Fremdsprache nicht akzentfrei hinbekommt.[62] Über Tonfall, Mimik und Gestik transportiert die Mutter gleichfalls ihre Bewertung eines Sachverhaltes. Hier werden Werte weitergegeben, denn die Kinder hören heraus, was uns gefällt, aber ebenso, was wir ablehnen oder gering schätzen. Das Kind hört, was wir sagen und wie wir es sagen. Weil es sich durch gute Bindung an uns orientiert, hört es uns nicht nur akustisch, sondern es hört auch *auf* uns. Es folgt den Worten seiner Mutter, weil *sie* sie ausspricht. (Daran ändert auch die Trotzphase grundsätzlich nichts.) Deshalb sollten wir Mütter mit unseren Kindern *reden, reden, reden*: einfach die Dinge, die wir tun, kommentieren. Tausend liebevolle Kosenamen direkt aus dem Herzen fließen lassen, lustige Reime selbst erfinden, Bilderbücher ansehen und vorlesen, Lieder singen. Ich habe mit meinen Kindern gern und viel gesungen, besonders abends. Eines meiner Kleinen sagte einmal kurz vorm Einschlafen, ich solle wieder Lieder mit „hoher Stimme" singen. Wenn wir viel singen, lernt unser Kind die Sprache; sein Gehirn entwickelt sich, und wir geben bereits ein Stück wertvoller Kultur weiter.

Muttersprache ist nicht nur die Sprache, die das Kind von der Mutter lernt, sondern es ist auch die Sprache, die zunächst die Mutter und der enge Familienkreis am besten verstehen. Eines meiner Kinder erfand für die Kleinkindsprache den Ausdruck „babysch". Um einige dieser oft urkomischen Wortschöpfungen meiner Kinder für später festzuhalten, habe ich einmal ein kleines Wörterbuch „Babysch – Deutsch" zur Erinnerung aufgeschrieben. Auch hier wird klar, dass die Familie der Ort ist, wo man das Kind kennt und – ganz wörtlich – am besten versteht.

Liebevolles Ansprechen ist also das Ansprechen kombiniert mit allen Handlungen liebevoller Mütterlichkeit. Zuwendung hat etwas ganz Wörtliches: Ich reagiere auf die Lebensäußerungen meines Kindes, indem ich mich ihm zu*wende*, es ansehe, es anspreche, ihm meine körperliche Nähe gewähre usw. Spreche ich mein Kind so an, dann fühlt es sich im wahrsten Sinn des Wortes *angesprochen*. Es wird *meine* Art zu reden lernen: seine Muttersprache. Es versteht dann die Worte „Ich habe dich lieb". Wenn wir so miteinander reden lernen, werden wir nicht nur hören, was der andere sagt, sondern einander auch verstehen lernen – mit unseren Herzen.

Zärtlich berühren – berührt sein

Unsere Haut ist ein faszinierendes Organ, das uns neben einer Vielzahl physiologischer Funktionen die Möglichkeit gibt, zu fühlen, zu tasten und zu begreifen. Stillen, Tragen, gemeinsames Schlafen – das bringt uns in engsten Hautkontakt mit unserem Baby. Beim Stillen ist der Hautkontakt besonders stark, weil wir Menschen gerade mit dem Mund so intensiv fühlen können. Wir spüren es beim Küssen. Nicht umsonst haben so viele Menschen seelische Probleme, die die frühkindliche Mundbefriedigung nicht erfahren haben. Man spricht von oralen Defiziten und Süchten.[63] So stecken sich zum Beispiel Raucher unter Stress besonders häufig eine Zigarette in den Mund.

Welche Rolle das Fühlen über den Mund spielt, ist bei kleinen Kindern auch noch in anderer Hinsicht interessant: Sie stecken alles in den Mund,

nachdem sie es mit den Händchen ergriffen haben. Sie müssen die Dinge dieser Welt einfach mit dem Mund und mit den Händen be-greifen, damit sie sie begreifen.

Da die Haut, insbesondere die feinporige Babyhaut, über und über mit Nervenzellen durchzogen ist, liefert sie bei jeder liebevollen Berührung die so wichtigen sensorischen Impulse für die Gehirnentwicklung. Die Nähe Haut an Haut ist ein so elementares Grundbedürfnis, dass man sogar von *Hauthunger*[64] spricht, der nur durch liebevolle Berührung gestillt werden kann. Das Geheimnis dahinter ist das Oxytocin, das schon kurz erwähnt wurde. Es ist das Hormon der Nähe[65], welches bei jedem liebevollen Hautkontakt ausgeschüttet wird – zwischen Mutter und Kind im Übermaß. Es ist ein Lebenselixier erster Klasse. Wie sehr es die Grundlage aller Wachstums- und Gedeihprozesse, aber auch von Bindung und Beziehung ist, davon wird noch ausführlicher zu sprechen sein.

Jeder Handgriff am Kind sollte mit liebevoller Zartheit geschehen und von vielen Streicheleinheiten begleitet sein. Normalerweise fällt einem das nicht schwer, denn die süßen Fettpölsterchen und die wunderbar zarte Babyhaut reizen einen geradezu, immer wieder mit ihm zu schmusen. Manche Mütter wollen auch ganz gezielt ihrem Kind etwas Gutes tun und lassen sich in einem Kurs zur Babymassage anleiten. Andere lassen sich einfach nur immer wieder von ihrem Herzen führen. Meistens zeigen es einem die Babys schon von sich aus, ob sie zum Beispiel lieber über das Bäuchlein gestrichen oder am Rücken gekrault werden wollen.

„Haut auf Haut" ist meist *die* Lösung bei schwierigen Stillproblemen, wie die Erfahrung zeigt. Das Baby wird nackt auf bzw. an die Haut der Mutter gelegt. Es fühlt sich wohl, sein Oxytocinspiegel steigt, und bei der Mutter sorgt die permanente Berührungsmeldung im Gehirn gleichfalls für die Ausschüttung großer Mengen des Stillhormons Prolaktin sowie von Oxytocin. Eine schwierige Mutter-Kind-Situation kann so wieder in Einklang gebracht werden; das Einander-Fühlen bewirkt eine enge Bezogenheit aufeinander – selbst die Körperfunktionen spiegeln das wider: Bei der Mutter steigt die Milchproduktion, weil das Baby beginnt, besser zu saugen, und weil die Mutter die Suchsignale ihres Kindes schneller und intensiver wahrnimmt. Das macht man sich in fortschrittlichen Kliniken bereits bei der Frühchenbehandlung mit der sogenannten Känguruh-Methode[66] zunutze: Auch für das zu früh geborene Baby ist Hautnähe *das* Lebenselixier.

Bei jedem Hautkontakt bzw. bei jeder liebevollen Berührung wird das Wohlgefühl des Mutterleibs wiederhergestellt, in dem ja rundum ununterbrochener Hautkontakt bestand. Liebe wird *auf* der Haut gefühlt und geht uns dabei „*unter* die Haut". Beim Kind (und bei der Mutter) werden Glückshormone ausgeschüttet. Für das Kind heißt das: Ich werde geliebt. Ich bin wertvoll. Ich fühle mich wohl in meiner Haut.

Zusammen schlafen – Nestwärme spüren

„Der Schlaf ist der Freund des Menschen", so sagten schon die alten Griechen. Wie wichtig er für uns ist, merken wir oft erst bei gestörtem Schlaf – Mütter und Väter von kleinen Kindern können ein Lied davon singen. Wenn uns der Schlaf fehlt, sind wir nicht zu gebrauchen. So ging es mir beim ersten Kind: Ab dem 8. Monat bis etwa zum Alter von eineinhalb Jahren schlief unser Kind extrem unruhig. Es war so schlimm, dass ich mich schon tagsüber vor der nächsten Nacht fürchtete. Ich wurde jedes Mal aus dem Tiefschlaf gerissen und fühlte mich morgens mehr tot als lebendig. Bald war ich völlig erschöpft.

Als dann (zur Wendezeit) mein zweites Kind unterwegs war, fürchtete ich mich am meisten vor solchen Nächten. Als es geboren war, war ich nicht mehr in der Lage, es nach dem nächtlichen Stillen in sein Körbchen zurückzulegen, sondern wir beide schliefen gleich nebeneinander weiter. Eine stillerfahrene Freundin beruhigte mich: Das sei das eigentlich menschlich Normale und keine Verwöhnung oder eigene Faulheit. Entlastet, erstaunt und erfreut habe ich dann so weitergemacht. Das Zusammenschlafen hat uns so viel gebracht, dass wir es auch bei den folgenden Kindern von Anfang an praktiziert haben. So kam es, dass ich beim vierten Kind ausgeschlafener, fitter und leistungsfähiger war als beim ersten. Auch der Papa hatte sehr viel davon. Oft fragte er mich, ob unser Kleinstes „heute Nacht mal da war", und staunte, wenn es tatsächlich so gewesen war; er hatte davon gar nichts bemerkt.

So sehr ich das gemeinsame Schlafen (engl. co- oder social sleeping) als entlastend empfand, umso mehr war ich darüber erstaunt, dass es ein heiß umkämpftes Thema sein kann. Ähnlich wie beim Tragen ist uns in der westlichen Welt die Kultur gemeinsamen Schlafens abhandengekommen, wenngleich man seit Neuerem bei jungen Eltern mehr Aufgeschlossenheit beobachten kann.

Bereits im Mittelalter wurde die Schlaftrennung empfohlen, und die Wiege kam auf. Doch kam es bis ins 19. Jahrhundert durchaus noch vor, dass Mutter und Kind zusammen schliefen. Erst im 20. Jahrhundert setzte sich das getrennte Schlafen – von den entsprechenden Experten als zwingend empfohlen – vollkommen durch.[67] Genauso wie das Weglegen bei Tag macht auch das getrennte Schlafen bei Nacht die Nutzung von Muttersatzmitteln erforderlich, die dem Kind die Anwesenheit der Mutter suggerieren.

Weil viele von uns es selbst nicht erlebt haben, dass wir bei unseren Eltern schlafen durften, erwarten wir auch von unseren Kindern, dass sie unabhängig von uns einschlafen und vor allem möglichst bald durchschlafen. Und das, obwohl wir Eltern selbst nicht gerne alleine schlafen.

Das Einschlafen sollte – jedenfalls nach deutscher Vorstellung – gegen 19 Uhr stattfinden, damit wir noch etwas vom Abend haben. Auch fürchtet man die Belastung der Beziehung der Eltern zueinander, wenn sich das Einschlafen beim Stillen zu lange hinzieht. Dabei steht uns unsere ganze kulturelle Prägung im Weg. Da ist einerseits der Irrtum, dass alle Babys bzw. Kleinkinder viel schlafen müssten und sie um diese Zeit generell müde seien bzw. dringend schon zu schlafen hätten, um zu gedeihen. Da ist andererseits unsere Vorstellung von Freizeit und Erholung nach einem anstrengenden Tag, die scheinbar nur ohne Kind möglich sind. Mein Mann und ich hatten diese Dinge auch so im Kopf; wir haben sie aber beim zweiten Kind über Bord geworfen. Denn oft haben gerade die Stillkinder ungeheuer viel Energie und sind überaus aufnahmebegierig, sodass sie gar nicht so viel schlafen. Sie wollen einfach nichts verpassen, schon gar nicht, wenn der Papa abends da ist und es noch einmal richtig interessant wird. Ich bin deshalb dazu übergegangen, die Kleinen immer erst dann in den Schlaf zu begleiten, wenn sie wirklich müde waren. Man kann als Elternpaar zusammen mit einem fröhlichen Kleinkind durchaus einen schönen Abend verleben. Was hindert uns denn daran, uns in den Arm zu nehmen und uns schon mal tief in die Augen zu sehen? Die Kinder lieben es, wenn sie sehen, dass ihre Eltern sich lieben. Meist kommen sie ganz schnell dazu und wollen auch schmusen.

Interessant ist auch, dass wir im westlichen Kulturkreis mit unserer Schlafkultur ziemlich alleine dastehen.[68] In fast allen anderen Kulturen rund um den Globus schlafen Babys mit ihren Eltern (bzw. mit ihrer Mutter) und ältere Kinder mit ihren Geschwistern. Aus einer Untersuchung in 186 nichtindustriellen Gesellschaften geht hervor, dass 46 % der Kinder im selben Bett wie ihre Eltern und 21 % mindestens im selben Raum schlafen. Das heißt: In 67 % der Fälle wird Schlafnähe praktiziert. In keiner der untersuchten Kulturen schlafen die Kinder vor ihrem ersten Geburtstag allein. Diese Einstellung findet man auch bei Einwanderern aus der „Dritten Welt" zum Beispiel in die USA.[69]

Interessant ist ferner, dass es dort offenbar keine Schlafprobleme gibt und auch das gemeinsame Schlafen als solches nicht als problematisch, sondern als normal empfunden wird. Während wir hier ein ganzes Arsenal von Ratgebern haben, die uns Tricks und Methoden vermitteln, wie wir unsere Babys dazu bringen, nach unseren Vorstellungen ein- und durchzuschlafen, gehen andere Völker ganz natürlich an dieses Thema heran. Maya-Eltern zum Beispiel lassen ihre Babys einfach einschlafen, wenn sie müde sind.[70] „Als ein Forscher Maya-Müttern erklärte, wie Babys in den USA ins Bett gebracht werden, reagierten diese entsetzt und brachten ihre Missbilligung und ihr Mitleid mit den amerikanischen Babys zum Ausdruck, die alleine schlafen müssen. Es machte ihnen nichts aus, dass sie kein Privatleben hatten; die Nähe zwischen Mutter und Kind auch während der Nacht gehörte für sie ganz selbstverständlich zum Elternsein dazu."[71]

Obwohl inzwischen viele Vorteile des Familienbettes erkannt und erforscht wurden, gibt es auch immer noch gegenteilige Expertenmeinungen.

So sieht zum Beispiel der Bundesverband der deutschen Kinder- und Jugendärzte neben der Rückenlage auf fester Matratze und der Rauchfreiheit das unabhängige Schlafen eines kleinen Kindes im eigenen Bett als *die* Vorsichtsmaßnahme gegen das Ersticken und den Plötzlichen Kindstod an.[72]

Andere Fachleute meinen, das unabhängige Schlafen sei eine wichtige Voraussetzung für das Selbstständigwerden an sich.[73] Stillkinder schlafen indes schon aufgrund der leichteren Verdaulichkeit der Muttermilch anders als Flaschenkinder. Das gemeinsame Schlafen ist sozusagen das Kleingedruckte im „Stillvertrag". Die Schlafprobleme werden vermutlich dann

als besonders krass empfunden, wenn man einerseits stillt und andererseits das getrennte Schlafen bzw. das eigenständige Einschlafen unhinterfragt praktiziert – oder weil man, völlig verwirrt und übernächtigt, gar nicht mehr weiß, was man machen soll. Leider spukt uns auch noch die Vorstellung im Kopf herum, dass ein Durchschlafen erst dann vorliege, wenn das Baby acht Stunden am Stück schläft. (Die Still- und Pflegeanweisungen für unsere Eltern und Großeltern verordneten ja auch eine strikte achtstündige Nachtpause.) Natürlich und realistisch betrachtet schläft ein Baby bereits „durch", wenn es vier bis sechs Stunden am Stück schläft. Die Fähigkeit, längere Zeit ununterbrochen zu schlafen, ist das Ergebnis allmählicher Reifungsprozesse von Hirnfunktionen.

Da wir die natürliche Lösung des Problems weitgehend vergessen haben, konnten leider Schlaftechniken in die Elternherzen Eingang finden, wie sie von dem amerikanischen Kinderarzt Richard Ferber entwickelt wurden.[74] Diese Methoden unterdrücken die guten mütterlichen Impulse, weil man verlernt hat, ihnen zu vertrauen. Und sie vertiefen die weitverbreitete Befürchtung, das Kind unangemessen zu verwöhnen. Zudem werden die Verbindung von Stillen und Schlafen sowie das nächtliche Stillen in diesen Ratgebern als Kardinalfehler dargestellt.[75] Wenn das Kind nachts aufwacht, so soll man alles Mögliche tun – von Herumtragen und Lichtanschalten bis hin zum Einschalten des Fernsehers[76] –, nur nicht das Gegebene, Natürliche, Nächstliegende und Notwendige, nämlich Stillen bei der Mama im Bett. Dabei ist doch das höchste Ziel des Stillens das Stillwerden und das intensivste Stillwerden das Einschlafen. Selbst bei der Mutter lösen die Stillhormone Beruhigung und Schläfrigkeit aus.

Das Einschlaftraining ist der wichtigste Teil der Empfehlungen: Man soll das Kind ins Bett legen und aus dem Zimmer gehen, auch wenn das Kind noch so schreit. Die Dauer wird langsam gesteigert, bis das Kind endlich ohne Mama einschläft. Selbst dann, wenn diese Methode zum (Wieder-)Ein- und Durchschlafen führt – ist sie dann auch wirklich empfehlenswert? Ein Kind, das schreit und nicht erhört wird, bekommt extreme Angst. Wenn es aufhört, hat es resigniert, aber es ist nicht still, weil es ihm gut geht.[77] Sein Vertrauen kann gestört werden. Angst und Stress können insgesamt ernste negative Folgen für das Gehirn und die psychosoziale Entwicklung haben, wie wir noch sehen werden.[78] (siehe Kap. 7)

Ich bin noch immer dankbar dafür, dass ich in der entscheidenden Zeit meines Mutterseins gar nichts von solchen Schlaftrainings wusste, sondern das Buch „Schlafen und Wachen"[79] des Arztes und Säuglingsforschers William Sears gelesen hatte. Darin findet man die Antwort darauf, warum das gemeinsame Schlafen *der Schlüssel des Schlafproblems* ist – und zwar so, dass unterm Strich keiner der Beteiligten zu kurz kommt. Das Geheimnis des gemeinsamen Schlafens ist die *Harmonisierung der Schlafphasen* von Mutter und Kind. Jeder Mensch erlebt während seines Nachtschlafes tiefe und flache Schlafphasen. Es wurde sogar festgestellt, dass auch Erwachsene (ohne es wahrzunehmen) in der Nacht mehrfach kurzzeitig wach werden, sodass man also eigentlich auch bei uns nicht von einem Durchschlafen reden kann. Übermüdung entsteht aber, wenn wir immer wieder aus unseren Tiefschlafphasen herausgerissen werden. Und das passiert, wenn das Baby gerade dann in seiner flachen Schlafphase ist und seine Bedürfnisse anmeldet. Denn im flachen Schlaf spürt es sein Bäuchlein oder sehnt sich sehr nach seiner Mama. Die disharmonischen Schlafrhythmen von Mutter und Kind, die sich aus unserer Schlaftrennung ergeben, schaffen die Probleme erst. Schlafen wir von Anfang an zusammen, können sich die Schlafrhythmen durch den engen Körperkontakt aufeinander einpegeln, sodass dann, wenn das Baby sich regt, auch die Mama gerade in einer flachen Schlafphase ist. Ich habe es oft erlebt, dass ich bereits „wach" war, wenn mein Kind sich zu melden begann. Dadurch konnte ich, ohne selbst richtig erwachen zu müssen, bereits die ersten Bedürfnissignale beantworten. Auch das Baby muss nicht richtig wach werden, weil es keine lauten Signale aussenden muss. Da alle liegen bleiben und weiterschlafen, wird dem Baby signalisiert, dass es Nacht ist und alle schlafen wollen, und zwar viel besser und vor allem liebevoller als mit irgendwelchen künstlichen Erziehungsmethoden.

Ich habe beobachtet, dass sich der Schlafrhythmus meiner Kinder im Zusammenhang mit Infekten, stressigen Familiensituationen, dem Zahnen, sommerlichen Hitzeperioden, bevorstehenden Entwicklungsschüben und Ähnlichem veränderte, wodurch die Nächte für mich natürlich unruhiger wurden, bis sich alles wieder eingepegelt hatte. So konnte ich aber auch aus dem Verlauf der Nächte meine Schlüsse ziehen, nämlich dass zum Beispiel etwas im Gange war oder dass die gesamte Familiensituation wieder mehr Ruhe brauchte.

Durch die Körpernähe auch in der Nacht schüttet der mütterliche Körper entsprechend höhere Mengen der Hormone Prolaktin und Oxytocin aus, die ihrerseits das mütterliche Einfühlungsvermögen fördern. Natürlich verbessern sie zuallererst die Stillfähigkeit. Es wurde festgestellt, dass Mütter, die zusammen mit ihren Kindern schlafen, länger stillen als solche, die getrennt schlafen.[80]

Als weiterer Aspekt im Hinblick auf das gemeinsame Schlafen wird der Plötzliche Kindstod (SIDS) diskutiert. Mediziner sehen Atemstillstand und Aufwachdefizite beim Baby als wahrscheinliche Ursachen hierfür an. Ein Atemstillstand kann zum Beispiel durch Unreife des Atemzentrums oder Behinderung der Atmung durch Atemwegsinfekte, eine Überwärmung des Kindes (gleichfalls durch Infekte) oder durch die Bauchlage verursacht werden, wobei letztere sowohl die Regulation der Köpertemperatur als auch die Atmung beeinträchtigt. So wurde die Bauchlage – neben Rauchen in der Schwangerschaft und danach – denn auch als einer der Hauptrisikofaktoren für SIDS erkannt. In einigen Studien gab es Anzeichen dafür, dass das gemeinsame Schlafen ebenfalls ein Risikofaktor sein könnte. Obwohl sich zeigte, dass in diesen Studien andere Begleitumstände des Schlafens wie die Beschaffenheit von Matratzen und Kissen, die Größe des Bettes sowie eine eventuelle Beeinträchtigung der Eltern durch Alkohol, Drogen oder Medikamente nicht berücksichtigt wurden, und obwohl Tabak und Alkohol einbeziehende Kontrollstudien keine Verbindung zwischen dem gemeinsamen Schlafen und SIDS nahelegten, wird in einschlägigen Handreichungen zum sicheren Babyschlaf das Schlafen der Kinder zwar im Zimmer der Eltern, aber im eigenen Bett empfohlen – das Schlafen im Familienbett wird hingegen strikt abgelehnt. Und das, obwohl eigentlich alles dafür spricht, dass das gemeinsame Schlafen (kombiniert mit Stillen) vor SIDS schützt (vorausgesetzt, die Eltern rauchen nicht und befinden sich nicht in einem Alkohol- oder Drogenrausch). SIDS ist in Kulturen, die ihre Kinder stillen und zusammen mit ihnen schlafen, kaum bekannt. Warum? Der Körperkontakt zur Mutter, d. h. ihre Schlaf- und Atembewegungen, der Hautkontakt und das Stillen nach Bedarf liefern sensorische Impulse für das kindliche Gehirn und schützen es davor, in einen zu langen Tiefschlaf zu verfallen, aus dem es möglicherweise nicht mehr erwacht, denn die frühkindliche Selbstregulation der Atmung ist vielfach noch nicht stabil. Der mütterliche Körper hindert also das Kind daran, mit der Atmung auszusetzen, und „schubst" diese mit der eigenen Atembewegung wieder an.[81]

Da die Schlafrhythmen angeglichen sind, kann die Mutter außerdem Warnsignale leichter wahrnehmen und darauf reagieren.[82] Dieses Wissen hat in meiner ehemaligen Stillgruppe immerhin zwei Babys das Leben gerettet. Die Mütter schliefen bei ihren Kindern und erwachten, als diese nicht mehr atmeten. Sie konnten sie sofort ins Leben zurückholen. (Natürlich erhielten beide Kinder daraufhin zur zusätzlichen Sicherheit Überwachungsgeräte.)

Untersuchungen haben zu der Annahme geführt, dass sich der Hautkontakt gleichfalls regulierend auf die Körpertemperatur des Kindes auswirkt.[83] Nicht zuletzt durch die erwähnten Empfehlungen sind Eltern verunsichert und besorgt, ihr Kind könnte im Familienbett ersticken oder von ihnen erdrückt werden. Selbstverständlich sollten hier einige *Sicherheitsvorkehrungen* getroffen werden. Ich erwähnte bereits, dass die Eltern nicht rauchen sollten bzw. von Alkohol oder Drogen berauscht sein dürfen, weil dann ihre Wahrnehmung getrübt ist. Die Zimmertemperatur sollte nicht zu hoch und die Zudecke nicht zu warm und schwer sein. Es sollte genügend Platz für jedes Familienmitglied vorhanden sein. Es darf keine Ritzen zwischen Wand und Bett und zwischen Bett und Matratze geben, damit das Baby nicht eingeklemmt werden kann. Und es sollten sich keine losen Kissen über seinem Kopf befinden. Vor einem seitlichen Herausrollen sollte das Kind durch ein handelsübliches Bettgitter, das Kinderbett, ein Balkonbettchen oder ein geeignetes Möbelstück geschützt werden. Auch kann man die Matratzen gleich auf den Fußboden legen. Der natürliche Schutz ist indes *die instinktive Zugewandtheit der Mutter zu ihrem Kind*. In Schlaflabors konnte man Folgendes beobachten: Die Mutter liegt meist auf einer Seite, die Beine angewinkelt, den einen Arm auf der Matratze rechtwinklig vom Körper ausgestreckt bzw. entspannt abgerundet und den anderen Arm am oder auf dem Kind. Das Baby liegt also in dem sich dadurch ergebenden Zwischenraum: mit dem Köpfchen am unteren Arm, mit den Füßchen an den Oberschenkeln der Mutter. Es kann so weder nach oben noch nach unten unter die Decke rutschen. Es liegt zudem entweder in Rückenlage oder der Mutter zugewandt in Seitenlage und kann nicht in die hinsichtlich des Plötzlichen Kindstods gefährliche Bauchlage rollen. Auch ist die mütterliche Lage so stabil, dass sie nicht auf ihr Kind rollt. Zudem hat sie – obwohl sie schläft – einen wachen Instinkt, ein tiefes Wissen um die Anwesenheit ihres Kindes.[84] Die Untersuchungen ergaben weiter, dass diese instinktive Schutzhaltung von Müttern, die die Flasche geben, aber auch von den Vätern *nicht* eingenommen wird.

Der ständige Haut- und Körperkontakt sowie das wiederholte nächtliche Saugen sind für die *Gehirnentwicklung* des Kindes von unschätzbarem Wert. Gerade auch bei einem älteren Baby, das am Tag immer mehr Sinnesreize aufnimmt, wird vieles in der Nacht verarbeitet. Dafür braucht es

> *Tipps für das Schlafen im Familienbett:*
> - Damit sich die Schlafphasen schnell angleichen, am besten gleich von Geburt an gemeinsam schlafen. Wenn man sich später dafür entscheidet, kann es ein paar Tage dauern, bis sich die Schlafharmonie einstellt. Wir brauchen etwas Geduld.
> - Jedes Familienmitglied braucht genügend Platz.
> - Folgende Sicherheitsvorkehrungen sollten getroffen werden:
>   - Zimmertemperatur nicht zu hoch;
>   - Zudecke nicht zu warm und schwer;
>   - keine Ritzen zwischen Wand und Bett, zwischen Bett und Matratze und zwischen den Matratzen;
>   - keine losen Kissen über Babys Kopf;
>   - Schutz vor dem Herausrollen durch Bettgitter, Kinderbett, Balkonbettchen oder geeignetes Möbelstück, ggf. das Schlafen auf einer Matratze auf dem Fußboden;
>   - nicht rauchen und nicht durch Alkohol o. Ä. berauscht sein.
> - Der natürliche Schutz ist die instinktive Schlafhaltung der stillenden Mutter.

eine Rückversicherung durch die stillende Nähe. Wird sie gewährt, erfährt das Kind tiefe Geborgenheit und wunderbares Geliebtwerden. Das Kind lernt, erhört zu werden. Urvertrauen und ein hohes Selbstwertgefühl werden aufgebaut. Gemeinsames Schlafen heißt somit: Auch in der dunklen Nacht brauche ich mich nicht zu fürchten, die Mama – und der Papa – ist ja da. Ich gehöre dazu. Alles ist gut. Das ist „Nestwärme", ganz wörtlich. Das nächtliche Kinderglück nehmen die Kinder mit ins Leben. Das Bett wird für sie immer ein Ort des Wohlfühlens sein, nie einer der Angst.

Wenn das Kleine nach einer eventuell unruhigen Nacht morgens mit einem geradezu seligen Gesichtsausdruck neben uns aufwacht, dann zeigt es uns – auch wenn wir das vielleicht gar nicht recht begreifen können –, dass es nach einer wahren Liebesnacht sozusagen „im siebten Himmel schwebt". Nachdem mir das klar geworden war, konnte ich auch die anstrengenderen Nächte leichter akzeptieren.

Da sein – Vertrauen lernen

Als meine Tochter klein war, hatte sie eine Zeit lang die Angewohnheit, immer wieder zu sagen: „Mama da, Mama da, Mama da …" Sie wiederholte das ständig und durch alle Tonhöhen, so als hätte sie einen Ohrwurm. Und ich dachte: Sie hat recht, das ist es.

Denn alles, was ich bisher beschrieben habe, bedarf einer Voraussetzung: Die Mama muss *da sein*. Sie muss anwesend sein, denn nur aus der Nähe heraus kann die Mutter die kindlichen Äußerungen wahrnehmen, richtig einschätzen und befriedigen. Das Kind verträgt keine längere Trennung, weil es die annehmende Reaktion der Mutter *sofort* braucht;

je jünger es ist, umso schneller. Theodor Hellbrügge stellte fest, dass junge Säuglinge bereits nach 0,2 Sekunden mit Frustration reagieren, wenn ihre Mutter nicht auf ihre Lautäußerung eingeht.[85] Die vielen sofortigen Reaktionen bedeuten verlässliches Dasein. Es macht dem Kind das Gefühl der Geborgenheit gewiss. Die Treue ist die zweite Seite der Liebe.

Mit dem Dasein ist es ähnlich wie in der Mathematik. Dort spricht man von notwendigen und hinreichenden Bedingungen. Übertragen auf unseren Fall heißt das: Das verlässliche Dasein ist eine *notwendige Bedingung* für das ständige Zwiegespräch zwischen Mutter und Kind. Ist das Dasein nur das Gegenteil von Wegsein, dann ist es allein noch nicht *hinreichend* für das Gedeihen des Kindes und seine spätere seelische Gesundheit. Ein Kind kann durchaus Schaden nehmen, wenn die Mutter zwar da, aber nicht wirklich innerlich anwesend ist und nicht einfühlsam seine Grundbedürfnisse stillt. (siehe Kap. 7) Hinreichende Bedingung ist also eine *einfühlende Anwesenheit*. Wenn die Mutter die kindlichen Gefühlsäußerungen (Schreien, Jauchzen, Strampeln usw.) bejaht, indem sie entsprechend auf sie reagiert, dann kommt das Kind in Kontakt mit sich selbst und lernt, sich selbst zu bejahen.[86] (siehe Kap. 3 u. 4)

Ich bin als Mutter für mein kleines Kind

- die Anwältin seiner Anliegen und Bedürfnisse;
- seine Lebens- und Existenzgrundlage – ich ernähre und sättige es an Leib und Seele;
- seine „Schutzburg", seine Rückzugsmöglichkeit in unbekannten Situationen und bei fremden Menschen (siehe Kleinkinder auf einem Spielplatz: Der rückversichernde Blick („Ist die Mama noch da?") gibt Sicherheit, denn zur Not kann man sich bei ihr verbergen);
- seine Möglichkeit zur Identifikation: Es gehört zu mir und ich zu ihm, es möchte mich nachahmen, sein wie ich, alles so tun wie ich;
- sein Orientierungspunkt in Raum und Zeit: Bin ich nicht da, verliert es im doppelten Wortsinn die Orientierung und die Möglichkeit, sich zurechtzufinden;
- sein Trost bei allem, was wehtut, was kaputtgeht, was unmöglich und unerreichbar ist. Das heißt: „Dein Kummer ist groß. Ich verstehe deinen Schmerz. Ich halte dein Schreien deswegen aus. Wenn es in meiner Macht liegt, beseitige ich die Ursache deines Problems. Ich gebe dir Nähe und Halt. Ich stille dich."

Trösten, Beruhigen, Stillen und Da-Sein, das scheint mir von Natur aus das tiefste mütterliche Ziel zu sein. Mütterlichkeit will instinktiv alles Ängstigende, jede Beunruhigung und Aufregung vermeiden, denn Stress und Angst sind nicht gut für das kindliche Gehirn. (siehe Kap. 7) Mütterlichkeit will *da sein*, um das kleine, zarte Gemüt *zu ernähren und zu schützen*. Aus mit Wohlgefühl verbundener Verlässlichkeit, aus diesem treuen

Da-Sein entsteht das Urvertrauen. Aus dieser *äußeren Sicherheit* erwächst *innere Sicherheit*: Die Mama ist da, alles wird gut. Es entsteht die Bindung zu ihr, die Verwurzelung in ihr.

Besieht man nicht nur diesen, sondern auch alle anderen Fakten und Zusammenhänge, die ich noch darlegen werde, dann liegt nahe, dass ein kleines Kind *möglichst drei Jahre die verlässliche Nähe der Mutter* braucht. Je mehr der Vater ebenfalls da sein kann, umso besser. (siehe Kap. 6) Das ist die *biologische* und damit die *psychische und soziale Erwartung*, die ein Kind mit auf die Welt bringt. Der Psychiater Hans-Joachim Maaz stellt in seinem Buch „Der Lilithkomplex" fest:

„In den ersten drei Lebensjahren des Kindes ist die Mutter in jeder Hinsicht – durch nichts und niemanden wirklich zu ersetzen und ohne Schädigung des Kindes auch nicht zu kompensieren […]. In dieser Zeit der wesentlichen Strukturbildung der Persönlichkeit bilden sich ganz basale Fähigkeiten von Welterfahrung heraus: Urvertrauen und Urmisstrauen, Gewissheit oder Zweifel, Selbstsicherheit oder Selbstunsicherheit, Selbstbewusstsein oder Minderwertigkeitsgefühle. Auch die Wurzeln für Sinnerfahrung, Beziehungsfähigkeit und Realitätsbezug gegen Sinnlosigkeit, Kontaktangst, Irrationalität entfalten sich in dieser Zeit. *So entscheidet die Mutter auf das nachhaltigste über die Zukunft ihres Kindes. Sie sollte also in dieser Prägungsphase am besten immer präsent sein* […].“[87] (Hervorh. d. A.)

An dieser Stelle sei ein Blick auf unsere nächsten Verwandten im Tierreich geworfen: Ein Schimpansenjunges wird von seiner Mutter überallhin mitgetragen. Das Junge ist lange Zeit völlig von seiner Mutter abhängig. Erst mit vier Jahren wird es langsam selbstständig.[88] Und das sollte bei uns Menschen, wo sich ein noch viel komplizierteres Gehirn entfalten muss, nicht zumindest ähnlich sein?

Das alles klingt sehr anstrengend und nach einer Totalherausforderung, und das ist es auch, deshalb brauchen wir dabei Beistand und Unterstützung vom Vater und von der Familie. Wir brauchen vor allem Entlastung von anderer Arbeit und von Sorgen. Wenn die Mutter nicht da sein kann, wer kann dann ihre Stelle vertreten? Von alldem wird noch die Rede sein.

Bin ich für mein Kind da, dann teile ich mein Leben mit ihm, denn es möchte auch sein Leben mit mir teilen. Es will bei mir sein. Es möchte alles mit mir mitmachen und mir helfen, soweit es das schon kann. Bin ich für mein Kind da, spürt mein Kind, dass ich mich verbindlich verantwortlich fühle. Das heißt: Komme, was da wolle, ich bin für dich da. Du kannst dich jederzeit auf mich verlassen. Bin ich für mein Kind da, dann ist das auch ein Ja zu der Belastung, der Erschöpfung und der Herausforderung, die sein Dasein für mich bereithält. Bin ich für mein Kind da, schenke ich ihm das Wertvollste, was ich habe, nämlich ein Stück meiner (Lebens-)Zeit, mich selbst. Weil es mir das wert ist! Mein Da-Sein bejaht mein Kind in seinem Da-Sein.

Zusammenfassung:

Ein kleines Kind bringt die Sehnsucht nach Mütterlichkeit mit auf die Welt. Dieses Gedeihprogramm unserer menschlichen Natur hat zum Ziel, das kleine Menschenkind so richtig liebessatt zu machen. Welches Kind das so erfährt, wird in der Tiefe seines Ichs verankern, dass es wertvoll und liebenswert ist. Dieses Kind hat im späteren Leben die besten Chancen, seine geistigen Anlagen voll entfalten und sich selbst annehmen zu können. So wird die Basis für ein gelingendes Leben gelegt!

Eine Mutter wäre fähig, das Glück zu erfinden, um es ihren Kindern zu geben. (Madeleine Debrêl)

2. Das Band der Liebe – Was ist eigentlich Bindung, wie entsteht sie und welche Bedeutung hat sie?

Eine junge Mutter erzählte mir, dass sie gefragt wurde, woher sie denn wisse, was ihr Baby – fünf Wochen alt – gerade habe, wenn es schreit. Sie antwortete, dass sie es eben einfach wisse, es einfach spüre. Dieses Mutter-Kind-Paar ist in der glücklichen Lage, dass die erste Bindung nach der Geburt entstanden ist und die beiden durch Stillen und Nähe symbiotisch vereint sind. Die Mama kann die Signale ihres Kindes verstehen und ist hoch motiviert, darauf liebevoll zu reagieren. Das Kind, das sich verstanden fühlt und das gestillt wird, „belohnt" die Mama: Entspannt versinkt es wieder in einem tiefen Wohlgefühl und schläft ein. Beide sind sich ein weiteres Stück nähergekommen. Je mehr die Bindung gelebt wird, desto mehr vertieft sie sich. Die Bindung – was ist das eigentlich für ein Phänomen? Was ist das, was da im Inneren einer Gemeinschaft wirkt?

Der Bindungsforscher Gordon Neufeld beschreibt Bindung ganz grundsätzlich als stärkste Urkraft, als Hauptkraft im Universum[89]: Planeten, die um die Sonne kreisen, Pflanzen, die im Boden verwurzelt sind, Lebewesen, die in Symbiose oder als Herden zusammenleben, Muttertier und Tierkind – das alles sind Systeme, die ohne eben diese Verwobenheit miteinander gar nicht funktionieren würden.

In der Psychologie wird die Bindung als Kernbestandteil der menschlichen Beziehungen und des sozialen Miteinander gesehen. Gordon Neufeld definiert sie so: „Bindung ist das Streben nach und die Bewahrung von Verbindung, Vertrautheit und Nähe zwischen Menschen: körperlich, im Verhalten und emotional."[90]

John Bowlby, der Begründer der Bindungsforschung, sagt: „Bindung ist das gefühlsgetragene Band, das eine Person zu einer anderen spezifischen Person anknüpft und das sie über Raum und Zeit miteinander verbindet."[91]

Bindung ist unsichtbar und dennoch für unsere Existenz grundlegend. Wenn sie besteht und funktioniert, sind sich die Menschen ihrer oft gar nicht bewusst. Sie ist dann wie selbstverständlich in die jeweilige Kultur eingebettet.[92] Man sieht sie erst, wenn sie nicht mehr vorhanden oder ge-

schwächt ist, nämlich an den Folgen, wie wir sie zum Beispiel in unserer postindustriellen Gesellschaft vorfinden. Seit der Industrialisierung verschwand mit dem kulturellen Bindungskontext, z. B. der dörflichen Gemeinschaft, allmählich auch die Empfindung für das Miteinander. Immer mehr Menschen fehlt die Intuition dafür, dass wir aufeinander angewiesen sind.[93] Wir wurden „mit einer Art Blindheit geschlagen […]. Das, was eine Gesellschaft im Innersten zusammenhält, geht uns nicht nur verloren, sondern wir scheinen es nicht einmal zu bemerken, geschweige denn, uns darum zu sorgen."[94]

Im Gegenteil: Unabhängigkeit wird als Freiheit, Abhängigkeit als Unfreiheit verabsolutiert. Kinder sollen deshalb möglichst sehr schnell selbstständig und „groß", das heißt: betont unabhängig werden.[95] Weil das so ist, müssen wir uns heute umso deutlicher bewusst machen, wie wichtig das familiäre Für-einander-da-Sein ist, und uns bewusst gegen den Strom unserer Zeit stemmen. Wer sich mit offenem Herzen auf den Gedanken einlässt, dass ein Kind aus der Liebesbeziehung eines Vaters und einer Mutter entstanden ist, dem wird klar werden, dass ein Kind diese Familienbindung braucht, um behütet aufzuwachsen.[96]

John Bowlby hat sich in seinem Bindungsmodell zunächst auf das erste Lebensjahr konzentriert.[97] Er meint: „Die meisten Babys, die jünger als sechs Monate sind, haben die Fähigkeiten, Bindungen aufzubauen, noch nicht voll entwickelt und spüren normalerweise noch keine Gefahr, wenn ein Fremder für sie sorgt. Aber mit ungefähr neun Monaten baut sich die primäre Bindung auf und ihre Fähigkeit, zwischen vertrauten und unvertrauten Personen zu unterscheiden, ist dann sehr gut entwickelt. Und mit zwölf Monaten ist ihre Bindung an die primäre Bezugsperson normalerweise sehr gefestigt."[98] Wir wissen heute, dass das Bindungsgefühl, das sich eingestellt hat, in der Kleinkindzeit z. B. unter Stress noch nicht stabil ist.

Gordon Neufeld hat Bindung weit über das erste Lebensjahr hinaus als für das gesamte Heranwachsen wichtig beschrieben. Er erkannte Bindungsstufen bzw. -arten, die Ausdruck des seelischen Reifungsprozesses während der sogenannten primären Kindheit bis zum 6./7. Lebensjahr sind.[99] Das heißt: Zu jeder Bindungsstufe kommt die nächste als neuer Entwicklungsschritt dazu. Einmal erlangt sind sie lebenslang wichtig und abrufbar. Man kann ein Kind auf dieser Grundlage „von innen heraus" verstehen lernen und es als einzigartige Person wahrnehmen.

Bindung über die Sinne

Ihr Ziel ist die körperliche Nähe und die sinnliche Wahrnehmung der Bindungsperson durch Berühren, Riechen, Sehen, Hören und Schmecken bzw. Saugen – alles das, was ich bereits beschrieben habe. Sie beginnt bei, eigentlich aber noch vor der Geburt, denn im Mutterleib liegt rund um die Uhr totale Mutternähe vor. Nach der Geburt – der Ent-Bindung – braucht das Kleine sofort wieder die Bindung zu seiner Mama. Spürt das Kind sie nicht, wird es alles in seiner Macht Stehende tun, um den Kontakt herzustellen und aufrechtzuerhalten. Es wird schreien, denn es geht schließlich um sein Leben: Bindung bzw. Bindung-herstellen-Wollen ist ein Überlebensinstinkt, der das Kind sofort in Aufregung versetzt, wenn die Nähe bedroht oder gestört ist.[100] Nähe – die Hautnähe – ist der grundlegende Bindungsmodus; je jünger das Kind ist, desto stärker ist es darauf angewiesen. So sind denn auch das Herstellen von Nähe und das Stillen die wichtigsten Bindungshandlungen zwischen Mutter und Kind. Nur so kann das weniger als ein Jahr alte Kind Liebe spüren.

Das Hormon, das durch Hautnähe ausgeschüttet wird, ist das stimmungsaufhellende Oxytocin.[101] Es gilt als *das* Bindungshormon. Wir brauchen es unser ganzes Leben lang: Es beruhigt uns und macht uns sozialer, weil es uns die Angst vor anderen nimmt und den Personen vertrauen lässt, an die wir uns binden. Es vermindert Stress und hilft bei der Heilung und Regeneration. Aber auf all das werde ich noch genauer eingehen.

Bindung durch Gleichheit/Identifikation

Sie beginnt im Kleinkindalter und tritt etwa ab der Einjährigkeit zur ersten Bindungsform hinzu: Das Kind versucht, so zu sein oder alles so zu tun wie seine engsten Bezugspersonen. Wenn das Kind selbst laufen und Dinge ergreifen kann, dann beginnt es, Mama und Papa nachzuahmen: ihr Verhalten, ihre Ausdrucksweise, ihre Tätigkeiten. Es eifert uns nach. Das ist Bindung durch Identifikation. Es geht um das Verschmelzen des Selbstgefühls des Kindes mit der Identifikationsperson. Wie ich schon schrieb, hatte ich oft das Gefühl, von meinen Kindern regelrecht beobachtet zu werden. Mein Kind sieht, was ich wie tue und wie ich bin, wie ich rede und mich bewege, um das genauso zu machen. Ob ich will oder nicht, ich bin meinen Kindern ein Vor-Bild.

Wie die Eltern werden und die Welt entdecken zu wollen bedeutet Lernen. Das Glück der sicheren Bindung sorgt für die Aufnahmebereitschaft des jungen Gehirns.[102] (siehe Kap. 3) Lernen und Bildung sind ohne Bindung undenkbar. Ihre Bedeutung für Spracherwerb, Erziehung, Bildung, Kultur-, Werte- und Glaubensvermittlung kann gar nicht hoch genug eingeschätzt werden. So stellte der amerikanische Psychologe Howard Gardner fest, dass ein Kind in den ersten vier Lebensjahren von seinen Eltern *beiläufig* mehr lernt als in der gesamten Schulzeit.[103]

Bindung durch Zugehörigkeit und Loyalität

Diese Bindungsart setzt etwa ab der Zweijährigkeit ein. Einer Person nahezustehen und sich an sie zu binden heißt jetzt, sie als sein Eigentum zu betrachten: „Meine Mama, mein Papa, mein Auto, mein Teddy, alles meins!" Alles gehört mir – gehört *zu* mir.

Auf dem Gefühl der Zugehörigkeit basiert dann die Loyalität: Man *hört* auf die eigenen Leute, denen man sich *zugehörig* fühlt, und folgt ihnen. „Wir machen das so, bei uns ist das immer so." Hier entsteht quasi ein natürlicher Gehorsam, die Basis für das Einhalten von Regeln, noch lange bevor man versteht, warum.

Ohne gute Bindung ist langfristig kein Gehorsam möglich. Sicher, es gibt auch Gehorsam aus Angst oder Einschüchterung. Er taugt jedoch nichts, das zeigt sich spätestens in der Pubertät. Das Kind wird aus ihm ausbrechen, sobald es möglich ist. Es braucht Liebe, damit unsere Kinder auf uns hören wollen. Einer meiner Söhne war als Kleinkind besonders trotzig; seine Lieblingsworte waren: „Nein! Willte nicht!" Mit achtzehn Jahren sagte er dann rückblickend, als es ums Gehorchen ging: „Ich habe immer nur euch zuliebe das gemacht, was ich sollte – aus keinem anderen Grund."

Bindung durch Bedeutsamkeit

Diese beginnt ab der Dreijährigkeit. Die wichtigste Frage des Kindes an seine Mama und seinen Papa ist nun: „Wie wichtig bin ich für dich?" Das Kind will den Eltern gefallen und von ihnen anerkannt werden: Es sucht nach Anerkennung, Lob und Bestätigung. Die Kinder leben geradezu für den glücklichen und anerkennenden Gesichtsausdruck ihrer Eltern. Dementsprechend sind sie auch besonders verletzlich bei Herabsetzung und Missbilligung, egal ob durch Gesichtsausdruck, Wortwahl, Verhalten oder Tonfall. Ich kenne etliche Menschen, die sagen, sie hätten von Mutter oder Vater nie ein gutes Wort zu hören bekommen, sie seien nie geliebt worden.

Das ist ihnen im Gedächtnis geblieben. Vermutlich aber haben sie auch schon vorher wenig Liebe bekommen und können sich daran bloß nicht bewusst erinnern.

Bindung über das Gefühl

Etwa ab dem vierten Geburtstag bzw. fünften Lebensjahr erfolgt die Bindung durch das Gefühl: durch Zuneigung, Liebe und Wärme. Es kommt dann der Tag, an dem das Kind seiner Mama oder seinem Papa offiziell seine Liebe erklärt. Es schenkt uns sein Herz: ein wundervoller, aber auch hochverletzlicher Moment. Denn wer sein Herz *verschenkt*, riskiert auch, dass es *gebrochen* wird. Eines meiner Kinder tat das zum ersten Mal, als es mit einem bunten Strauß abgerissener Tulpen und Stiefeln voller Schlammbatzen aus dem Garten in meinen gerade frisch gewichsten Hausflur kam und mit strahlenden Augen rief: „Mama, ich hab dich so lieb!" Den spitzen Schrei, den ich wegen des Drecks fast losgelassen hätte, konnte ich gerade noch zurückhalten.

Gordon Neufeld sieht in der *offiziellen Liebeserklärung* einen *hochbedeutsamen Moment* der Bindungs- bzw. Reifeentwicklung: Ab diesem Moment könne man sicher sein, dass das Kind *eine zeitweilige Trennung von der Bindungsperson verkraftet*. Es hat das Bild von der lieben Mama im Geist fest verankert, es ist sicher abrufbar, auch wenn sie selbst nicht zu sehen ist. Die Bindung ist gesichert.[104]

Bindung durch Vertrautheit

Diese Bindungsstufe beginnt etwa mit der Schulzeit. Sie ist die Wiederholung der Bindung über die Sinne, nur auf psychologischer statt auf rein körperlicher Ebene: Man wird vertraut mit der Bindungsperson. Das heißt, sich ihr nahe zu fühlen: seine innersten Gefühle zu offenbaren, sich anvertrauen zu dürfen, sein zu dürfen, wie man ist und wie man sich fühlt. Das Kind beginnt, Geheimnisse zu teilen. Ein gut gebundenes Kind hat ungern Geheimnisse vor seinen Eltern, da diese einen Verlust von Nähe bedeuten. Immer wieder hat man dann solche Erlebnisse: „Mama, ich weiß, was der Papa dir zum Geburtstag schenken will, nämlich das und das. Das ist aber ein Geheimnis, und ich darf es dir nicht verraten …" – und plötzlich halten sie erschrocken inne, weil sie es doch ausgeplaudert haben.

Hat das Kind in der Bindung zu seinen Eltern diese Stufe erreicht, sind das die Pfunde, mit denen man für die weitere Erziehung in Schulzeit und Pubertät wuchern kann. Nur ein Kind, das zu dieser Gefühlsreife gelangt ist, kann im weiteren Leben sich und andere wahr- und annehmen, verfügt über Einfühlungsvermögen, aber ist auch fähig zur Abgrenzung gegenüber unangemessenen Anforderungen von außen. Es kann Mimik und Gestik richtig deuten (siehe auch Kap. 4) und mit jemand anderem wahrhaft intim und vertraut werden. Und *das* wiederum ist das Geheimnis guter Freundschaften und glücklicher Ehen.

Aber zurück zur (frühen) Kindheit: Zunächst ist nämlich die Bindung grundlegend für die Selbstständigkeitsentwicklung, für den Aufbau von Beziehungen zu anderen Personen, für die Erziehung (soziales Verhalten und Regeln) sowie für die seelische und körperliche Gesundheit.

Bindung – Basis der Selbstständigkeit

Die enge Bindung des Kindes zu seinen Eltern, vor allem zur Mama – diese Abhängigkeit wird in unserer Welt oft negativ bewertet. Daher wollen viele Eltern (und müssen es oft auch), dass ihre Kinder möglichst rasch ohne sie zurechtkommen, und verwechseln das mit Selbstständigkeit. Doch so paradox es klingt: Je besser und sicherer ein Kind *gebunden* ist, desto stärker wird es die Welt entdecken wollen – desto *selbstständiger* wird es werden. So lautet eine Grunderkenntnis der Bindungsforschung.[105]

Selbstständigkeit heißt zunächst: Ich kann neue, unbekannte Situationen sicher bewältigen – ohne Mama oder Papa im Rücken. Ganz entgegen so mancher Erziehungsratschläge kann und muss Selbstständigkeit nicht trainiert werden. Sie ist ein Reifungsprozess wie auch das körperliche Wachstum, der im wahrsten Sinne des Wortes seine Zeit braucht. Selbstständigkeit entsteht bei guter Bindung tatsächlich *von selbst*. Gerade dann, wenn ein Kind nichts tun muss, um an Liebe satt zu werden, wird es sich von sicherer Position aus hervorwagen und die Welt erforschen wollen.[106]

Die Entfernung, die sich ein Kleinkind durchschnittlich von seiner Mutter entfernt, beträgt im ersten Lebensjahr sieben Meter, im zweiten Lebensjahr 15 Meter und im dritten 21 Meter.[107] Schrittchen für Schrittchen traut sich das Kleine immer mehr zu, wenn der Rückzug gesichert ist. Auf dem Spielplatz z. B. dreht es sich um, geht sicher, dass Mama oder Papa noch da sind, und kommt zu ihnen zurück, wenn es sie braucht. Das entspricht dem unmittelbaren Bindungsbedürfnis des Kindes bzw. dem Ausmaß der inneren Sicherheit, die das Kind schon erlangt hat. Jedes Kind hat seinen eigenen inneren Zeitplan dafür; die Schüchternen brauchen etwas länger. (siehe Kap. 4)

Bindung zuzulassen und verlässlich Nähe zu gewähren bedeutet also nicht, das Kind zu verwöhnen, sondern stellt eine Stärkung seiner Persönlichkeit dar.

Bindung – Basis des Beziehungsaufbaus zu anderen Personen

Meist ist die Mutter die primäre Bindungsperson. Wir Menschen verfügen über den Vorteil, dass sich ein Baby auch an eine andere Person primär binden kann. Das sichert zu allen Zeiten das Überleben, falls eine Mutter ihr Kind nicht persönlich versorgen können oder gar sterben sollte. Das Kind bindet sich dann primär an denjenigen, der es am meisten versorgt.[108]

Vom Mutterleib an bis fast zur Einjährigkeit fühlt es sich eins mit der Mama. Ab dem neunten Monat kann das Kind vertraute von unvertrauten Personen unterscheiden. Es beginnt die Fremdelphase, wie es Bowlby erkannte.

Die Beziehung zum Vater wird als etwas Neues aufgebaut, trotzdem wirkt seine tiefere Stimme längst irgendwie vertraut. Schließlich hörte das Kind sie ja schon während der Schwangerschaft, und nach der Geburt „hat [es] Papa zugleich mit Mamas Worten, ihrer Ernährung und Fürsorge schon aufgesogen".[109] Er wird immer wichtiger, je mehr das Kleine selbst etwas tun kann und mit unbändiger Neugier diese Welt erkundet. „[…] er scheint ja alle diese Zusammenhänge zu verstehen und ‚im Griff' zu haben."[110] Die Sekundärbindung zum Vater tritt zur Primärbindung zur Mutter hinzu. (siehe Kap. 6)

Auch zu anderen Personen – zunächst innerhalb der Familie – kann das Kind eine Sekundärbindung aufbauen. Wichtig ist, dass das Kind die gute Beziehung seiner Mama zu diesen Personen sieht und diese bereits als ein Stückchen von Mama empfindet, dann „erlaubt" es auch ihnen, es einmal zu betreuen; andernfalls wird es (zumindest ab der Fremdelphase) wahrscheinlich protestieren.[111]

Außerhalb des unmittelbar vertrauten Familienbereiches gilt: Das kleine Kind braucht zur Kontaktaufnahme den verlässlichen Rückhalt und die Rückversicherung einer familiären Bindungsperson, etwa für ein „Winke, winke" zur netten Nachbarin von Mamas oder Papas Arm. Eine Sekundärbindung zu fremden Personen kann sich dann gut entwickeln, wenn ein quasi familiäres Verhältnis be- oder entsteht.

Bindung – Basis für Erziehung und Bildung

In einer Welt, der das Gespür für Zusammenhalt abhandenkommt, gerät auch in Vergessenheit, welche immense Bedeutung Bindung für Erziehung hat. Gordon Neufeld bringt es so auf den Punkt: Wer Bindung zu seinen Kindern habe, könne sie auch erziehen. Man muss dafür keinen Erziehungsratgeber gelesen haben. Und umgekehrt: Man kann jeden Ratgeber gelesen haben – wer über keine Bindung verfüge, könne nicht erziehen.[112] Nur aus der Nähe heraus entwickeln wir eine natürliche Erziehungskompetenz für unsere Kinder. Wenn wir einen „Draht zu ihnen" haben (und diesen auch während ihres Heranwachsens behalten und immer wieder neu festigen), dann lernen wir auch, sie zu „lesen" und zu verstehen. Das ist wichtig, denn jedes Kind ist anders. Besteht dieser „Draht", dann wollen die Kinder so sein wie wir und es uns möglichst recht machen. Sie hören dann auf uns, jedenfalls meistens, weil sie uns lieben, nicht weil sie jede Regel sofort verstehen. Wenn das der Fall ist, dann haben wir als Eltern *Beziehungsautorität*, wie es der christliche Sozialpädagoge Eberhard Mühlan genannt hat – dann müssen wir nicht autoritär sein.[113] Man kann auch sagen: Die Kinder vertrauen uns letztlich, selbst wenn wir etwas verbieten müssen, weil sie an unsere Liebe glauben. Das macht die Erziehung einfach leichter. Hinzu kommt, dass unsere Kinder als Gegenstück zu unserer *Beziehungsautorität* ein *Bindungsgewissen*, wie Neufeld[114] es nennt, entwickeln. Mit zunehmendem Reifegrad (s. o.) „läutet ihnen das Gewissen", wenn sie etwas getan haben, von dem sie wissen, dass es (zunächst in unseren Augen) nicht in Ordnung ist.

Eines unserer Kinder war in der ersten Klasse, als es eines Tages sehr bedrückt aus der Schule kam. Es bekannte, der Lehrerin eine pampige Antwort gegeben zu haben. Als ich vorschlug, dass es sich entschuldigen solle und dass ich auch mitkommen würde, war der innere Friede wiederhergestellt. Die Lehrerin war übrigens sehr erstaunt, denn sie hatte es gar nicht so empfunden.

Wenn wir über diese Beziehungsautorität verfügen, dann können wir unseren Kindern auch alles nahebringen, was uns wichtig und wertvoll erscheint. Damit ist die sichere Eltern-Kind-Bindung eine der wichtigsten Grundlagen für die Bildungs-, Kultur- und Glaubensvermittlung von Generation zu Generation, die vertikale Kulturvermittlung. Im Wort Tradition (lat. wörtlich „Übergabe") steckt genau das. Verfügen wir über eine Bindung, können wir unseren Kindern etwas *übergeben*, weil sie innerlich dazu bereit sind, es von uns *anzunehmen*.

Es gibt noch eine gute Nachricht: Wenn der „Draht" zu unseren Kindern „gelegt" ist, dann dürfen wir als Eltern auch Fehler machen, so meine persönliche Erfahrung. Ein gelegentliches Ausrasten oder eine Fehlentscheidung im Alltag schaden ihnen dann nicht, solange wir nicht permanent ein „giftiges Klima" verbreiten.[115] Jeder kennt das: Demjenigen, den man gut leiden kann und dem man verbunden ist, verzeiht man wesentlich mehr als jemandem, für den das nicht gilt. Auch unsere Kinder – deren Herz wir nahe an unserem haben – sehen uns viel nach, weil auch sie uns von innen her kennen und lieben. Und uns passieren auf dieser Grundlage weniger erzieherische „Ausrutscher".[116]

Erziehung ist also in erster Linie *Beziehung*, Aufbau und Bewahrung von Vertrauen, und erst in zweiter die Summe von Regeln. Auch deshalb ist es so wichtig, alles zu tun, um die Bindung bzw. das Vertrauen zu stärken und möglichst alles zu unterlassen, was sie beschädigt.

Bindung – Basis für Gesundheit und Sozialverhalten

Welche enorme Bedeutung die Bindung für Gesundheit und Sozialverhalten hat, erkennt man besonders dort, wo sie fehlt oder geschwächt wurde. Was passiert, wenn sie beeinträchtigt ist, beschreibt der Familientherapeut Wolfgang Bergmann: „Die wichtigsten Personen der frühen Kindheit [nämlich Mama und Papa; Anm. d. A.] sind im Kern des kindlichen Selbst verankert, in seiner Sinneswelt, seinem Körperempfinden und all den symbolischen Ordnungen (bis hin zur Muttersprache). […] Je verlässlicher sie in der Psyche gesichert sind, desto intensiver und vorbehaltloser nimmt ein Kind jene komplexen Welterfahrungen auf. Je ungesicherter sie sind, desto mehr bleiben alle geistigen und sinnlichen Erfahrungen mit Hemmung und Angst behaftet."[117] Wird die Bindung erschüttert, „wird zugleich Intelligenz und soziale Feinfühligkeit eines Kindes beschädigt."[118]

Störungen im Bindungsbereich ergeben sich, wenn das natürliche Bindungs- und Orientierungsgefüge des Kindes zu Mama und Papa nicht oder nicht ausreichend entstehen konnte.[119]

Von der „wünschenswerten sicheren Bindung" unterschied die Bindungsforscherin Mary Ainsworth[120], eine enge Mitarbeiterin Bowlbys, folgende Anomalien:
- die unsicher-ambivalente Bindung, die durch ein Elternverhalten entsteht, bei dem das Kind mal nahe herangezogen und im nächsten Moment wieder auf Distanz gehalten wird. Sie kann übrigens auch durch den Krippenbesuch entstehen, denn aus Sicht des Kindes ist die Mutter mal weg und mal da;
- die unsicher-vermeidende Bindung, bei der die Mutter sich unterkühlt und distanziert verhält und „zu viel" Kontakt vermeidet. Das Kind geht u.U. problemlos zu jedem. Es fremdelt nicht, weil es nicht oder nur wenig fähig ist, vertraute und unvertraute Personen zu unterscheiden.

Die desorganisiert-desorientierte Bindung, die als deutlich gestört gelten kann (z.B. aufgrund von Vernachlässigung und Gewalt), kam als Begriff durch Untersuchungen anderer Forscher hinzu.[121]

Die möglichen Folgeerscheinungen einer geschwächten Bindung sind vielfältig und variieren im Zusammenspiel mit dem ererbten Grundtemperament eines Kindes. (siehe Kap. 4, 7 u. 8) Das Maß, in dem unsere Eltern auf uns eingegangen sind oder eben nicht, ist so tief in uns eingeprägt, dass wir es in unserem Verhalten gegenüber anderen Personen später genauso machen, oftmals auch bei den eigenen Kindern. Es ist eine Grunderkenntnis, dass frühe Bindungserfahrungen von einer Generation auf die nächste *übertragen* werden und sich sogar noch *verstärken* können.[122]

Die entstandenen *unsicheren Bindungsmuster* gehen einher mit einer verringerten Gefühlsfähigkeit. Es mangelt dann an *Empathie* und an der *Fähigkeit der Gefühlswahrnehmung und des Gefühlsausdrucks*.[123] Landläufig bezeichnen wir das als Gefühlsarmut oder auch Herzenskälte, verbunden mit der Unfähigkeit, echte Nähe zu jemandem herzustellen, sich in jemand anderen einzufühlen oder gar Hingabe zu leben und um der Liebe willen eigene Interessen zurückstellen zu können. Wer nicht *geliebt wurde*, kann sich *selbst* nicht lieben – sich nicht annehmen und wertschätzen. Und wer *das* nicht kann, kann *andere* nicht lieben. (siehe Kap. 8)

Welche Folgen das hat, können wir uns vorstellen: Da wären Beziehungsprobleme bis hin zur -unfähigkeit, häufig verbunden mit Kontaktscheu oder Distanzlosigkeit, mit Nähe-Distanz-Problemen und Bindungsängsten.[124] Ferner können gesteigerte Aggressivität und geringe Frustrationstoleranz, allgemeine Unausgeglichenheit und Unruhe, Rastlosigkeit sowie verringerte Stressregulation auftreten.[125] Weil *Bindungsschwäche* diese seelischen Zustände und Grundmuster bewirkt, kann sie als eine der Hauptursachen (neben solchen, die vor und während der Geburt eintreten) für seelische Erkrankungen und psychosomatische Störungen sowie manche organischen Erkrankungen wie Diabetes, Herzkrankheiten und Asthma gelten, wenn auch deren Auslöser vielfältig sein können. Das wurde insbesondere durch die Hirnforschung bestätigt, wie wir noch sehen werden. Bindungsschwäche kann jedoch bereits zuvor Probleme im Lernbereich (alle kognitiven* Fähigkeiten), im Sprachbereich (Wortschatz, Sprechen, Lesen, Schreiben), im Sozialverhalten und hinsichtlich Konzentration, Begeisterungsfähigkeit, Beharrlichkeit hervorrufen und den Familien- und Schulalltag deutlich beeinträchtigen, zum Beispiel durch ADHS. Mit unsicheren Bindungsmustern sind weiter unverbindliche und schnell zerbrechende Partnerschaften verbunden. Vielfach fehlen der Mut und die Fähigkeit zur Ehe und dazu, die eigenen Kinder selbst zu betreuen.[126]

Ferner fällt ein anderer „moderner" Trend auf, der inzwischen als weithin normal betrachtet wird. Gordon Neufeld beschreibt ihn in seinem Buch „Unsere Kinder brauchen uns" als *Gleichaltrigenorientierung und -bindung*[127]: Weil Kinder und Eltern nicht mehr genug Zeit miteinander verbringen können und über viele Stunden des Tages voneinander getrennt sind, ist das Band zwischen ihnen gekappt oder zu schwach. Weil sich Kinder instinktiv binden müssen, binden sie sich an die, die *da sind*, egal ob sie zu einer Elternrolle fähig sind oder nicht. So haben die Erwachsenen ihre Kinder an Kinder verloren, nämlich an die anderen Kinder in Ganztagsbetreuung, an die sie sich dann primär binden. Und diese werden damit zum Orientierungspunkt, mit folgender Wirkung: Die Kinder sind dann für ihre Eltern, aber auch für alle anderen Erwachsenen nicht mehr erreichbar, lenkbar, erziehbar und unterrichtbar. Sie bewegen sich in ihrer eigenen Welt, in ihrer sogenannten Peergroup, und was dort gilt, ist „in". Das ist weit mehr als ein normaler pubertärer Ablösungsprozess von den Eltern; sie nehmen diese nur noch als störendes Randproblem ihres Lebens wahr. Neufeld beschreibt die Gleichaltrigenorientierung als Hauptgrund für die Entstehung von Jugendkulturen, die von der Erwachsenenwelt abgekoppelt sind: ein Phänomen, das erst etwa seit Ende des Zweiten Weltkrieges in Erscheinung getreten ist, während es so etwas vorher nirgendwo auf der Welt gegeben hat. In diesem Bindungsabbruch sieht er die Ursache dafür, dass es immer schwieriger wird, in Bildung und Kultur universelle Werte weiterzugeben. Die Gleichaltrigenorientierung verursacht, so Neufeld[128], Cliquen- und Bandenbildung verbunden mit Drogen, Alkohol, Kriminalität und Suchtbeginn sowie Mobbing, die kultartige Internet-Inszenierung der Schulmädchenfreundschaft mit merkwürdig stereotypen Liebesschwüren[129] und generell das Ausleben einer verfrühten, unreifen Sexualität.[130] Die Gleichaltrigenorientierung ist verbunden mit dem „Coolsein" – einem Panzer der Unverletzlichkeit. Um z. B. die Verletzung einer *vorzeitigen Trennung* von den Bindungspersonen nie wieder spüren zu müssen, „reagiert das Gehirn mit Betäubung. Es fährt alle Wahrnehmungen herunter, die zu verletzten Gefühlen führen"[131], so Neufeld. Der Prozess der Gleichaltrigenorientierung kann rückgängig gemacht werden, erfordert aber großen Einsatz vonseiten der Eltern, die ihre Kinder zurückgewinnen müssen, wenn sie wieder einen Einfluss auf sie haben wollen.

Zusammenfassung:

Bindung ist ein lebenswichtiger Grundinstinkt. Ohne sie ist kein Leben möglich.

Ein Kind, das in sicherer Bindung Wurzeln schlagen konnte, wird später fest verwurzelt den „Stürmen" seines Lebens trotzen können. Indem seine Eltern es bedingungslos annehmen und ihm Nähe schenken, wird es gefühls- und beziehungsfähig: In der Liebe lernt es die Liebe. Und umgekehrt: Ist die Bindung geschwächt, hat das langfristige Folgen für die Beziehungsfähigkeit sowie die körperliche und seelische Gesundheit des Einzelnen, aber in der Masse auch für zerstörerische gesellschaftliche Trends in allen zwischenmenschlichen Bereichen.

Mit einer Kindheit voll Liebe kann man ein halbes Leben hindurch die kalte Welt aushalten. (Jean Paul)

3. Geheimnis Gehirn – Einige Ergebnisse der Hirnforschung

Wie wir bisher gesehen haben, sind frühe Erfahrungen besonders prägend. Da wird sozusagen der Rucksack für das weitere Leben gepackt; es entsteht das Grundgefühl, mit dem ein Mensch durchs Leben geht. Das wiederum beeinflusst das konkrete Denken und Handeln bis in die alltäglichsten Dinge mehr, als man annimmt. Man könnte auch sagen: Das, was unbewusst in uns vor sich geht, ist das Gedächtnis der Seele. Im Unbewussten sind die Grunderfahrungen der frühen Kindheit eingeprägt. Wie sehr das der Fall ist, wurde mir bei folgender Begebenheit deutlich:

Ich trocknete eines meiner Kinder (ca. drei Jahre alt) abends nach dem Baden ab. Wie immer hockte ich mich auf ein Knie und setze mein mit dem Handtuch umhülltes Kind auf das andere. So „rumpelte" ich es ab, „garniert" mit Schmusen und Küsschen. Meine Mutter, die das beobachtete, freute sich: „Du machst das ja genauso wie ich!" Das Erstaunliche war aber, dass ich mich überhaupt nicht bewusst daran erinnern konnte. Es war so tief eingespeichert, dass es in der gleichen Situation einfach wieder aktiviert wurde. Warum ist das so? Warum ist das ganz frühe Erleben nicht einfach vergessen und vorbei? Will man diese Fragen beantworten, lohnt sich ein Blick auf die besondere Beschaffenheit des frühkindlichen Gehirns.

Der Mensch kommt mit einem noch nicht ausgewachsenen Gehirn zur Welt. Die Synapsen (Nervenzellen), die genetisch angelegt sind, „warten" auf ihre Entfaltungsmöglichkeit wie Blütenknospen auf ihr Erblühen. Bei guten Entfaltungsbedingungen „sprießen" sie und vernetzen sich, bei schlechten verkümmern sie: Wenn wir unsere kleinen Menschen-Pflänzchen mit viel Liebe „gießen" und mit der Sonne unseres Herzens warm „bescheinen", dann schaffen wir die optimale Umgebung für das junge Gehirn. Die renommierte Wissenschaftsjournalistin des Magazins „TIME" J. Madeleine Nash fasste die Forschungsergebnisse wie folgt zusammen: „Während der ersten Lebensjahre unterliegt das Gehirn einer Reihe von außerordentlichen Veränderungen. Kurz nach der Geburt beginnt ein Säuglingsgehirn in großer biologischer Überschwänglichkeit über 100.000 Milliarden Verbindungen zu knüpfen – mehr, als es je gebrauchen kann. Dann eliminiert das Gehirn Verbindungen oder Synapsen, die selten oder nie benutzt werden. Die überschüssigen Synapsen in einem Säuglingsgehirn unterliegen einer drakonischen Beschneidung. Zurück bleibt

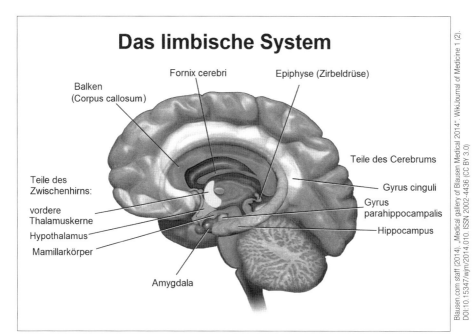

ein Gehirn, dessen Muster von Emotionen und Gedanken im Guten wie im Schlechten einzigartig ist."[132]

Von günstigen bzw. ungünstigen Entfaltungsbedingungen ist besonders das emotionale bzw. soziale Gehirn – das limbische System und die rechte Gehirnhälfte – betroffen.

Der Bereich des limbischen Systems mit u. a. Hypothalamus, Hypophyse, Amygdala und Hippocampus „repräsentiert [...] die unbewusste Grundlage der Persönlichkeit und des Selbst, d. h. der Grundweisen der Interaktion mit uns selbst und unserer unmittelbaren, persönlichen Umwelt, wobei diese vornehmlich aus der Bindungserfahrung [...] und den frühkindlichen psychosozialen Erfahrungen stammen", so der Hirnforscher Gerhard Roth.[133] Er bezeichnet ihn als „das Kleinkind in uns". Er ist in etwa das, was wir als unser Innerstes bezeichnen würden. Dort befinde sich die ererbte und epigenetische* Grundausstattung unserer Persönlichkeit – unser Grundtemperament.[134] Hinzu kommt die emotionale Konditionierung durch Schwangerschaft, Geburt sowie die frühe und früheste Kindheit, welche von der Qualität der von uns erlebten Mütterlichkeit bestimmt wird. Beides wirkt ständig wechselwirkend aufeinander ein und ergibt – unlösbar miteinander verzahnt – unsere Persönlichkeitsstruktur. Auf diese Weise werden die neurobiologischen Funktionsachsen dafür angelegt, wie wir z. B. Angst und Stress regulieren, wie und ob wir zu anderen Menschen in Beziehung treten können, ob in unserem Lebensgefühl eher Urvertrauen, Wertgefühl, Wohlbefinden und innere Ruhe die Oberhand haben oder aber Urmisstrauen, Unwert, Unbehagen und innere Unruhe.

Diese limbischen Bereiche sind mit der Großhirnrinde der rechten Hirnhälfte verbunden, dem rechten präfrontalen Cortex, der ebenfalls zum limbischen System gehört. Dort werden soziales Verhalten und Regelverständnis, unsere Werte- und Moralprägungen und nicht zuletzt das, was wir als Gefühlsleben empfinden, verankert. Dieser Bereich ist die Basis für unsere Willenskraft, unsere Empathie sowie für die Kontrolle der aus dem Unbewussten „aufsteigenden" Impulse.[135]

Während unsere Emotionen in den limbischen Bereichen diffus und nicht klar sind, werden sie erst dadurch für unser Bewusstsein greifbar, dass wir einen Ausdruck für sie auf der Großhirnebene eingeprägt haben. „Ausdruck" heißt, dass wir ein Gefühl in Sprache, Mimik und Gestik ausdrücken und es dadurch bei uns und anderen erkennen können. (siehe Kap. 4) Das ist die Ebene des Bewussten.[136] Interessant ist auch hier, wie die Hirnforschung die oben genannten Erfahrungen der Psychologie bestätigt: Der Einfluss des unbewussten, limbischen Bereiches auf unser Verhalten, unser Befinden und unsere Entscheidungen ist tatsächlich deutlich stärker als der des bewussten Großhirns, der vorderen rechten Hirnhälfte. Die unbewussten limbischen Bereiche werden in der Kindheit stark festgelegt und sind daher im späteren Leben nur noch relativ schwer veränderbar. Deshalb sind Psychotherapien auch so schwierig und langwierig. Gerhard Roth sagte dazu im „Spiegel": „Das unbewusste Selbst ist in seinen neuronalen Grundzügen kaum kaputtzukriegen. Wahrscheinlich gehörten die Lebenstüchtigen zu den gut gebundenen Kindern."[137]

Der Psychiater Matthias Franz führt dazu aus: „Unsere Gehirne entwickeln sich in Abhängigkeit von ererbten biologischen Programmen, natürlichen Umweltbedingungen und individuellen frühkindlichen, emotionalen Lernerfahrungen mit unseren engsten Bezugspersonen – also zumeist den Eltern. Die Feinstruktur der von den Nervenzellen gebildeten Funktionssysteme unseres Gehirns verändert sich unter diesen Einflüssen permanent [...]. In unserem Lernorgan Gehirn wird *aus Information Struktur* und *aus Struktur schließlich Funktion*. Software und Hardware sind sozusagen nicht mehr klar zu unterscheiden. [...] Auf dieser Grundlage erzeugt unser Gehirn schließlich die uns erfahrbare persönliche Wirklichkeit und auch unser Verhalten [...]. Wie unsere Bezugspersonen mit uns *als Kindern* umgingen [...], *wiederholen wir* in mehr oder weniger ähnlicher Form *als Erwachsene* auch im Umgang mit anderen – aber auch im Umgang mit uns selbst. [Hervorhebungen d. A.]"[138]

Es läuft also in der Kleinkindzeit alles über die Emotionen. Das Sich-gut-Fühlen, aber auch ein Sich-schlecht-Fühlen hinterlassen einen wahrhaftig bleibenden Eindruck auf unser Gehirn und konstituieren es.

Das Sich-gut-Fühlen des Kindes ist die optimale Entfaltungsbedingung für sein Gehirn: Mama spüren, ihre Nähe genießen, in das Wohlgefühl des Mutterleibs eintauchen, das sind die positiven Impulse für unser Gehirn

– Mamas und Papas Freude über jeden Entwicklungsschritt dabei eingeschlossen.

Diese Nähe steht im Zusammenhang mit dem schon erwähnten Oxytocin, das bei Berührung im Hypothalamus freigesetzt wird und andere Bereiche des limbischen Systems beeinflusst: Dort setzt es z. B. Wachstumshormone frei und bremst das Hormon ACTH*, das die Ausschüttung des Stresshormons Cortisol* anregt.[139] (siehe Kap. 7) Oxytocin beeinflusst weiter positiv den Hippocampus (zuständig für Gedächtnis, Lernen und Stressbewältigung), die Amygdala (zuständig für Angst und negative Erfahrungen sowie deren schnelle, aggressive Abwehr[140]), den Hypothalamus (zuständig für Stressregulation) sowie die Zentren für Konzentration, Bewegung und Belohnung – die Substantia nigra und den Nucleus accumbens.[141] Hohe Oxytocinwerte sind – weil Stress und Angst gebremst werden – auch verbunden mit einem niedrigeren Blutdruck und Herzschlag. Versuche mit Ratten[142], deren Ergebnisse sich nach Ansicht der Wissenschaftler durchaus auch auf den Menschen übertragen lassen, ergaben folgendes:

Kindliche Gehirne, die in ihrer frühen Entwicklungsphase durch (Haut-)Nähe in Oxytocin „gebadet" wurden, können ihr System für innere Ruhe und Ausgeglichenheit sowie gute Beziehungen besser ausbilden – mit lebenslangem Effekt. „Kinder dagegen, die schon früh viele Trennungen erleben mussten [und damit weniger Oxytocin und mehr Cortisol freisetzten; Anm. d. A.] haben ein erhöhtes Risiko, als Erwachsene an Angst und Depressionen zu leiden", sowie Bluthochdruck, Herzleiden und Diabetes zu entwickeln.[143] Weiter ist die Freisetzung von Oxytocin neben den emotionalen und sozialen Effekten auch verbunden mit *Wachstum*, *Regeneration* und *Heilung*.[144]

Ebenso interessant ist, auf welche Weise die Bindung, oder besser: das Bindungsverhalten den sogenannten oberen limbischen Bereich in der rechten Großhirnhälfte beeinflusst. Dieser Prozess ist durch eine Rechtshirn-Rechtshirn-Interaktion zwischen Mutter und Kind gekennzeichnet, wie es der amerikanische Hirnforscher Alan Schore auf einer Kinderärztetagung in Bielefeld 2011[145] ausführte: Wenn Mutter und Kind sich in vertrauter Zweisamkeit befinden, werden emotionale Botschaften zwischen der rechten Hirnhälfte des Kindes und jener der Mutter hin und her gesendet: Die Emotionen werden gespiegelt. Wenn ein Baby weint oder unruhig ist, kann die Mutter im Bruchteil von Sekunden am Klang seiner Stimme verstehen und unterscheiden, was das Kleine hat: Weint es schmerzlich, grummelt es ärgerlich, zeigt es erste Hungerzeichen oder ist es außer sich vor Angst? Aber die Mama erkennt nicht nur sehr schnell, was ihr Kind hat – den kindlichen Affekt, wie ihn Wissenschaftler nennen –, sondern empfindet diesen selbst, als ob er ihr eigener wäre. Sie spiegelt ihr Kind in Mimik und Gestik und reagiert, indem sie sofort versucht, z. B. die Ursache des Kummers zu beseitigen. Diese *teilnehmende Spiegelung* läuft in Hochgeschwindigkeit, quasi in Echtzeit ab. Denn ein kleines Kind kann Stress und Anspannung wie bei Hunger und Einsamkeit wegen der Unreife der stressverarbeitenden Gehirnsysteme und seiner Hilflosigkeit kaum ertragen, schon gar nicht über längere Zeit hinweg.[146]

Alan Schore führte dazu in seinem Vortrag aus: „Das Muttergehirn muss, um die rechte Gehirnhälfte des Kindes zu regulieren, mit seinen Emotionen mitschwingen".[147] Wenn die Mama das tut, dann wird das *Unglück* des Kindes *minimiert* und das *Glück* sogar *maximiert*.[148] Das mütterliche Gehirn sorgt für die Ausgeglichenheit des kindlichen Gehirns: Die Mama „stillt" es. Sie sendet immer wieder liebevolle und beruhigende emotionale Signale aus, die das Baby empfängt. Der kontinuierliche *Austausch* und die *Regulation* von Gefühlen entwickeln die rechte Hirnhälfte des Kindes so weiter, dass es später ausgeglichen, stressfest und seelisch stabil durchs Leben kommt.

Die teilnehmende Spiegelung und die Berührung sind also die Schaltstellen, die zum einen den Gefühlsausdruck für die kindlichen Affekte „liefern" und zum anderen durch Oxytocinfreisetzung positive Gefühle – Wärme, Liebe und Geborgenheit – mit den Bezugspersonen verknüpfen, und zwar bis in die Tiefen des limbischen Systems hinein. Wir können es hier geradezu mit Händen greifen: Bindung erzeugt Bindung, mit all ihren guten Folgeerscheinungen.

Richard Bowlby beleuchtet einen weiteren interessanten Grund, warum Emotionen und sichere Bindung eine so große Rolle für das frühe Kindergehirn spielen. „Die physische Struktur der Säuglingsgehirne wird maßgeblich von Hormonen beeinflusst, die im Rahmen dieses Bindungsgefüges in den ersten zwei Lebensjahren ausgeschüttet werden, ein Zeitraum, in welchem sich die Größe ihrer Gehirne verdoppelt. Bei Babys *unter 30 Monaten* entwickelt sich die *rechte Hirnhälfte* [die „emotionale Seite"; Anm. d. A.)] *schneller* und übt im Vergleich zur linken eine größere Kontrolle auf das Verhalten aus [...], etwa um den *33. Lebensmonat* vollzieht sich im Gehirn ein ganz bedeutsamer Wandel. Der Wachstumsvorsprung der rechten Hirnhälfte verlangsamt sich und die Entwicklungsphase der sozialen und emotionalen Intelligenz wird abgelöst von einem Wachstumsschub der *linken Hirnhälfte*. Mit etwa *36 Monaten wird die linke Seite dominant*, und dies fördert die Entwicklung komplexer Sprache sowie die Fähigkeit, sich an vergangene Ereignisse zu erinnern und zukünftige Ereignisse vorauszusehen."[149] (alle Hervorhebungen v. d. A.)

Und tatsächlich: Erst mit etwa drei Jahren beherrscht unser Kind die Sprache, und wir können auf einmal mit ihm sozusagen „vernünftig" reden. Dann erst kann es auch „gestern", „heute" und „morgen" deuten. Daher resümiert R. Bowlby: „Qualitativ gute Vorschulerziehung hilft den meisten Kindern, die älter als 36 Monate sind, ihre kognitiven Fähigkeiten und eine soziale Unabhängigkeit zu entwickeln. Forscher haben *keine dieser Vorteile* für Kinder, die *jünger* als 24 Monate waren, gefunden. *Aus diesem Grund sollte die individuelle Fähigkeit von Kleinkindern zwischen 24 und 36 Monaten, mit dem Trennungsstress fertig zu werden, sehr sorgfältig untersucht werden.* Das Durchschnittsalter von etwa 30 Monaten kann dabei nur als grober Richtwert dienen."(Hervorh. d. A.)[150]

Was nun bei sehr ungünstigen Entfaltungsbedingungen bzw. extremer oder langfristiger Belastung mit dem jungen Gehirn passiert, klang schon an: „Ihr Gehirn ist kleiner als das ihrer Altersgenossen. Weiter wird deutlich, dass neben diesen schweren Beeinträchtigungen des Gehirns ebenso der Aufbau einer sicheren, emotionalen Bindung nicht gelingen kann. Diese Kinder können – als bleibendes Muster – daher in späteren Beziehungen […] große Schwierigkeiten haben."[151]

Man kann in bildgebenden Verfahren sehen, dass die emotionalen Bereiche – eben die Beziehungsbereiche – des Gehirns buchstäblich „unterbelichtet" sein können, wenn es am „Licht der Liebe" gefehlt hat.

Und Alan Schore resümiert aufgrund der Forschungsergebnisse: „Unsichere Bindungsbeziehungen sind mit einer veränderten Reifung des rechten orbitalen präfrontalen Cortex (OFC) und Defiziten in den affektiven Funktionen und der Stressregulation assoziiert […]. Eine veränderte Entwicklung des OFC findet man bei Schizophrenie, Autismus, affektiven Psychosen, bipolaren Störungen, Borderline, psychosomatischen Störungen, Gewalt und Aggression, Alkohol- und Drogenabhängigkeit, posttraumatischer Belastungsstörung, dissoziativer Identitätsstörung, Panikstörung und Depression."[152]

Aber auch psychosomatische Beschwerden[153] und körperliche Erkrankungen wie Übergewicht, Diabetes, Herzkrankheiten und -infarkte[154], Autoimmunerkrankungen[155] sowie vermehrte Knochenbrüche bei Kindern (schon bei geringer Überproduktion von Cortisol)[156], Entzündungsneigung und wahrscheinlich auch Krebs[157] können damit verbunden sein.

Zusammenfassung:

In der Beziehung zur Mutter – im Hin und Her süßen Babygeplappers, im Wiegen und Schaukeln in ihren Armen, im Schmusen, Lachen und Jauchzen, im Verstehen und Stillen großen und kleinen Kummers, von Hunger und Durst –, im Aneinanderreihen von Dingen, die in den Augen mancher Zeitgenossen völlig nutz- und vor allem geistlos sind, passiert Phänomenales: Da wird unser menschliches Gehirn optimal für späteres Fühlen und Denken konstituiert. Da wird das Bindungshormon Oxytocin ausgeschüttet, das uns ausgeglichen, gesund und sozial macht. Durch das „Mitschwingen" der Mutter wird das seelische Gleichgewicht des Kindes immer wieder aufs Neue hergestellt und langfristig aufgebaut. Die frühe Bindung ist damit die Grundlage für die spätere Fähigkeit des Gehirns zur Selbstregulation. Mangelt es daran, wird diese Fähigkeit nur eingeschränkt entwickelt. Es lässt sich bis auf die neurobiologische und hormonelle Ebene hinab nachweisen: Der Mensch ist *auf Liebe hin* angelegt. Sie ist die Basis für eine gesunde Gehirnentwicklung und damit für seelische Gesundheit, Gefühlsfähigkeit und gute Beziehungen.

Die Liebe der Mutter zu ihren Kindern ist eine Brücke zu allem Guten im Leben und in der Ewigkeit. (Türkisches Sprichwort)

4. Wer bin ich? – Entwicklungspsychologische Grundlagen des frühkindlichen Verhaltens

Nach Bindungs- und Hirnforschung geht es in diesem Kapitel um die Entwicklungspsychologie als ältestes dieser drei Fachgebiete. Sie beschäftigt sich mit der Entwicklung der Selbst- und der Welterkenntnis eines Kindes: Wer bin ich selbst, was macht mich und meinen Wert aus? Was hat es mit der mich umgebenden Welt auf sich, wie ist sie beschaffen, wie wirkt sie auf mich und wie kann ich in ihr wirksam werden? Hier geht es um Begriffe wie Selbst, Selbstgefühl, Selbstvertrauen, Selbstwert, Selbstwirksamkeit …

Anfangs empfindet sich das Baby in symbiotischer Einheit mit der Mama. Es braucht genau diese Bindung nach der Entbindung wieder. Wolfgang Bergmann schreibt dazu: „Säuglinge wenden sich schon wenige Tage nach der Geburt mit offenen Sinnen ihrer Umwelt zu […]. In den ersten Wochen und noch viele Monate danach ist ‚Welt‘ gleich ‚Mama‘, sie prägt und durchdringt alles frühe Erleben. […] Die innige seelisch-körperliche Bindung an das Mütterliche – später kommt das Väterliche hinzu – ist die Grundlage dafür, dass Kleinkinder die Welt um sich herum angstfrei und intelligent, verlässlich und aufmerksam aufnehmen, dass sie *mit der ‚Welt‘ und sich selber vertraut werden*."[158] (Hervorh. d. A.)

„Nur auf einer verlässlichen Gefühlsbasis mit Mama greift ein Kind lustvoll und vertrauensvoll nach den Dingen der Welt, erwirbt in wunderbar zu beobachtenden Schritten ein Gefühl für seinen Körper, seine Geschicklichkeit, seine Empfindsamkeit und seine Intelligenz. Die elementaren emotionalen und kognitiven Entwicklungen werden im Verbund zum gefühlten Mütterlichen weiter und weiter getrieben und zu immer neuen Einheiten gefügt […]. So reift das kindliche Selbst."[159]

Mit jedem Entwicklungsschritt und im Zusammenspiel mit den feinfühligen Mutterantworten[160] wird das Kleine also stärker mit sich selbst vertraut. Es versteht langsam immer besser, seine Freude oder seinen Unmut so und nicht anders zu zeigen.[161] Die angeborenen Basisaffekte wie Wut, Trauer, Angst, Freude und Schmerz bekommen sozusagen Zeichen und damit einen Ausdruck über Mimik, Gestik und Sprache (die sogenannte Affektsymbolisierung). Sie werden so zu dem, was wir „Gefühle" nennen. Diese Symbolisierung brauchen wir für „ein gezieltes emotionales Wechselspiel" mit unserer Bezugsperson, damit eine sichere Bindung zu dieser entsteht.[162] (vgl. Kap. 3) „Ein sicheres Bindungsmuster und das dadurch fühlbare ‚Sich-seiner-selbst-sicher-Sein' wiederum eröffnet dem Kind die Möglichkeit, das emotionale und innere Erleben anderer Menschen [...] zu begreifen und schließlich *nachzuempfinden.*"[163] (Hervorh. d. A.)

Dieser Prozess des emotionalen Lernens (die sogenannte Mentalisierung) ist erst etwa mit sechs bis sieben Jahren abgeschlossen. Sein Ergebnis ist die Empathie (Einfühlungsvermögen) und damit Beziehungsfähigkeit, während Alexithymie (Gefühlsarmut) das Ergebnis einer emotionalen Reifestörung ist.[164] Ich erinnere hier noch einmal an das Bindungsstufenmodell von Neufeld (siehe Kap. 2) und daran, dass man Störungen der emotionalen Reifung in den entsprechenden Bereichen des Gehirns mit bildgebenden Verfahren sichtbar machen kann. (siehe Kap. 3) Spätestens hier sehen wir deutlich, dass die „hundertjährige analytische Entwicklungspsychologie, eine seit einem halben Jahrhundert intensiv betriebene Bindungsforschung und neuerdings sogar die Hirnforschung – *alle auf dieselben substanziellen Tatsachen des Lebens [stoßen].*"[165] (Hervorh. d. A.)

Aber gehen wir noch einmal mitten in das Geschehen hinein, in die Einjährigkeit. Denn etwa mit einem Jahr erleben wir in dieser Entwicklung einen deutlichen Sprung: Nach dem Krabbeln beginnt das Laufen, und unser Kleines kann zunehmend überallhin gelangen, kann alles anfassen, will alles haben und untersuchen.

Es wird anstrengend für uns Eltern, denn die Dinge dieser Welt sind nicht nur neu und überaus faszinierend, sie können auch wehtun und gefährlich werden. Unser Kind hat noch keine Ahnung davon, aber es will wissen, wie ein Ball rollt, wie weich der Teddy ist, ob der Löffel vom Tisch tatsächlich immer wieder zu Boden fällt und wie eine Tür auf- und zugeht. Wie schnell geraten die Fingerchen dazwischen! Und dann das Geschrei, wenn es sich geklemmt hat oder etwas nicht tun darf!

Die Familientherapeutin Erika Butzmann hat in ihren Seminaren Eltern gefragt, welche Verhaltensweisen ihres Kindes sie als besonders anstrengend und nervig empfinden.[166] Folgendes kam da immer wieder zur Sprache:
- ängstliches Klammern und Schreien;
- nichts ist mehr sicher vor ihm, es geht an alles dran, es macht alles kaputt;
- „Alles meins!" – es teilt nicht, nimmt anderen Kindern alles weg;
- es „provoziert", testet Grenzen aus;
- Trotz, Bockigkeit, Wutanfälle;
- es hält sich an keine Regel, auch wenn diese schon „1000mal" erklärt wurde;
- liebgewonnene Rituale „müssen immer sein";
- es wird einfach nicht sauber;
- Schlafprobleme;
- Essprobleme/-verhalten.

Das alles ist typisch und normal in diesem Alter, wie Butzmann in ihrem Buch „Elternkompetenzen stärken" ausführt.[167] Ein solches Verhalten ergibt sich aus der besonderen entwicklungspsychologischen Situation eines Kleinkindes, nämlich dem Durchlaufen turbulenter sozio-emotionaler Reifungsprozesse. Wie verlaufen diese?

Etwa ab dem ersten Geburtstag kommt zum Stillen und der Bindung ein weiterer Basisinstinkt dazu beziehungsweise wird für uns sichtbar. Das ist die *Selbstwirksamkeit*. (Man findet dafür auch die Begriffe *Selbstbehauptung* bei Meves[168] oder *Eigenwille/Gegenwille* bei Neufeld[169].) Sie ist ebenso wichtig für das Überleben wie das Stillen und die Bindung. Die Selbstwirksamkeit ist eigentlich auch schon von Anfang an vorhanden, nur für uns noch nicht spürbar. Sie steht ab der Geburt zum Beispiel hinter dem Schreien des Kindes, wenn es sich unwohl fühlt oder hungrig ist. Es schreit umso mehr, je mehr es in Not ist, weil es eben noch nicht *selbst wirksam* werden kann, damit die Mama reagiert und sozusagen stellvertretend wirksam wird. Wird darauf nicht reagiert, entwickelt das Kind binnen kürzester Zeit Panik. (siehe Kap. 7)

Das Sichtbarwerden der Selbstwirksamkeit ab der Einjährigkeit ist ein Prozess der zunehmenden Erkenntnisfähigkeit in Bezug auf sich selbst, auf andere Dinge und auf andere Personen, also auf die Welt. Was genau geschieht da?

Mit der Vergrößerung des Aktionsradius – als erste Anzeichen: Zugreifen, Umdrehen, Krabbeln, dann deutlich mit dem Laufenlernen – untersucht das Kind alles, nimmt alles in die Hand, will die Welt „begreifen", ahmt die Bezugspersonen nach. Neugierig, oft jubelnd und jauchzend stürzt es sich da hinein: Es kippt den Klammerkorb um, es raschelt mit dem Zeitungspapier, es krabbelt wie der Wind zu einem Blumentopf, um an den Blättern zu ziehen, die Bausteine fliegen durch die Luft ... Die „Liebesaffäre des Kindes mit der Welt"[170], wie sie Psychologen nennen, ist Folge und Zeichen eines riesigen Entwicklungssprunges. Sie hilft (zeitweilig) über die emotionale „Kehrseite der Medaille" hinweg, nämlich das jetzt einsetzende Gefühl des Abgetrenntseins und des Verschiedenseins von der Mutter – das Gefühl: „Ich bin eine eigene Person, und die Mama auch."

Aber sie hilft nur so lange, wie es unserem Kleinen gut geht, das heißt: Die Mama ist da (zu sehen, zu hören ...), und es ist nicht durstig oder hungrig, müde oder krank. Diese Phase ist zwar einerseits für das Kind von großer Faszination, andererseits aber auch durch die Erfahrung von Schmerz (Beulen ...) und tiefer Verunsicherung durch infolge des Gefühls des Getrenntseins von der Mama gekennzeichnet. Deshalb sucht das Kind immer wieder und phasenweise verstärkt ihre Nähe: Es sucht wieder die Einheit mit ihr, um in das Wohlgefühl des Mutterleibes einzutauchen. Ich erinnere mich an Momente, in denen ich den Eindruck hatte, wenn mein Kind könnte, würde es direkt wieder in den Mutterleib zurückkriechen. So groß war das Bedürfnis, zu kuscheln und mir nahe zu sein. In der Rückversicherung wird die Bindung weiter gefestigt.

Es findet in dieser Phase die Herausbildung sowohl der Selbsterkenntnis als auch des Vorstellungsgedächtnisses statt.[171] Selbsterkenntnis heißt, sich selbst zu erkennen: Ich bin eine einzelne, eigene Person; ich kann und will selbst etwas tun.[172] Das empfindet bzw. weiß das Kind vorher noch nicht. Vorstellungsgedächtnis bedeutet: Das Kind kann die Vorstellung von Dingen und Personen im Gedächtnis abspeichern und abrufen. Weil Personen sich jedoch bewegen und sich im Aussehen verändern können, dauert es länger, bis zum Beispiel die Vorstellung – das Bild – von der Mama fest eingeprägt ist: Relativ fest ist es ab 24 Monaten, aber nur solange sich das Kind wohlfühlt. Ganz sicher abrufbar ist es dann circa ab dem vierten Geburtstag mit der Liebeserklärung an die Mama. Es geht hier übrigens um genau die Phase, die Neufeld mit den Bindungsreifestufen *Nachahmung* und *Zugehörigkeit* (siehe Kap. 2) bezeichnet hat.

Solange aber das Bild von Mama und Papa noch nicht stabil abgespeichert ist, führt eine Trennung von ihnen (oder einer anderen Primärbindungsperson) zu Angstreaktionen wie Schreien, Klammern ... Hinzu kommt, dass unser Kleines inzwischen sowieso das Gefühl hat, alle Dinge, eben auch seine Eltern, könnten für immer verschwinden, seien flüchtig. Die so entstehende Trennungsangst kann nicht abtrainiert werden, weil sie die genannte tiefe seelische Basis hat. Sollten Eltern so etwas versuchen, verstärkt sich die Angst und diese Phase verlängert sich. Das verstärkte Klammern verliert sich bei sicherer Bindung jedoch von selbst, nämlich dann, wenn das Kind eben so weit ist – bei feinfühligem Eingehen auf das ängstliche Verhalten, Trösten und möglichstem Vermeiden von Trennungserlebnissen. Auf Grundlage der sicheren Bindung wächst die Selbsterkenntnis, und das Bild der Mama im Kopf festigt sich. Dieser Prozess hat seine spürbare Hochphase im zweiten Lebensjahr bis hinein in die Dreijährigkeit; er ist abgeschlossen, wenn das Kind sich selbst als „Ich" bezeichnet.

Ich will einmal verdichten, was sich da abspielt.[173] Unser Kleines ist hin- und hergerissen zwischen:

- „Ich kann alles (alleine) tun", einem Allmachtsgefühl einerseits – und einem Ohnmachtsgefühl andererseits: „Ich darf/kann nichts tun". Eine eigene Person zu sein, die etwas tun kann und will, ist toll. Eine eigene Person zu sein heißt aber auch, sich abgetrennt, also weit weg, von der Mama zu fühlen, einsam zu sein.
- Einerseits „Alles meins!", andererseits: „Alles kann verschwinden (verloren gehen, sich auflösen, kaputtgehen, weggehen – auch die Mama) oder wird mir weggenommen. Deshalb muss ich alles umso mehr festhalten!"

Zu diesem inneren Zwiespalt kommt hinzu, dass das Kind nur vom eigenen Standpunkt ausgeht: Es kann nur von sich aus fühlen und denken. Es kann Anforderungen von außen nicht nachvollziehen, sieht jede Situation nur von sich aus, kann Bedürfnisse und Meinungen anderer Personen weder wahrnehmen noch ahnt es, dass diese überhaupt auch welche haben. Das heißt: Es ist entwicklungsbedingt noch ein kleiner Egoist, empfindet sich als Mittelpunkt der Welt, fühlt und denkt eindimensional. Dies äußert sich mit zwei bis drei Jahren am stärksten. Was das Kind tut oder tun will (bzw. nicht tun will), trifft jedoch auf den Willen, die Erfahrungswelt, die Wünsche, Sachzwänge sowie die seelische Situation (Anspannung, Stress …) der Eltern. Wenn die Flasche mit Saft umkippt oder die Lieblingsvase kaputtgeht, kriegt unser Kleines Ärger, obwohl es ja noch nicht begreifen kann, warum. Wenn die Eltern dann schimpfen, entsteht sehr schnell die Angst, sie und ihre Liebe zu verlieren.[174] Das Selbst(wert)gefühl – das noch im Entstehen begriffen ist – ist gleichfalls noch instabil. Auch deshalb ist immer wieder Rückversicherung nötig.[175]

Wenn sich das Kind dann auch noch unwohl fühlt oder einfach nur müde ist, kann die Situation eskalieren: Es schreit. Ein ausgewachsener „Bock" bricht los. Der Trotz- bzw. Wutanfall passiert dem Kind tatsächlich mehr, als dass er von ihm bewusst ausgelöst wird. Er ist ein Zeichen tiefen Kummers bzw. eines von inneren Konflikten zerrissenen Systems, das noch nicht stabil genug ist, seine Impulse zu steuern.[176] Das Kind hat nicht das Gefühl, jemanden zu tyrannisieren, sondern fühlt sich selbst tyrannisiert.[177] Es hat das Gefühl, von selbst in diesen Zustand zu geraten, fühlt sich dem eigenen Trotz ausgeliefert. „Wenn ich erst ins Böse reinrutsche, dann wird es immer schlimmer", so sagte eines meiner Kinder mit knapp drei Jahren. Und es kommt oft nicht von selbst wieder aus der Bockigkeit heraus. Es kann seine Trotzreaktion während ihres Verlaufs weder steuern, noch kann es die Folgen seiner Unart überdenken. Es kann seine „Ansichten" auch noch nicht argumentativ durchsetzen. Außerdem ist der kleine Trotzkopf viel zu aufgeregt, um aus dieser Situation für das nächste Mal zu lernen, denn unter Stress lernt niemand gut. Wichtig ist, dass die Eltern angemessen damit umgehen.[178] (siehe Kap. 5) Trotz ist so etwas wie ein inneres Gewitter, das über das Kind hereinbricht.[179]

Wie stark und häufig das Kind trotzt, hängt auch vom angeborenen Grundtemperament ab, welches – wie wir gesehen haben – im limbischen System angelegt ist. Forscher konnten zwei gegensätzliche Grundtemperamente[180] ausmachen, nämlich die Aggressionsbereitschaft auf der einen und die Angstbereitschaft auf der anderen Seite, zwischen denen man sich eine Skala verschieden starker Ausprägungen vorstellen kann. Dabei nimmt in dem Maße, wie die Angstbereitschaft zunimmt, die Aggressionsbereitschaft ab und umgekehrt. Jeweils am Ende der Skala überwiegt dann das eine oder das andere Temperament:

Angstbereitschaft	Aggressionsbereitschaft
eher ängstlich, empathisch, introvertiert	eher aggressiv, entdeckungsfreudig, extrovertiert
stärkeres Klammern, Jammern	stärkere Trotzanfälle
stärkere „Gefühlsansteckung" durch Leid anderer	stärkeres Verlangen nach fremdem Spielzeug
häufiger bei Mädchen	häufiger bei Jungen

Erika Butzmann stellte in ihrer therapeutischen Praxis fest, dass die Eltern, die sich sehr über Trotz beklagten, nur selten über Schüchternheit ihrer Kinder klagten – und umgekehrt.[181] Man kann davon ausgehen, dass die meisten Menschen irgendwo dazwischenliegen: Eltern mit mehreren Kindern machen die Erfahrung, wie unterschiedlich ihre Kinder in diesem Punkt bereits auf die Welt gekommen sind. Jedes Kind ist anders und braucht deshalb individuelles Auf-es-Eingehen sowohl bei der Erfüllung seiner Grundbedürfnisse als auch bei der erzieherischen Setzung von Grenzen, wobei ersteres die Grundlage liefert. Gutes elterliches Bindungsverhalten wirkt ausgleichend (siehe Kap. 3), sodass so manche Bockigkeit gar nicht erst entsteht. Dennoch sind Trotz und Unwille auch bei guter Bindung etwas völlig Normales, ja ermöglichen gerade erst die Entwicklung hin zu Loslösung und Selbsterkenntnis. In der Bindung findet die Wut des Kindes aber ebenso auch ihre Begrenzung.[182] Es würde der Liebe wegen z. B. seine Mama nicht völlig „kaputtmachen". Die Balance zwischen Bindung und Streben nach Selbstständigkeit ist wichtig für die Entwicklung.

Auch auf das weitere Leben hin gesehen wirkt die eingeprägte Liebe als natürliche Grenze für die Selbstbehauptung und -wirksamkeit eines Menschen, welche ohne sie in Übervorteilung anderer, Egoismus, Aggressivität und Hass umschlagen können.[183] Ein 18-Jähriger mit Neigung zu ADHS brachte das einmal für sich auf den Punkt: Er wisse, wie das ist, wenn man in Wut gerät und nicht mehr viel dazu fehlt, dass man dem Gegenüber „so richtig eins dranhaut". Das Einzige, was ihn dann zurückhalte, sei die Liebe, die in ihm stecke.

Genauso ist es umgekehrt: Die Bindung hält auch die Eltern davon ab, in ihrer Wut über irgendwelche Unarten die Kinder zu (zer-)schlagen. Dort, wo keine Bindung entstanden ist und wo Eltern ihre eigenen Affekte nicht steuern können, ist die Gefahr der Misshandlung groß. Wie man Kleinkindern geschickt und liebevoll Grenzen setzen kann, darauf werde ich in Kap. 5 ausführlich eingehen.

Weil das Kind vorerst nur vom eigenen Standpunkt aus fühlen und denken kann, werden beispielsweise andere Kinder wie Spielzeug behandelt. In diesem jungen Alter kann man noch nicht wirklich miteinander, sondern nur nebeneinanderher spielen. Das Kleine kann infolgedessen in einer Gruppe Gleichaltriger auch noch keine Sozialkompetenz entwickeln. (siehe Kap. 7) Es befindet sich ja noch in dem Prozess, sich erst einmal selbst als Individuum zu erkennen, und braucht dafür eine sichere Bindungsbasis. In der Vertrautheit und Nähe zu Mama und Papa wächst also der Urgrund für jede weitere soziale Kompetenz im Zusammenleben mit anderen Menschen.

Da das Kind nur von sich selbst ausgeht und noch keine Regel oder Anforderung, die von außen kommt, wirklich versteht, macht es nur dann, was man ihm sagt, wenn es sich wohl, sicher, geborgen und gesund fühlt – per Nachahmung und Zugehörigkeit, um der elterlichen Liebe willen.[184] Das wirkliche Verstehen von Regeln ist ein langer Vorgang und dauert bis zum sechsten oder siebten Lebensjahr.[185] Das ist nicht verwunderlich: Schließlich ist die Voraussetzung sozialen Lernens das Erreichen voller Einfühlungsfähigkeit, die Mentalisierung, bzw. nach Neufeld das Erlangen der sechsten Bindungsstufe *Vertrautheit*. (siehe Kap. 2)

Ebenso wie es Folgestörungen hinsichtlich der frühen Nahrungsaufnahme (Stillen) und der Bindungsfähigkeit gibt, wenn diese Bedürfnisse nicht der Art Mensch gerecht und zur rechten Zeit erfüllt wurden, konnten Fachleute diese auch im Hinblick auf die Selbstwirksamkeit beobachten und feststellen. Dazu kann es kommen, wenn die Erziehung entweder zu reglementiert bzw. zu hart oder aber zu antiautoritär, also ohne Grenzen ist. Sie können ebenso dann eintreten, wenn die Bindung gestört bzw. die Bindungsperson als Gegenüber zu wenig anwesend ist.[186] Ebenso wie bei der Bindungsstörung kann es zu übersteigerter Aggressivität bis hin zum Jähzorn kommen. Es können sich ferner Autoaggressionen wie Sich-selbst-Beißen, -Kratzen oder Ausreißen der Haare sowie übertriebenes Ordnen, Putzen und Waschen, blinde Zerstörungswut gegenüber unbestimmten Personen oder Gegenständen und bösartige Hinterhältigkeit gegenüber Schwächeren zeigen.[187]

Zusammenfassung:

Zunächst ist die Erfahrung von Selbst- und Weltgefühl unmittelbar mit *Mama* verknüpft: Es ist ein emotionaler Reifungsprozess. Dieser umfasst ab der frühen Kindheit einen großen Entwicklungssprung hinsichtlich der Motorik und des Spracherwerbs sowie die Entfaltung der Selbst-Erkenntnis, der Selbst-Wirksamkeit und der Welt-Erkenntnis. Dieser Reifungsprozess läuft über den Gefühlsaustausch mit den Eltern ab und liefert die Grundlage für Empathie, soziales Lernen und das Verstehen von Regeln. Damit dieser Reifungsprozess günstig ablaufen kann, muss ein Kind daher die Bindung zu seinen Eltern weiter festigen können. Echte Sozialkompetenz nimmt dort ihren Ausgang.

Das Herz ist der Schlüssel der Welt und des Lebens. (Novalis)

5. Der kleine Trotzkopf – Wie setzt man liebevoll Grenzen?

Das ist eine Frage, die mich oft bewegt hat, denn hier wird es konkret. Was mache ich denn mit so einem ungestümen kleinen Trotzkopf, der wieder einmal mit dem Kopf durch die Wand will? Ich hatte selbst so einen, der in seiner Hochphase mindestens einen ausgewachsenen „Bock" am Tag hatte und noch dazu unser erstes Kind war. Wie oft war ich buchstäblich „am Ende mit meinem Latein" und völlig fertig mit den Nerven. Aber das, was ich dabei dazulernen durfte, möchte ich nun weitergeben. Ich hoffe, dass es anderen weiterhilft, sodass sie die Fehler, die wir selbst als Eltern gemacht haben, umgehen und diese Zeit genießen können, trotz der ab und an auftretenden Turbulenzen.

Halten wir zunächst noch einmal die Erkenntnis des vorigen Kapitels fest: Trotz bzw. Gegenwille (sowie ängstliches Klammerverhalten) sind typisch für die Kleinkindphase. Sie begleiten die Entwicklung der Selbsterkenntnis und -wirksamkeit. Wie stark dieses Verhalten ausgeprägt ist, hängt unter anderem vom ererbten Grundtemperament des Kindes ab. Ich sprach bereits an, dass sich Trotzausbrüche auch verringern oder abmildern lassen. Das kann meiner Erfahrung nach am ehesten gelingen,

- wenn ich zuallererst mein Kind mitsamt seinem Grundtemperament akzeptiere und innerlich annehme – das kann manchmal zu einer täglichen „Übung" werden, vor allem dann, wenn das eigene Kind so anders ist als man selbst;
- wenn meine Erwartungen an das Kind altersgerecht sind;
- wenn ich seine Grundbedürfnisse stille und ihm Nähe gewähre, wenn sie gebraucht wird – als *innere Grundhaltung*, denn zum einen wird unser Kind ausgeglichener und zum anderen verbessert sich unser Gespür für sein Befinden;
- wenn ich schnell auf Erschöpfung meines Kindes reagiere und den „Liebestank" wieder auffülle. Wenn nämlich die „Batterien" leer sind (Müdigkeit, Hunger, Durst, Nähebedürfnis …), werden Auslöser für einen Trotzausbruch weniger gut toleriert;
- wenn ich den Tagesablauf möglichst den Bedürfnissen und dem persönlichen Rhythmus des Kindes anpasse und so unnötigen Stress vermeide.

Für die spätere Kindheit wird es wichtig, dass wir lernen, zwischen Grundbedürfnissen unserer Kinder und ihren Ansprüchen zu unterscheiden.

Bei kleinen Kindern auch über einem Jahr haben wir es noch häufig mit Grundbedürfnissen – insbesondere dem nach Nähe – zu tun. Ich möchte noch einmal in Erinnerung rufen: Eine *sichere Bindung* ist die *natürliche Grenze* für den Trotz/Gegenwillen. Wie aber setze ich am besten Grenzen?

Gerade Eltern mit dem ersten Kind haben es da nicht leicht. Es gibt zwar viele Ratgeber auf dem Markt, aber diese widersprechen einander oft. Das Kind hat sie jedenfalls nicht gelesen. Ratschläge aus dem persönlichen Umfeld helfen oft auch nicht weiter. Gleichzeitig wollen viele es auf jeden Fall nicht so machen wie ihre eigenen Eltern, aber wissen auch nicht so genau, wie sie es stattdessen angehen wollen. In den neuen Bundesländern waren (und sind!) Eltern in der (frühen) Kindheit ihres Nachwuchses durch Krippe und Berufstätigkeit zu wenig anwesend – die jeweils nächste Generation junger Eltern weist oftmals zu unsichere Bindungsmuster und zu wenige gute innere Bilder als Basis für die Erziehung auf.[188] Im Westen wiederum waren die Eltern der heutigen jungen Eltern zwar häufiger da, aber vielfach entweder zu leistungsbetont, streng und mitunter empathielos – oder aber im Gegenteil zu antiautoritär. Diese Unsicherheit[189] wiederum, die manchmal dazu führt, dass unter Umständen gar keine Grenzen gesetzt werden, hat in letzter Zeit Erziehungsratgeber hervorgebracht, die Disziplin für das Wichtigste in der Erziehung halten.[190] Natürlich sind Regeln und Disziplin für ein gedeihliches Zusammenleben wichtig, aber sie dürfen in der Erziehung nicht an erster (also an grundlegender) Stelle stehen. Der Familientherapeut Wolfgang Bergmann schrieb dazu: „Die Disziplinpädagogik, die soeben im Aufwind ist, hat das nicht verstanden. […] schauen wir nur hin, nie sind die komplexen Ordnungen der kindlichen Seele gemeint, sondern immer nur die muffigen Normen der erwachsenen Welt in ihrem langweiligsten und ärmsten Zustand. Gute Pädagogik aber verbindet und verbündet beide, die Ordnungen der Welt und die Liebes-Ordnungen der Seele, und zerreißt sie nicht. Eigentlich ist alles ganz einfach."[191]

Und tatsächlich wird es einfach (oder einfacher), wenn man die Erziehung auf diese Weise mit dem Herzen sehen lernt. Folgende einfache und praktische Faustregel kann uns dabei eine gute Richtschnur sein: Auf Basis der Liebe so viel Freiheit wie möglich und nur so viele Grenzen und Regeln wie nötig![192]

Ich habe in meiner eigenen Familie die Erfahrung gemacht, dass das tatsächlich funktioniert. Wir sollten also dem Entdecker- und Bewegungsdrang viel Raum geben, unser Kind im Allgemeinen in Ruhe Dinge probieren, betrachten und untersuchen lassen und es nicht ständig unterbrechen – das mögen wir selbst schließlich auch nicht. Auch sollten wir nicht unbedingt bei allem helfen. Wenn es zum Beispiel auf einen Sessel klettern will, dann ggf. nur aufpassen, dass es sich nicht wehtut: Es will es ja selbst schaffen. Einmal probierte eines meiner Kleinen, eine Puppe in ein Körbchen zu legen, so wie es das bei seiner großen Schwester gesehen hatte. Ganz vertieft war es damit beschäftigt; das Püppchen sollte doch endlich längs im Körbchen liegen und nicht immer wieder quer. Es dauerte, und die Schweißperlen standen schon auf der kleinen Stirn. Endlich gelang es: Das Püppchen lag richtig im Korb auf dem kleinen Kopfkissen. Da sah mein Kind zu mir auf: Ich habe es geschafft! Welche Freude! Was für ein Strahlen! Und wie freute ich mich mit ihm! Das sind die Momente, die uns reich machen. Und da passiert Bildung! Unsere Mitfreude vertieft die Entdeckungslust bei unserem Kind, es will das wieder probieren und beim nächsten Mal noch besser machen.

Nur in wirklich wichtigen Angelegenheiten sollten wir Grenzen setzen. Es ist günstig, das Gewünschte als direkte Aufforderung zu formulieren. Also möglichst nicht: „Hebst du das mal bitte wieder auf?" So kann sich das Kind nämlich aussuchen, ob es das tut. Gerade wir Mütter stellen oft unbewusst solche vagen Fragen. Besser ist meiner Erfahrung nach: „Heb das bitte wieder auf." Selbst wenn wir schon verärgert oder gestresst sind, macht sich eine möglichst ruhige, aber bestimmte Redeweise bezahlt, denn „der Ton macht die Musik". Also möglichst keine Befehlssprache (außer bei unmittelbarer Gefahr), kein Zynismus, keine Ironie, keine Androhung von Folgen, die das Kind vielleicht noch gar nicht versteht und die man ggf. auch nicht wahr machen kann oder will (zum Beispiel nicht zu Beginn der Adventszeit dem Zweijährigen androhen, dass es nichts zu Weihnachten bekommt, wenn es nicht hört).

Grenzen müssen auf jeden Fall gesetzt werden bei Unfallgefahr und wenn das Kind sich oder andere verletzen könnte (oder etwas Wichtiges kaputt- oder verlorengehen könnte). „Nein, das macht aua. Das tut weh." Das Kleinkindalter ist die Zeit der Beulen und Schrammen. Diese natürlichen Erfahrungen von Schmerz können wir positiv nutzen und eventuelle Folgen andeuten. Wenn wir etwa am Herd stehen, können wir auf die Herdplatte zeigen: „Heiß! Aua! Nein, nein!", und das kleine Händchen in die Nähe bringen, sodass es die Hitze bereits spüren kann. Oder ein scharfes Messer mit „Aua!" kommentieren. Unser Kind bekommt eine erste Ahnung davon, dass Eltern *aus Liebe zu ihnen* Grenzen setzen und nicht, um ihnen einen Spaß zu verderben. Wenn sie das von Anfang an immer wieder spüren, wird uns das spätestens in der Pubertät sehr zustattenkommen, wenn wir ihnen dann als 15-Jährigen die Party in einem angesagten Club, wo natürlich „alle anderen auch hindürfen", einstweilen noch verbieten.

Viele Regeln und Grenzen sind normalerweise schon im Lebensstil der Mutter bzw. der Eltern angelegt: gemeinsame Mahlzeiten, das Frühstück morgens nach dem Aufstehen, das Händewaschen vor dem Essen und so weiter. „Wir machen das eben so." Über die Bindungsstufe „Nachahmung und Zugehörigkeit" lernen unsere Kinder mehr, als wir glauben, auch wenn sie den Sinn dahinter noch nicht verstehen. (siehe Kap. 2) Bereits Fröbel formulierte: „Erziehung ist Liebe und Beispiel, sonst nichts." Auf gute Art Grenzen zu setzen liefert auch ein Stück Geborgenheit, weil damit Verlässlichkeit und Orientierung verbunden sind.

Wichtig ist, dass wir lernen, den Freiheits- und Entdeckungsdrang als etwas Wichtiges zu akzeptieren, ihm aber eben dann eine Grenze zu setzen, wenn er ausufert.[193] Zum Beispiel bei einem Wutanfall mit offener Aggressivität: bei Treten, mutwilligem Zerstören, blindwütigem Herumschmeißen mit Gegenständen usw. Das dürfen wir nicht zulassen. Eine ruhige, aber bestimmte Reaktion kann helfen, indem wir uns unser Kind schnappen und aus dieser Situation hinausbringen, etwa in einen anderen Raum. Manchmal reicht das schon; wenn nicht, können wir selbst gehen und die Tür offen lassen oder die Sicht z. B. durch eine Glastür sicherstellen. Oft hilft auch eine bestimmte „Schmollecke" (möglichst nicht das Bett, damit dieses nicht mit negativen Gefühlen „besetzt" wird). Es hilft auch nicht, auf das Kind einzureden oder -zuschimpfen, weil das den Wutanfall verlängert.[194] Ist der Trotz nicht so heftig, hilft oft schon einfaches Ablenken, eventuell auch einmal Ignorieren.

Auch ein inneres Gewitter braucht seine Zeit, bis es verklingt. Selbst wenn und gerade weil das alles unsere Nerven strapaziert, ist mir Folgendes wichtig geworden: nämlich dass *wir als Eltern* selbst *versöhnungsbereit* bleiben. Wir ermöglichen damit unserem Kind die „Rückkehr" oder „Umkehr" zu uns. Ich habe beispielsweise gute Erfahrungen damit gemacht, nach einer Weile die Arme auszubreiten und zu rufen: „Möchtest du wieder lieb sein?" Wenn unser Kind zu uns zurückkommt, sollten wir es wieder annehmen und beruhigen. Wenn es weiter trotzig „Nein!" brüllt, dann gehen wir einfach wieder, um das Ganze nach ein paar Minuten erneut zu versuchen. Manchmal schafft es das Kind nicht aus eigener Kraft, seine Bockigkeit abzulegen. Dann braucht es unsere Hilfe. Wir können etwa nach einer kleinen Weile sagen: „Oh, was für Bockshörner sind denn da gewachsen? Komm, die Mama hilft dir mal, die ganz schnell wieder abzumachen. Die wollen wir mal ganz schnell zum Fenster rauswerfen (oder in den Mülleimer …)!" Als meine Kleinen dazu bereit waren, nickten sie meist noch unter Schluchzen, und dann warfen wir gemeinsam die Hörner weg. Das hat tatsächlich funktioniert, und unserer elterlichen Fantasie, uns so etwas auszudenken, sind keine Grenzen gesetzt. Wenn der „Bock" ausgestanden ist, dann sollten wir *einen Schlussstrich ziehen*: kein Schimpfen, keine bösen Blicke oder gar lange Phasen von Liebesentzug (wie durch Nicht-Ansehen oder -Anreden), sondern einfach wieder liebevoll sein, *so als ob nichts gewesen wäre*.

Und noch etwas ist mir wichtig geworden, nämlich dass wir den Trotz *nicht persönlich nehmen* und uns nicht in einen Frustrationskreislauf hineintreiben lassen. Tiefe Verzweiflung und ohnmächtige Wut können sich da ausbreiten: „Warum muss ausgerechnet ich so ein Kind haben? Und das, obwohl ich mir so viel Mühe gebe!" Ratlosigkeit und Versagensängste kommen noch hinzu. Weil ich diese Gefühle kenne, weiß ich auch, welche Gefahren sie in sich bergen. Wir können nämlich schon bei der nächsten Kleinigkeit vollends die Beherrschung verlieren, völlig ausrasten und Dinge tun, die wir niemals tun wollten, um uns hinterher noch schlechter zu fühlen. Deshalb müssen auch wir uns wieder beruhigen und bewusst unser Denken und Fühlen wieder darauf ausrichten, dass wir dieses Kind *lieben wollen*, nicht weil es sich gerade liebenswert verhält, sondern weil es unser Kind ist: „Liebe mich dann, wenn ich es am wenigsten verdient habe, denn dann brauche ich es am meisten."

Wenn die Situation zwischen uns und unserem Kind häufig eskaliert, sollten wir gelegentlich Folgendes noch einmal bedenken:
- Sind unsere Erwartungen altersgerecht?
- War die zurückliegende Zeit für das Kind oder die ganze Familie schwierig und stressig, etwa durch Zahnen, Krankheit, Beziehungsstress, Familienfeiern, Umzug, Phasen der Trennung von Mutter und Kind?
- Wie ist meine eigene seelische und körperliche Verfassung? Fühle ich mich nervös, überlastet, krank oder von meinem Umfeld unverstanden? Bin ich perfektionistisch, liegen in meiner eigenen Kindheit seelische Belastungen bzw. Defizite und ungünstige Vorbilder in der Herkunftsfamilie[195]?
- Habe ich in der konkreten Situation überhaupt verstanden, was mein Kind wollte?

Vieles verliert seine verhängnisvolle Macht, wenn man es sich erklären kann oder erst einmal den eigenen Gefühlen auf die Spur kommt. Und manchmal hilft es schon, einfach mehr Ruhe einkehren zu lassen, sich selbst nicht zu viel vorzunehmen und vielleicht einmal jemandem, dem man vertraut, sein Herz auszuschütten. Wer den Eindruck hat, dass Probleme aus der eigenen Kindheit die Beziehung zum Kind belasten, sollte professionelle Hilfe in Erwägung ziehen.

Meiner Beobachtung nach entzündet sich so mancher Trotzanfall letztlich auch daran, dass die Erwartungen der Eltern einfach zu hoch sind. Ein Kind ist noch kein kleiner Erwachsener! So ist das *Stillsitzen* für die meisten Kleinkinder ein Problem. Deshalb sollten wir den hohen Bewegungsdrang des Kindes einkalkulieren.

Hinsichtlich der *Tisch- und Essmanieren* kann man an Kleinkinder keinen hohen Maßstab anlegen. Die Kinder betrachten das Essen noch als interessantes Spielzeug, und auch der Umgang mit einem Löffel will erst einmal gelernt sein. Es bewährt sich, ihnen beispielsweise kleine Häppchen anzubieten, die sie sich dann in den Mund stecken können. So können sie das schon selbst tun und gleichzeitig auch das Essen be-greifen. Wenn sie zu sehr herummatschen, helfen wir ihnen. Manche Kinder essen auch einfach nicht gern, lassen sich leicht ablenken oder betrachten die Mahlzeiten als unliebsame Unterbrechungen ihres Spiels. Andere wollen immer das Gleiche essen. Auch in solchen Fällen kann man gelassen bleiben: Wenn wir noch immer stillen, dann bekommt es schließlich trotzdem sehr viel von dem, was es braucht. Zudem wird kein gesundes Kind freiwillig verhungern.

Das *Aufräumen* ist für manche Eltern ein Reizthema. Ein Kleinkind kann das jedoch noch nicht allein und aus eigenem Antrieb, denn es befindet sich noch in der Entwicklungsphase des Untersuchens, d. h. des Kaputtmachens und Umwerfens … Um etwas zu ordnen, braucht man ein inneres Ordnungsempfinden, man muss etwas wissen über die Beschaffenheit und die Zusammengehörigkeit der Dinge. Unser Kleines aber weiß davon noch nichts, es ist gerade erst dabei, dies alles herauszufinden. Zuerst kommt die Analyse der Welt, erst dann die Synthese, ihre Zusammenfügung. Wir können unser Kind durch Mitmachen zum Aufräumen motivieren. Wenn es sich gerade gut fühlt, ist es bereit, uns nachzuahmen.

Beim *Einkaufen* gibt es für ein Kind viel zu entdecken, aber es darf nichts anfassen. Das kann furchtbar schwer zu ertragen sein. Deshalb: Möglichst mit gestillten Grundbedürfnissen und nicht zu lange einkaufen gehen und dabei den Blickkontakt nicht vergessen. Wird gequengelt und gebettelt, dann hilft es meist, eine Kleinigkeit zu erlauben – einen Keks oder ein Brötchen. Bei längeren Einkäufen hilft es auch, zwischendurch zu stillen (z. B. in einer Umkleidekabine im Kaufhaus) oder etwas zu trinken mitzunehmen.

Mit *Arztbesuchen* verhält es sich ähnlich: einfach ein Bilderbuch sowie etwas zu trinken und zu essen mitnehmen. Das Stillen ist immer und überall möglich bzw. sollte es sein.

Ein Kleinkind kann und will zwar viel hin- und herlaufen, aber es kann *keine längeren Strecken* am Stück laufen. Dafür fehlt ihm einfach die Motivation. Es kann die fernen Ziele von Mama oder Papa noch nicht nachvollziehen, und es hat keine Kraftreserven in den Beinmuskeln. Deshalb ist es ratsam, es zu tragen oder den Sportwagen zu setzen, besonders wenn man es eilig hat.

Das *Kaputtmachen* ist in dieser Phase leider normal. Das liegt an Neugier und mangelnder Erfahrung mit Gegenständen und Materialien. Deshalb: Zerbrechliches außer Reichweite räumen und altersgerechtes Spielzeug bereithalten, das nicht kaputtgehen kann oder das sich auseinandernehmen lässt (wie Duplo oder Bausteine). Oder den Kindern Alltagsgegenstände wie Klammern, Plastikschüsseln u. Ä. geben – die gefallen ihnen am besten, denn die benutzen Mama und Papa ja auch.

Manche Eltern klagen besonders über *ängstliches Klammern*. Dieses ist ein Zeichen für ein Bedürfnis nach Rückversicherung, auf das wir unbedingt liebevoll eingehen sollten! Fremdbetreuung und wechselnde Bezugspersonen sollten daher vermieden werden. (siehe Kap. 7)

Hat man mit seinem Kind einmal irgendeine lustige Alberei gemacht, dann wird es schnell zu einem *liebgewordenen Ritual*. In der entsprechenden Situation muss es dann „immer" sein, ganz egal, ob wir es gerade eilig haben oder nicht. Aus Sicht des Kindes, das nur von sich aus denkt und empfindet und das noch alle Zeit der Welt hat, ist das eben einfach so. Diese immer wiederkehrenden, oft schönen oder spaßigen Kleinigkeiten sind wichtig, sowohl für das Lernen als auch für das Gefühl von Geborgenheit und Glück! Wenn wir groß sind, stellen wir fest, dass genau diese Dinge uns „ernährt" und beschenkt haben. Deshalb sollten wir versuchen, für alle Termine genug Zeit einzuplanen. Im Zweifel ist es manchmal besser, einen Termin abzusagen oder zu verschieben, wenn es sonst zu stressig würde.

Das *Sauberwerden* ist im Zeitalter der Wegwerfwindeln vielleicht kein so großes Reizthema mehr wie früher, führt aber noch immer zu Konflikten im familiären Umfeld. Auch die Sauberkeitsentwicklung ist ein Reifungsprozess: körperlich (die Nervenbahnen müssen erst wachsen und den Reiz der vollen Blase ans Gehirn weiterleiten können) ebenso wie emotional (das Kind schenkt seiner Mama etwas von sich selbst).[196] Darauf sollten wir geduldig und gelassen warten. Manche Mütter versuchen, ihre Babys wie bei „naturnahen Völkern" windelfrei großzuziehen, indem sie sehr früh die Signale des Kindes deuten lernen.[197] Das ist natürlich prima! Leider hatte ich davon in „meiner" Kleinkinderphase noch keine Ahnung.

Manche Eltern sehen die sozialen Fähigkeiten ihres Kindes in Gefahr, denn *es teilt nicht* mit anderen. Das Kind kann das aber normalerweise noch nicht, denn es muss erst einmal etwas haben, was zu ihm gehört. Wenn es nötig sein sollte, kann man das Kind mit etwas anderem Schönen ablenken. Auf keinen Fall sollte es dazu gezwungen werden, sein eigenes Spielzeug – oder gar Lieblingsspielzeug – einem anderen Kind zu geben![198] Je größer der Druck, desto länger und ausgeprägter wird sich dieses Verhalten zeigen oder sich gar in der Seele verfestigen.

Schlafprobleme können durch die Turbulenzen in dieser Phase vermehrt auftreten. Gerade rund ums Einschlafen bzw. bei Müdigkeit sind Rückversicherung und Nähe wichtig. Die Erlebnisse des Tages werden vor allem im Schlaf verarbeitet – auch Angstmachendes. Es gibt erste Albträume. Und die Zähnchen tun weh. Da können liebevolle Schlafbegleitung, Familienbett etc. helfen. (siehe Kap. 1) Nach unruhigen Nächten ist es auch für Eltern wichtig, tagsüber mit dem Kind beispielsweise ein gemeinsames „Nickerchen" zu machen. (siehe Kap. 11)

Zusammenfassung:

Liebevoll Grenzen setzen heißt: So viel Freiheit wie möglich und so viele Grenzen wie nötig, und das auf der Grundlage bedingungsloser Liebe. Ich wünsche allen Eltern, die sich gerade in dieser Phase befinden, viel Geduld und Gelassenheit – kombiniert mit einer großen Portion Humor. Sie befinden sich mitten in einer Vorübung für die Pubertät.

Man kann in Kinder nichts hineinprügeln, aber vieles herausstreicheln.
(Astrid Lindgren)

6. Mama oder Papa – ist das nicht egal?

Wir leben heute in einer Zeit, in der man meint, keinen Unterschied mehr zwischen Mann und Frau und damit zwischen Vater und Mutter erkennen zu können. Sie seien daher austauschbar, und es sei egal, wer das Kind vorwiegend betreut. Ist es tatsächlich so einfach?

Als meine Kinder klein waren, beobachtete ich Folgendes: Wenn eines von ihnen wieder einmal ein Spielzeug „kaputtuntersucht" hat, dann ging es zum Papa, hielt ihm die Reste hin und sagte: „Putte det – papa-rieren!" Wenn er da war, kam es damit nicht zu mir. Wenn er hingegen nicht da war, bekam ich nur zu hören: „Papa – papa-rieren." Ich staunte, wie genau die Kinder spürten, dass ihre Bitte bei ihm einfach mehr Aussicht auf Erfolg hatte. Wenn sie aber müde waren oder Trost brauchten, wandten sie sich ausnahmslos an mich.

Das Kind kommt über die Schwangerschaft von der Mutter her, aus der symbiotischen Einheit mit ihr. Eine Mutter kann stillen, ein Vater nicht. Jeder Kontakt mit ihr – ihr spürbares Da-Sein – bedeutet für das Kleine Geborgenheit, weil sein Überleben gesichert ist. Auch in der weiteren Kleinkindheit steht die Mama genau für das Immer-wieder-Herstellen der Einheit als Rückversicherung sowie für das Beruhigen und das Stillen. Und jedes Schmusen, Wickeln, Tragen und Stillen, jede Nähe führt bei Müttern unwillkürlich zu dem Signal im Gehirn: Milch produzieren. Bei Vätern ist das nicht so. Das mütterliche Blut weist höchste Spiegel von Oxytocin und Prolaktin auf, die wiederum die Bindungs- und Stillfähigkeit und -willigkeit erhöhen. Bei Vätern, die bei der Geburt anwesend waren und die von Anfang an viel Kontakt zu ihrem Kind hatten, sind die Oxytocinwerte ebenfalls erhöht. Und das ist gut so.[199] Die mütterlichen Werte werden jedoch bei Weitem nicht erreicht, denn schon unter der Geburt sind große Mengen Oxytocin für die Wehen verantwortlich, wie sie dann auch bei wiederholtem Stillen freigesetzt werden.[200]

Die Beziehung zum Vater entsteht als etwas Neues. Er wird zwar auch schon z. B. über die tiefere Stimme, seine andere Art, das Kleine hochzunehmen und anzufassen, oder seinen Bart im Gesicht wahrgenommen, aber noch als zur Mama dazugehörig empfunden.[201] „Bei all dem ist Mama die ‚Alpha-Funktion', wie der hochangesehene Analytiker Wilfred Ruprecht Bion formulierte. […] Bei der Mutter *zuallererst* lernt ein Kind Freude und Trauer, Leere und mutiges Erfüllt-Sein von den Dingen der Welt, im feinfühligen Austausch lenkt und reguliert sie den Selbsterwerb der Kleinen – und sich selbst dabei auch."[202] (Hervorh. d. A.)

Je mehr das Kleine jedoch krabbelt und damit beginnt, die Welt zu entdecken und gleichzeitig zu bemerken, dass es von der Mama abgetrennt ist, desto mehr wächst die Bedeutung des Papas, ohne dass deswegen die Mama „abgemeldet" wäre. Er wird zum Dritten im Bunde. Es entsteht ein stabilisierendes Beziehungsdreieck; in der Psychoanalyse wird dieser Vorgang Triangulierung genannt.

So wie die Mütter eher die Beruhigenden sind, sind die Väter eher die Offensiven. Die Väter lieben es, mit den Kleinen zu tollen und sie herauszufordern. Sie können es oft kaum erwarten, dass die Kinder laufen können; sie zeigen ihnen etwa, wie man auf einen Sessel klettert und wieder herabsteigt, ohne zu fallen usw. Das väterliche Metier umfasst die Selbstbehauptung und das Entdecken der Welt. Der Vater ist besonders für die Sicherheit und den Schutz nach außen hin zuständig, denn er scheint die Dinge dieser Welt „im Griff zu haben. Papa sichert mehr als alle anderen Menschen diese symbolische und sinnliche Welt, während Mama durch ihre pure Präsenz die Gewissheit der Bindungen stiftet, die allem Verstehen vorausgehen"[203], schreibt Wolfgang Bergmann. Eines meiner Kinder (drei Jahre alt) fragte mich eines Abends: „Mama, wer hat denn die Sterne am Himmel aufgehängt?" Als ich zurückfragte, was es vermute, antwortete es: „Na, der Papa!" Der Papa kann alles. Er ist groß und stark. Eine gute Bindung zu ihm ist wichtig, denn wenn man mit ihm die Welt entdecken will, muss man ihm vertrauen können. Eine solche Bindung erleichtert auch das immer wieder auftauchende Gefühl des Abgeschnittenseins von der Mama.

Ein frischgebackener Vater sagte mir einmal, dass er als Mann ebenso wie seine Frau alles für sein Kind tun wolle, er aber fühle, dass er unmittelbar gar nicht viel tun könne, da bei den elementaren Dingen einfach die Mama gefragt sei. Ich antwortete: Aber dafür, dass eine Mama fähig wird,

ganz Mama zu sein, können die Väter sehr viel tun. Wichtige Aufgaben des Vaters sind zunächst Schutz und Fürsorge für Mutter und Kind, für die Beziehung beider zueinander, dafür, dass diese unter optimalen Bedingungen entsteht und das Stillen klappt. Wir Mütter brauchen einen Schutzmantel der Liebe um uns und unser Kind. Darauf kam ich beim Betrachten der Skulptur von Ernst Barlach „Die heilige Familie auf der Flucht", wo der Vater Josef in einer großzügigen Geste seinen Mantel um Maria und das Kind legt. Sein gütiger Vaterblick ruht auf den beiden.

Die Mütterlichkeit ist zwar in uns Frauen angelegt, aber sie funktioniert nicht automatisch und ist anfangs sehr verletzlich. Wir brauchen Schutz nach außen hin, etwa vor zu viel Besuch oder komischen Bemerkungen, sowie jemanden, der Sorgen fernhält, Alltagsdinge erledigt und nicht zuletzt uns an schwierigen Tagen – z. B. bei Wachstumsschüben der Kinder und bei Selbstzweifeln unsererseits – emotional stärken und ermutigen kann. Und der Mangel daran macht sich schmerzlich bemerkbar, wenn Väter nicht anwesend oder nicht recht dazu fähig sind. Dass Väter sich um die finanzielle Absicherung kümmern, indem sie oft versuchen, noch mehr zu arbeiten, darin haben viele ihre eigenen Väter als Vorbild. Und das ist auch tatsächlich wichtig. Bei den Emotionen hingegen besteht viel Unsicherheit. So mancher Vater hat als Kind selbst nicht genug Liebe erfahren und von seinem Vater unsichere Bindungsmuster oder kein gutes Bild von Väterlichkeit empfangen. Zugleich weiß er vielleicht auch nicht so recht, was er wie und in welchem Maße tun soll, weil es auf einmal angesagt ist, dass er die Mutter ersetzen können sollte. Auch die Mutter kann über die Gefühle irritiert sein, die sie plötzlich empfindet: Ihre erwachende Mütterlichkeit kann mit dem gesellschaftlichen Bild davon kollidieren, wie eine Mutter heute sein und leben sollte, welches sie möglicherweise selbst verinnerlicht hat. Manche Frau, die meint, ihre Zeit immer im Griff haben zu müssen, spürt, dass ihr Leben auf einmal nach ganz anderen Maßstäben verläuft und sie durchaus nicht alles in der Hand hat. Auch der Anspruch, dass alle Aufgaben der Elternschaft gleichmäßig verteilt werden sollten, erleichtert die Situation eher nicht, sondern kann zur Zerreißprobe werden. Denn gerade beim ersten Kind müssen sich beide Eltern erst noch an die neue Beziehungssituation gewöhnen. Dazu ein Beispiel:

Eine junge Mutter, die sieben Monate lang – natürlich auch nachts – gut gestillt hatte, erklärte ihrem Mann aus heiterem Himmel, dass sie dies ab sofort nicht mehr tun werde und von nun an er sich nachts um das Kind kümmern solle. Und sie zog das unerbittlich durch. Das Kind schrie, und der Vater gab ihm in seiner Not schließlich die Flasche, um es zu beruhigen. Obwohl die Mutter sofort mit Muttermilch zur Stelle gewesen wäre, musste der zum Stillen ungeeignete Vater das Problem mit einem schlechten Ersatz lösen. Das Resultat war, dass das Kind auch tagsüber die Flasche wollte, das Stillen zu Ende ging und vermehrt Infekte auftraten. Letztlich hatte das Kind den Schaden.

Ob es einer Beziehung guttut, etwas, das man selbst als belastend empfindet, einfach dem anderen aufzubürden, damit der „auch etwas davon hat", möchte ich bezweifeln. Das dann auch noch einer fixen Idee wegen zu tun, die besagt, dass Mann und Frau gleich seien, deshalb jede Arbeit halbe-halbe erledigt werden müsse und das die große Freiheit sei, verkompliziert die Dinge ziemlich. Was für eine verdrehte Sicht! Warum machen wir uns das Leben schwerer, als es sowieso manchmal ist? Warum leben wir nicht im Einklang mit unserer Natur, wenn es irgend geht, sondern dagegen? Die Grundbegabung der Frau ist es, Mutter zu sein, sich mütterlich zu verhalten; die des Mannes ist es, Vater zu sein, sich väterlich zu verhalten. Und weil das so ist, wird es uns allen – nicht zuletzt unserem Kind – am besten gehen, wenn wir uns als Eltern gegenseitig dabei unterstützen, mütterlich beziehungsweise väterlich zu sein. Wenn wir bereit dazu sind, da hineinzuwachsen, werden wir ebenso unsere Paarbeziehung stärken können. Das ist auch meine ganz persönliche Erfahrung.

Aus wissenschaftlichen Erkenntnissen wissen wir, dass wir die Grundbegabung für dieses Verhalten mit auf die Welt bringen und dass es nicht ausschließlich kulturell geprägt ist, wie uns die Ideologie des Gender-Mainstreamings weismachen will. (siehe Kap. 10) Männer und Frauen unterscheiden sich bis in jede Zelle hinein.[204] Die Hirnforschung ergab, dass es deutliche geschlechtsspezifische Unterschiede zwischen weiblichen und männlichen Gehirnen gibt. Der amerikanische Neurobiologe Larry Cahill schreibt von „einer Flut von Ergebnissen, die den Einfluss des Geschlechtes auf viele Bereiche der Kognition und des Verhaltens herausstreichen."[205]

Bei Frauen seien die sprachverarbeitenden und emotionalen Gehirnbereiche größer und wiesen eine höhere Neuronendichte auf; bei Männern betreffe dies die Bereiche der räumlichen Verarbeitung. Cahill weist darauf hin, dass dieser Umstand dadurch zustande kommen dürfte, dass das Fetus-Gehirn vor der Geburt regelrecht in Geschlechtshormonen badet.[206]

Im Interview mit dem Norweger Harald Eia für dessen – die Gender-Ideologie entlarvende – Dokumentation „Gehirnwäsche"[207] sagte die Biologin Anne Campbell, die körperliche Verschiedenheit von Mann und Frau beruhe auf den gleichen genetischen und hormonellen Unterschieden wie die psychische. Weil Frauen Kinder gebären und stillen könnten, verfügten sie auch über die psychische Grundlage dafür, das (gerne) zu tun. Daher rühre ebenso ihre Vorliebe für soziale Berufe.

Es ist also wesentlich schlüssiger anzunehmen, dass die menschliche Kultur bei aller Varianz wohl eher den mitgebrachten Begabungen und geschlechtstypischen Vorlieben folgt als umgekehrt. Es gab z. B. Versuche mit Kleinkindern und auch mit Meerkatzenkindern, bei denen man beobachten konnte, dass die Jungen vorwiegend mit „männlichem" Spielzeug (wie Autos) und die Mädchen mit Spielzeugen mit einem Gesicht spielten.[208]

Kinder brauchen den gleichgeschlechtlichen Elternteil, um sich mit ihrem Geschlecht identifizieren zu können, und den gegengeschlechtlichen, um zu erfahren, wie das Wesen des anderen Geschlechtes ist. Ab der Fünfjährigkeit werden Kinder sich ihres eigenen Geschlechtes bewusst.[209] Das Mädchen braucht seine Mama, um gerne eine Frau zu werden – so schön und so fürsorgend wie sie. Es braucht seinen Vater, um von ihm in Weiblichkeit und Schönheit bestärkt, wertgeschätzt und geschützt zu werden. Ich erinnere mich daran, wie meine Tochter sich als ganz kleines Mädchen mit einem neuen Kleidchen und einem strahlenden Lächeln vor ihrem Papa hin und her drehte, um sich von ihm bewundern zu lassen. Er war der erste Mann in ihrem Leben. Sein Verhalten lieferte ihr das Vor-Bild für ihren späteren eigenen Mann. Der kleine Junge muss zunächst ein „Muttersöhnchen" sein dürfen, um später ein ganzer Mann werden zu können.[210] Je deutlicher ein Junge das erfahren hat, desto besser erfolgt die Verknüpfung von rechter und linker Gehirnhälfte, was wiederum die Voraussetzung dafür ist, Gefühle in Worte fassen zu können.[211] Und das ist etwas, was wir Frauen uns ausnahmslos von unseren Männern wünschen. Der Junge braucht seine Mama, um zu erfahren, wie eine Frau ihrem Wesen nach ist, um sie später wertschätzen, verstehen und lieben zu können. Sie ist die erste Frau in seinem Leben, und sie liefert ihm das Vor-Bild für seine spätere Frau. Seinen Papa braucht er, um so zu werden wie er, um Männlichkeit und Stärke positiv sehen und gebrauchen zu können. Ich erinnere mich, wie meine Söhne etwa mit vier Jahren davon sprachen, „Papa-Hemden" anzuhaben, und wie wichtig und gut sie sich fühlten, wenn sie mit ihrem Papa in Haus und Garten „Arbeiten spielen" durften.

Nur durch einen Vater und eine Mutter ist ein kleiner neuer Mensch entstanden; das ist seine tiefste Wurzel. Es ist daher bio-logisch, dass er für sein Gedeihen beide Seiten braucht, eben jede auf ihre eigene Weise. Danach sehnt er sich. Das wird dann deutlich, wenn längst Erwachsene, die ohne Vater oder Mutter aufwuchsen, von einer Lücke in ihren Herzen reden oder gar daran kranken.

Für die frühe Kindheit bedeutet das, dass das Kind normalerweise eine sichere primäre Bindung zu seiner Mutter und zum Vater die erste Sekundärbindung aufbauen können sollte. (siehe Kap. 2) Das hat nichts mit der Vorstellung zu tun, die Mutter sei im Laufe der Geschichte in patriarchalischen Kulturen dazu verdammt worden, primär für ihr Kind da zu sein. Vielmehr untermauert die lebensspendende Bedeutung von Stillen und Muttermilch das typisch menschliche Bio-Programm für das Aufziehen von Kindern, das nur in gelebter Nähe der Mutter zum Kind funktioniert. Sollte das nicht in vollem Maße möglich oder gewollt sein und vorrangig der Vater sein Kind betreuen, so ist das mit zunehmendem Alter des Kleinkindes in der Tendenz umso günstiger. Dann geht die primäre Bindung eben auf den Vater über, und das ist stets jeder Einrichtungsbetreuung vorzuziehen.

Die Mütter geben unserem Geiste Wärme und die Väter Licht. (Jean Paul)

7. Scheiden tut weh – Was bedeutet Trennung für ein kleines Kind?

Halten wir noch einmal fest: Aufbau und Bewahrung von Vertrauen durch spürbare Nähe, das Kind an unser Herz holen, zuverlässig da sein, das ist das Tragfähige. Das Einfache, das aber oft so schwer zu schaffen ist.

Denn wie sieht es in der Realität aus? Es gibt viele innere und äußere Gründe, die Eltern daran hindern, so mit ihren Kindern zu leben.[212] Einerseits hat sich in den letzten Jahren einiges Positives getan, damit eine gute Mutter-Kind-Beziehung entstehen kann, etwa bei der Betreuung rund um die Geburt und hinsichtlich der Stillförderung (z. B. zertifizierte „Babyfreundliche Kliniken"). Andererseits herrscht ein gesellschaftliches Klima vor, das ganz andere Erwartungen an Mütter hat als ihre Kinder. Die Mutterliebe und das Da-Sein werden kleingeredet, ja für unnötig bis schädlich gehalten, hält man dadurch doch sein Kind von der vermeintlichen „Bildung" in der Krippe fern. Eine lückenlose Erwerbstätigkeit der Mütter – und damit beider Elternteile – ist zum Ideal erklärt worden. Die finanzielle Lage von Familien wird zudem immer schwieriger. (Dass das eine mit dem anderen zusammenhängt, werden wir noch sehen.) Infolge dieses Klimas wird die Mehrheit der Kleinkinder in den neuen Bundesländern meist in Einrichtungen betreut, und zwar schon seit zwei bis drei Generationen. Im Westen werden es immer mehr. Die Frage ist nun: Kann in einer Krippe die Sehnsucht kleiner Kinder, die ihnen instinktiv eingegeben ist, gestillt werden?

Die meisten Kinder schreien, wenn die Mutter (oder ggf. eine andere Primärbindungsperson) geht – zumindest in der Fremdelphase etwa ab dem 8. Monat.[213] Wenn die Mutter geht oder nicht mehr sichtbar ist, heißt das für das Empfinden des Kindes, dass seine Mama weg ist – unwiederbringlich und bis in alle Ewigkeit. Bei meinen Vorträgen zeige ich gern einen kurzen Film, nämlich das „Still-face experiment"[214], das der Kinderpsychologe Edward Tronick an der Harvard University in Cambridge durchgeführt hat:

Was ist zu sehen? Zunächst ist die Mama dem kleinen Kind (schätzungsweise etwa zehn bis zwölf Monate alt) im vertrauten Zwiegespräch zugewandt. Dann dreht sie sich abrupt weg, um sich anschließend wieder dem Kind zuzuwenden. Ihr Gesicht jedoch bleibt stumm und völlig unbewegt. Das Kind wendet dann alles in seiner Macht Stehende auf, damit die Mama wieder reagiert. Es beugt sich nach vorn, streckt seine Ärmchen aus, zeigt auf etwas, quietscht laut. Als alles umsonst ist, schreit es herzzerreißend. Das alles dauert insgesamt kaum zwei Minuten. Dann hält es auch die Mama nicht mehr aus, sie tröstet ihr Kind – und es lächelt wieder, noch unter Tränen.

Tief berührend bekommen wir hier vor Augen geführt, dass das Nichtreagieren der Mutter offenbar das Gleiche bedeutet wie Abwesenheit. Emotionale Abwesenheit (innere Distanz) ist also das Gleiche wie räumliche Abwesenheit (äußere Distanz bzw. Trennung). Beides kann eine unsichere Bindung mit allen ihren möglichen Folgen verursachen.

Das erscheint mir wichtig für Diskussionen um Krippenbetreuung, denn oft heißt es, dass es ja auch nicht gut sein könne, wenn die Mama zwar anwesend sei, aber andauernd nur auf ihr Handy starre. Natürlich ist auch das nicht gut, weil die Mutter *emotional nicht anwesend* ist. Wenn die Mama räumlich und emotional anwesend ist, dann fühlt sich für ein Kind das Leben richtig an; wenn sie jedoch abwesend ist, fühlt sich sein Leben total falsch an.[215]

Wenn die Mama fort ist, springt im Kind der Überlebensinstinkt „Bindung" auf Alarmstufe Rot: Die Mama, die ich liebe und die mich liebevoll umsorgt, ist weg! Die Abwesenheit der Mutter löst Existenzangst aus.[216] Das kann ich aus eigenem schmerzlichen Erleben bestätigen, denn ich erinnere mich an meine eigene kurze Krippenzeit ab 2 ¼ Jahren. In meinem Buch „Kinder brauchen Mütter" habe ich meine Erinnerungsbilder im Einzelnen beschrieben[217], hier deshalb nur so viel: Wenn meine Mutter mich verließ, schrie ich bis zur Erschöpfung. Es war für mich wie ein Sturz ins Bodenlose; ich kam mir vor, als hinge ich über einem Abgrund, um jeden Augenblick losgelassen zu werden. Ein Gefühl großer Verlorenheit erfasste mich. Meine Welt stimmte nicht mehr. Es war für mich wie die Vertreibung aus dem Paradies. Während ich vor dem Krippeneintritt nie krank wurde, war ich dann eine Woche dort und anschließend vier Wochen krank. Ich bin meinen Eltern unendlich dankbar dafür, dass sie das nach kurzer Zeit beendeten, trotz des sozialistischen Systems samt entsprechenden Anfeindungen aus Nachbarschaft und Kollegenkreis sowie finanziellen Engpässen. Meine Mutter empfand diese Zeit als eine der schwärzesten ihres Lebens, und wir waren beide froh, schließlich wieder zusammen sein zu können. Mir hat dieses Erlebnis eine schwere Wunde geschlagen, die lange brauchte, um zu verheilen. Die Neigung zu asthmatischer Bronchitis hat sich bis heute erhalten. Seelische Narbenschmerzen spüre ich auch heute noch, wenn diese Wunde berührt wird – wenn ich miterlebe, wie Kinder abgegeben werden und nach ihrer Mama schreien, wenn Politiker von „Bildung in der Krippe" schwärmen …

Jahrelang hoffte ich, dass andere ihre Krippenzeit nicht so empfunden hätten bzw. empfänden wie ich. Doch als ich selbst Kinder hatte, begann ich, daran zu zweifeln, und fand das auch durch Untersuchungsergebnisse bestätigt. Der Hauptstress eines betreuten Kindes unter drei Jahren ist nachweislich die *Trennungssituation*. Aber warum ist das so?

Die frühe Kindheit ist das Zeitfenster für die sichere Bindung. Die Kinder spüren, dass sie jemanden brauchen, der sie elementar versorgt, und wollen sich dieser Person sicher sein. Sie haben weder für Raum noch für Zeit ein ausreichendes Gefühl.[218] Ihre räumliche Erfahrung entspricht zunächst nur ihrem noch kleinen Aktionsradius, also den wenigen Schrittchen, die sie bis dahin eventuell schon gehen können, bzw. der Reichweite, innerhalb derer sie sehen und hören können. Die Kinder begreifen weder, wohin die Mutter geht, noch, wie lange es bis zu ihrer Rückkehr dauert. Ihr Lebensgefühl besteht aus dem Augenblick. Deshalb können sie es weder geistig noch seelisch erfassen, wenn die Mama sagt, sie komme „gleich" oder in ein paar Stunden wieder. Noch viel weniger können sie nachvollziehen, warum sie geht. Sie kennen schließlich die komplizierte Welt der Erwachsenen noch nicht. Die Kinder empfinden das Weg-Sein der Mutter als einen *endgültigen, ewigen* Fakt. Sie haben Liebeskummer, denn ihre erste große Liebe hat sie verlassen. Sie trauern. Es ist wie ein Warten ohne Hoffnung auf ein Ende. Wenn man die Kleinen etwa beim Spazierengehen in den Krippenwagen sitzen sieht, wirken sie oft erschöpft und an ihrer Umgebung desinteressiert. Strahlende Kindergesichter sucht man vergebens. Auf Zeitungsfotos lächeln nur die Erzieherinnen in die Kamera.

Eine Frühpädagogin aus Sachsen-Anhalt, die beruflich tagtäglich in Kitas unterwegs ist, schrieb mir kürzlich Folgendes in einem Brief: „Die vermeintlich frühe Sozialisation der so jungen Kinder ist von Schreien und Weinen begleitet, von merklicher Apathie, teils extremen Ängsten gegenüber Fremden und durch spürbare Teilnahmslosigkeit […]. Eine beobachtbare, deutlich hervortretende Trauersituation […]. Manche Kinder sitzen wie Klammeräffchen auf dem Schoß der Erzieherin und weinen stundenlang vor sich hin. Es bietet sich ein Bild des Elends und der Verlassenheit." Schönes Spielzeug und eine gute Ausbildung der Erzieherinnen ändern nichts am Trennungsschmerz. Diesem liegt zugrunde, dass das Kind sein inneres Bild von der Mutter noch nicht stabil im Gedächtnis aufrechterhalten kann, wenn sie fort ist. (siehe Kap. 4) Verbleibt ein Kind in dieser Trennungssituation, spricht man von einer Deprivation[219], deren Folgerisiken umso stärker ausfallen, je länger die Trennung bzw. ein bindungsarmer Zustand anhält.[220]

Neben der Trennungssituation gibt es in der Krippe noch weitere Stressfaktoren: Da ist zunächst die Erzieherin (selbst wenn sie freundlich zugewandt ist), weil sie fremd ist. Da sind die vielen anderen Kinder. Ohne die Mama oder den Papa im Rücken ist diese Situation für das Kind unübersichtlich und orientierungslos. Hinzu kommt der damit verbundene Lärmpegel – eine finnische Studie von 2008 ergab, dass allein schon zwischen 67–71 Dezibel und 84–87 Dezibel die Gehirnentwicklung beeinträchtigen können[221].

Zudem gibt es in Deutschland keinen bundesweit verbindlichen Betreuungsschlüssel, der festlegt, wie viele Kleinkinder auf eine Erzieherin kommen dürfen. Während Experten etwa drei (allerhöchstens fünf) Kinder pro Erzieherin für verantwortbar halten, liegt der bundesweite Durchschnitt wohl beim Drei- bis Vierfachen davon.[222] Der menschlichen Natur entspricht es, nicht mehr als Zwillingskinder zu haben. Und jeder weiß, dass das bereits eine Herausforderung ist. Laut NUBBEK-Studie von 2013[223] können nur 3 % der Krippen in Deutschland diese Qualität der Betreuung sicherstellen; mehr als die Hälfte muss als unzureichend bezeichnet werden.

Dazu kommt als weiterer Stressfaktor ein häufiger Erzieherwechsel aufgrund von Krankheit, Urlaub und Schichtdienst der Erzieherinnen. Es bleibe weder Zeit noch Kraft für die Einfühlung, schrieb eine Erzieherin auf der Internet-Plattform fuerkinder.org[224]: Die meisten Einrichtungen würden weit hinter dem zurückbleiben, was sie in ihren Hochglanzprospekten versprechen. Wenn die Eltern wüssten, was vielfach wirklich los sei, würden sie entsetzt sein. Viele Erzieherinnen hielten diese Belastung nicht lange durch – die Situation führe auch zu Misshandlungsfällen.[225]

Einen tiefen und erschütternden Einblick in die Lage von Krippenkindern bieten die von dem Psychiater Serge Sulz gesammelten und veröffentlichten Berichte von Müttern: wie sie die Wesensveränderungen und das Weinen der Kleinen wahrnahmen, wie sie dennoch auf die Erzieherinnen hörten, die ihnen sagten, dass das normal sei und vergehen würde, wie ihnen während der Eingewöhnungsphase ihres Kindes auch die Not anderer Kinder auffiel und dass sie oft nur durch Zufall erfuhren, wie es ihren Kindern wirklich ging. Sie beschreiben das Ringen mit ihrem Gefühl, dass dies alles wohl so nicht richtig sein könne, und den Erwartungen unseres gesellschaftlichen Klimas, ehe sie genug Kraft dazu hatten, ihr Kind wieder zu sich nach Hause zu holen und den Beruf noch einmal zurückzustellen.[226]

Folgendes bedenkliches Vorkommnis berichtete mir eine ältere Dame aus einer mittelgroßen Stadt in Thüringen: Sie habe im Supermarkt an der Kasse gestanden, um zu bezahlen. Da sei eine Krippenerzieherin mit einem Wagen hereingekommen, in dem sechs Kinder zwischen einem und eineinhalb Jahren saßen. Diese habe den Wagen mit den Kindern einfach unbeaufsichtigt am Eingang abgestellt und sei dann für längere Zeit mit ihrem Einkaufskorb zwischen den Regalen verschwunden. Daraufhin sei die ältere Dame selbst hinübergegangen, um auf die Kinder aufzupassen. Sie sei fassungslos über dieses Verhalten gewesen, aber auch darüber, dass die Kinder allesamt so still und teilnahmslos im Wagen sitzengeblieben seien. Das war sicher ein seltener und grober Fall von Verantwortungslosigkeit. Aber auch der kann vorkommen, ebenso wie elterliches Versagen.

Laut einer Studie des britischen Innenministeriums gibt es an einem durchschnittlichen Krippentag nur acht Minuten persönliche Zuwendung pro Kind.[227] Erzieherinnen haben meist nicht nur zu viele Kinder zu betreuen, es sind eben auch nicht ihre eigenen. Sie haben nicht die exklusive innere Kompetenz für das individuelle Kind, die eine Mutter durch ihre Bindung hat bzw. erlangen kann. Auch ist ihr Hormonhaushalt nicht darauf eingestellt. Ihr Verhältnis zu den Kindern ist ein Dienstverhältnis, das nach Feierabend endet. Die Krippenforscherin Lieselotte Ahnert sieht bei ihnen ein gruppenorientiertes Betreuungsverhalten, während eine Mutter individuell auf ihre Kinder eingeht.[228] Eine „Bindungssicherheit zu einer Erzieherin [werde] wahrscheinlich weniger entwickelt als zu den Eltern".[229] Bei Mutter und Kind spielt schon von Anfang an mit hinein, dass die Beziehung eine elementare und lebenslange ist.

Zusätzlich müssen die Kinder mit Krippeneintritt ihren individuellen Lebens- und Bedürfnisrhythmus an die Abläufe in der Einrichtung sowie an die Arbeitszeiten der Eltern anpassen. Letztere richten sich jedoch vorwiegend nach den Wirtschaftsinteressen der jeweiligen Unternehmen, in denen diese arbeiten, nicht nach den Bedürfnissen der Kinder. Eine Krippenerzieherin aus Mecklenburg-Vorpommern beschreibt folgende besonders intensive Stresssituationen als typisch für ihren Berufsalltag: „Zum Beispiel das An- und Ausziehen, wenn man mit ihnen ins Freie gehen will: Viele Kinder auf engem Raum: die einen schwitzen schon, die anderen sind noch nicht angezogen. Weiter sind die Mittagszeiten mit Essen bzw. Füttern sowie Fertigmachen zum Schlafenlegen ganz schlimm: alle sind müde, viele schreien, die Nuckel werden weggenommen, Kuscheltücher werden weggenommen, weil sie z. B. nicht an den Mittagstisch gehören. Das Schlafengehen kann nicht individuell gestaltet werden. Wird ein Kind zu früh wach – kriegen die anderen nicht genug Schlaf. Am Nachmittag löst sich dann die Gruppe auf, weil einige Kinder abgeholt werden. Die Kinder, die länger bleiben müssen, kommen mit den anderen Kindern der Einrichtung in den Spätdienst: d. h. wieder neue Kinder – wieder eine neue Erzieherin. Ab einer gewissen Zeit, ca. ab 16.00 Uhr, stehen die Kinder z. B. am Zaun und warten nur noch oder weinen schon nach der Mama."[230] Diese Erzieherin hat ihren Beruf schließlich aufgegeben, weil sie es nicht mehr ertragen konnte, dass die ihr anvertrauten Kinder trotz größter Mühe litten und sie ihnen selbst durch erhöhten Zeitaufwand dennoch nicht das schenken konnte, was sie wirklich brauchten: ihre Mama.

Doch Erzieherinnen stehen nicht nur wegen des Personalmangels unter Druck. Eine einfühlsame und bindungsorientierte Art ist häufig gar nicht erwünscht – bei manchen Kolleginnen nicht, aber offensichtlich auch grundsätzlich nicht. In einem unter Pseudonym veröffentlichten Artikel wird folgende persönliche Erfahrung weitergegeben: Im Bundesland der Autorin gebe es Hospitationen von sozialpädagogischen Expertinnen in Krippen, die die erzieherische Wunschvorstellung der Landesregierung verträten. Eine solche habe eine wunderbare Erzieherin folgendermaßen beurteilt: Sie sei ein herzensguter Mensch, „[a]ber gerade solche Menschen wie Sie brauchen wir in den Krippen nicht. Das behindert die Kinder in ihrer Exploration [Erkenntnisgewinn, Anm. d. A.] und wirft sie zurück." „Das Ziel der Expertin ist keinesfalls das gut mit Bindung und Nahrung versorgte Kleinstkind. Im Gegenteil, es sollte immer ein wenig schlecht versorgt sein, damit es den Anreiz hat, sich weiterzuentwickeln." Also Förderung von Entwicklung „aus einer distanzierten Haltung und bindungsmäßigen Zurückhaltung" heraus, schlussfolgert diese Autorin. Distanz als pädagogisches Prinzip! Die sozialistische Pädagogik lässt grüßen.[231]

Ich möchte noch einmal zusammenfassen, was das alles für ein kleines Kind heißt: Es muss jeden Tag aufs Neue mit der Trennung fertigwerden. Jedes Unwohlsein, jedes „Böckchen", jedes Aua, jeder Kummer wegen eines weggenommenen Spielzeugs usw. muss immer vor „Publikum" und sozusagen bei fremden Leuten durchgestanden werden. Die Signale, die es aussendet, werden kaum wahrgenommen oder verstanden. Die Mama ist nicht da. Und die Erzieherin, an die es sich möglicherweise langsam gewöhnt hat, ist auch nicht immer da. Außerdem gibt es noch so viele kleine Konkurrenten um ein wenig Zuwendung. Das ist Stress pur: Die Kinder müssen sich den ganzen Tag lang auf einer höheren emotionalen Reifestufe bewegen, als sie tatsächlich sind.

So ist es kein Wunder, dass sich die Kinder in der Trennungssituation anders verhalten als im vertrauten Bindungszusammenhang. Ihr Spielverhalten verändert sich. Der Prager Forscher Zdeněk Matějček stellte bereits in den 1970er-Jahren fest: Das Spiel wird inhaltsärmer, stereotyper und weniger ausdauernd.[232] Manche Kinder reagieren auch mit verstärkter Aggressivität[233] oder mit innerem Rückzug. Eine finnische Studie von 1979 ergab: Isolation/Rückzug treten bei 54 %, Unruhe bei 66 %, Hyperaktivität bei 21 %, Zorn bei 34 %, Schlaf- und Essstörungen bei 31–56 % der Kinder auf.[234]

Einmal beobachtete ich eine Gruppe von 15 etwa Zweijährigen, die mit ihren beiden Erzieherinnen alle still und artig spazieren gingen. Keines tanzte aus der Reihe, keines lief davon, weil es etwas Interessantes gesehen hatte, noch regte sich überhaupt eines von ihnen. Was für ein Erziehungserfolg, mag man denken. Aber der Schein trügt: Wenn so kleine Kinder sich wohlfühlen, sind sie im Allgemeinen kaum zu halten. Da hat man mit einem einzigen schon genug zu tun, geschweige denn mit fünfzehn! Diese Artigkeit und Angepasstheit zeugen eher von Stress und Resignation, denn dadurch haben die Kinder weniger Lust darauf, die Welt zu erkunden. Außerdem fehlen ihnen Mama oder Papa, die die positiven Gefühle beim Erforschen der Umgebung spiegeln. Die Familientherapeutin Erika Butzmann kommentierte zum Beispiel den Film „Krippenkinder" der Deutschen Liga für das Kind von 2011 folgendermaßen: „Die Kinder lachen nicht, aber sie funktionieren. Sie räumen zum Beispiel den Tisch ab und waschen das Geschirr ab. Aber ohne Freude am Tun wird die Erfahrung als Lerninhalt nicht gespeichert, so die Ergebnisse der Hirnforschung.[235] Dennoch wird überall die schnelle Selbstständigkeit der Kinder gerühmt; man lobt die Krippe als Bildungseinrichtung, obwohl bei Kleinkindern die Bildung – sprich: das Lernen – noch direkt an das Glücksempfinden im sicheren Bindungszusammenhang gekoppelt ist. Dieses Glück kann aber eine Krippe selbst bei größter Mühe nicht erzeugen.

Eine weitere Reaktion der betreuten Kinder unter drei Jahren auf die Stressbelastung ist ihre Flucht in die Krankheit. Ein Blick in die Wartezimmer der Kinderarztpraxen zeigt massenhaft Infekte der Atemwege, des Magen-Darm-Traktes und des HNO-Bereiches.[236] Ende der 1980er-Jahre – also noch zu Zeiten der DDR – ergab eine Studie, dass ein Krippenkind an durchschnittlich 70 Arbeitstagen krank war. Sie kam sofort als „VD" („Vertrauliche Dienstsache") unter Verschluss, damit die Ergebnisse nicht öffentlich wurden. So referierte es der Kinderarzt Manfred Kalz auf dem Internationalen Familienkongress in Dresden 1991.[237] Das deckt sich mit den Ergebnissen einer Studie der Kinderärztin und Soziologin Eva Schmidt-Kolmer an 6000 Krippenkindern zwischen 1971 und 1973, nämlich „ein erhöhtes Auftreten von Infektionen, insbesondere spastische Bronchitiden und Mittelohrentzündungen".[238]

Studien, die Anfang der 1990er-Jahre von den Forschern René Spitz, László Velkye und Jiří Dunovský durchgeführt wurden, haben belegt: Epidemische, also ansteckende Erkrankungen treten bei 83 % der Krippenkinder gegenüber 5 % der häuslich betreuten Kinder auf.[239]

Eine umfassende aktuelle Studie gibt es nicht, lediglich Einzeluntersuchungen[240]: Bei Krippenkindern wurde
- für Magen-Darm-Infekte ein um 50–400 % erhöhtes Risiko festgestellt,
- für Neurodermitis ein um 50 % höheres Risiko.

Den Krippenkindern geht sozusagen „die Luft aus", es geht ihnen „dünn durch den Darm", es schlägt ihnen „das Herz bis zum Halse", sie fühlen sich „nicht wohl in ihrer Haut". Im Verlauf der „Wiener Krippenstudie" (2007–2012)[241] kam man u. a. zu folgendem Ergebnis: „Je jünger ein Kind sei, desto empfindlicher reagiere es auf Stress. Auch ein Kind, das sich sicher an seine Erzieherin gebunden fühlt, bliebe davon nicht verschont." Besonders ungünstig verlaufe die Stressreaktion im Alter von unter 25 Monaten.[242]

Wie nun kann man feststellen, ob ein Krippenkind unter Stress steht? Denn äußerlich lässt sich das nicht immer erkennen. Stress ist *objektiv* feststellbar, indem man den Spiegel des Stresshormons Cortisol im Speichel misst. Bereits 1998 wurde dieser im Zuge der Day-Care-Cortisolstudien in den USA untersucht. Dabei kam heraus, dass *selbst bei höchster Betreuungsqualität* bei 75 %, bei „nur" gehobener Qualität sogar bei fast

100 % der unter drei Jahre alten Kinder die Cortisolwerte erhöht waren.[243] Diese Ergebnisse wurden 2006 durch die Metaanalyse von neun Studien der Wissenschaftler Vermeer und van IJzendoorn bestätigt.[244]

Man fand heraus, dass die Krippenbetreuung für die Mehrheit der Kinder einer *Strapaze* gleicht. Sie weisen eine chronisch zu hohe Stressbelastung auf, sogenannten toxischen (giftigen) Stress, wie er etwa auch bei Spitzenmanagern zu finden ist.[245] Dabei finden sich bei ruhigen, unauffälligen, scheinbar gut eingewöhnten Kindern oft besonders hohe Stresswerte.[246] Wenn also gesagt wird, das Kind habe sich nach anfänglichem Schreien beruhigt und nun in der Krippe gut eingewöhnt, weiß man nicht, wie es dem Kind wirklich geht. Das lässt sich nur erahnen, wenn man seine Cortisolwerte misst.

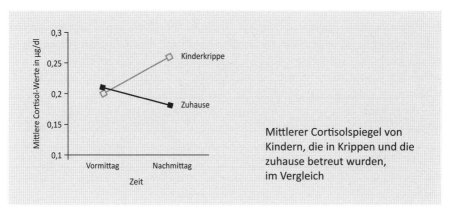

Mittlerer Cortisolspiegel von Kindern, die in Krippen und die zuhause betreut wurden, im Vergleich

Aufgrund dieser Ergebnisse nahm man an, dass allein die dauerhaft erhöhte Einwirkung des Cortisolspiegels „zu einer Immunschwächung, gesundheitlichen Schäden, einer Herabsetzung von Intelligenz- und Gedächtnisleistung, vermehrter Angst sowie zu anderen irreversiblen Schäden führen" könne.[247] Erhöhte Cortisolspiegel verringern außerdem die Freisetzung des sekretorischen Immunglobulin A an den Schleimhäuten, wodurch die Abwehrbereitschaft abgesenkt wird und sich die hohe Infektanfälligkeit der Krippenkinder erklärt.[248]

Im Zuge der „Wiener Krippenstudie" stellte sich aber auch heraus, dass es bei anhaltendem Stress nach ungefähr fünf Monaten zu einer Abflachung der Cortisolkurve kommt – leider nicht zurück auf das normale Niveau, sondern sogar noch *unter* das normale Niveau: „Das Stressregulationssystem geht sozusagen unter dem Stress-Trommelfeuer in die Knie", wie es der Kinderneurologe Rainer Böhm ausdrückt.[249] Die Kräfte des kindlichen Körpers werden erschöpft, ähnlich dem Burn-out bei Erwachsenen.[250] Und Böhm schreibt weiter, dass die stark abgeflachten Cortisolspiegel vergleichbar mit den Werten seien, „die in den neunziger Jahren bei den zweijährigen Kindern in rumänischen Waisenhäusern gemessen wurden."[251] Dieser Zustand ist seiner Einschätzung zufolge im Hinblick auf mögliche Folgen als ebenso risikoreich einzuschätzen wie der eines erhöhten Cortisolspiegels.[252]

Die Langzeitfolgen einer zu hohen frühen Stressbelastung wurden im Rahmen der NICHD-Studie untersucht, einer amerikanischen multivariaten Langzeitstudie des National Institut of Child Health and Development an 1300 Kindern im Zeitraum von 1991 bis 2016 unter Beteiligung von zehn Universitäten. Diese Studie kam zu folgenden Ergebnissen[253]:

Die Krippenbetreuung wirkt sich *unabhängig* von allen anderen Faktoren, die ein Kinderleben beeinflussen können, negativ auf die sozio-emotionale Kompetenz aus. Je früher und je länger Kleinkinder in Kindereinrichtungen betreut wurden, desto stärker zeigten sie später „dissoziales" Verhalten wie Schikanieren, Lügen, Gemeinheiten, Sachbeschädigungen, Aggressivität usw. Die Verhaltensauffälligkeiten lagen zwar im moderaten Bereich, aber ein Viertel der ganztags betreuten Kleinkinder zeigte bereits im Alter von vier Jahren ein Problemverhalten, das dem klinischen Risikobereich zugeordnet werden musste. Später konnten bei den inzwischen 15 Jahre alten Jugendlichen signifikante Auffälligkeiten festgestellt werden, u. a. Probleme mit Alkohol, Drogen, Diebstahl usw.[254] „Nicht zu verschweigen ist ferner ein erhöhtes Risiko für spätere seelische Erkrankungen. [...] Durch nichts zu belegen ist dagegen die Hoffnung auf Förderung des Sozialverhaltens, [...]. Eine signifikante, moderate Förderung der Lernleistungen kann nur bei hoher Betreuungsqualität [im Gegensatz zu niedriger Einrichtungsqualität, Anm. d. A.] erwartet werden"[255], welche jedoch in der fünften Klasse nicht mehr bestand.[256]

Dieser Effekt trat „nach jeder, auch nach hochqualitativer Gruppenbetreuung" ein, und zwar *unabhängig* vom Familienhintergrund[257] und bereits bei zehn Betreuungsstunden pro Woche.[258] Ein von den Initiatoren völlig unerwartetes Ergebnis, wollte doch die Studie die Unbedenklichkeit der Betreuung im Alter von unter drei Jahren beweisen.[259] Das konnte bislang keine seriöse Studie!

Die gleichfalls multivariate Studie von Margit Averdijk (Institut für Soziologie der ETH Zürich) an 1000 Kindern 2011 bestätigte die problematischen Ergebnisse der NICHD-Studie, welche bei Gruppenbetreuung unter drei Jahren sogar stärker seien als bei Fällen von Alleinerziehung, Scheidung und Armut.[260] Es zeigte sich ferner ein Zusammenhang zwischen der Dauer des Krippenbesuchs „nicht nur mit aggressivem Verhalten und ADHS, sondern auch mit ängstlich depressiven Zügen bei den Siebenjährigen"[261].

Im Rahmen der NICHD-Studie untersuchte man bei den 15-jährigen Teilnehmern außerdem den morgendlichen Cortisolspiegel*, welcher die generelle Stressverarbeitungsfähigkeit anzeigt: „Zwei Gruppen weisen signifikant niedrigere Werte in gleichstarker Ausprägung auf, zum einen Probanden, die im Kindesalter *emotional vernachlässigt* wurden [...], zum anderen die Jugendlichen, die in ihren ersten 3 Lebensjahren *Gruppen-*

betreuung in substanziellem Umfang erlebten, […] unabhängig von der Qualität der Betreuungseinrichtung. Die negativen Effekte von emotionaler Vernachlässigung und Krippenbetreuung waren *additiv* wirksam, die Tagesbetreuung konnte also ungünstige Einflüsse des familiären Umfeldes *nicht* kompensieren oder abschwächen."[262] (Hervorh. d. A.)

Das heißt: Selbst bei bester Betreuungsqualität geht die Mehrheit der Kinder mit dem Risiko einer schlechteren Stressbewältigungsfähigkeit ins Leben. Eine Verbesserung der Chancen von Kindern mit sozial schwierigem Hintergrund ist nicht gegeben. Ihre seelischen Risiken steigen. Auch diesen Kindern hilft eine Krippe also wenig.

Der renommierte kanadische Neurobiologe Michael Meaney konnte in Untersuchungen mit Ratten gleichfalls Folgendes belegen: „Je intensiver die mütterliche Brutpflege, desto […] weniger empfindlich reagieren die Kinder im späteren Leben auf Stress. Und umgekehrt."[263] Auch hier wurden Cortisolmessungen durchgeführt, die nicht nur ergaben, dass die Verarbeitung von Stress und Belastungen langfristig beeinträchtigt werden kann, sondern auch, dass sich der Mangel an Mütterlichkeit über solche Stoffe bis tief in das Erbgut hinein niederschlägt, in epigenetische* Mechanismen, die sogar an die nächste Generation weitervererbt werden können.[264] Meaney ist der Meinung, dass diese Ergebnisse auch auf den Menschen anwendbar seien. Er schließt daraus unter anderem, dass z.B. für Kinder aus schwierigen Verhältnissen „jene Hilfen am effektivsten [seien], die *vor allem den Eltern helfen*, mehr Verständnis, Geduld und Umsicht bei der Erziehung ihrer Kinder walten zu lassen."[265] (Hervorheb. d.A.)

Die Bindungsforscherin Karin Grossman schlussfolgerte bereits 1999: „Aus der Sicht der Bindungstheorie muss man die ganztägige Betreuung von Kindern unter drei Jahren in Gruppen mit größter Skepsis sehen."[266]

Gordon Neufeld schreibt, die *vorzeitige Trennung*[267] – also dann, wenn ein Kind noch nicht dazu in der Lage sei, das Gefühl der Bindung eigenständig aufrechtzuerhalten – sei eines der am schwersten wiegenden seelischen Traumata, deren Folgen u. a. eine seelische Verhärtung sei: Der Mensch gestattet sich keine Gefühle mehr, um nie wieder so verletzt werden zu können.[268]

Der Kinderneurologe Rainer Böhm schätzte 2012 in der „Frankfurter Allgemeinen Zeitung" angesichts der Stressforschung: „Chronische Stressbelastung ist im Kindesalter die biologische Signatur der Misshandlung. Kleinkinder dauerhaftem Stress auszusetzen, ist unethisch, verstößt gegen Menschenrecht, macht akut und chronisch krank. Dieses Wissen hindert die Bundesregierung und Wirtschaftsverbände nicht daran, die Erhöhung der außerfamiliären Betreuungsplätze zum Ausweis moderner Familienpolitik zu machen."[269] Er machte weiter deutlich, dass die Eltern *der* ausschlaggebende Faktor für das Gedeihen und die Gesundheit ihrer Kinder sind.[270] Nur wenige Fachleute haben heute den Mut, sich so klar zu äußern.

Hier sei auch noch ein weiteres Mal an das Bindungshormon Oxytocin erinnert. Sind die Eltern anwesend, wird es im Kind freigesetzt und hemmt die Ausschüttung schädlicher Stresshormone. Wenn die Eltern jedoch fort sind, fällt die Oxytocinberuhigung weg – und gleichzeitig wird die Stressregulation überlastet.[271] Und mehr noch: Oxytocin bewirkt tiefes Vertrauen und ein offenes, liebendes und warmes Herz gegenüber der Bindungsperson. Wie muss es auf das Kind wirken, wenn die liebe Mama, von der es bisher gestillt wurde und die immer da war, die einfach seine Welt ist, es auf einmal verlässt? Insbesondere für Kinder, die bis zu ihrem Krippeneintritt viel mütterliche Empathie erlebt haben, ist das hart – traumatisch, wie Neufeld es klar benannte. Für Kinder, die zu diesem Zeitpunkt bereits unsicher gebunden sind, verschärft sich die Lage noch. Und das kann bedeuten: Das Vertrauen des Kindes zu den Eltern und damit zur Welt an sich wird mindestens beschädigt. Wenn die Kleinen morgens nicht mehr schreien, oder wenn sie beim Abholen am Nachmittag einfach weiterspielen wollen oder sich abwenden, meinen manche Eltern, sie hätten sich erfolgreich eingewöhnt. Bowlby beobachtete jedoch bereits Anfang der 1960er-Jahre bei Kindern in Trennung zunächst Protest, dann Verzweiflung und letztendlich Gleichgültigkeit oder gar Feindseligkeit gegenüber der Mutter.[272] Er stellte ferner fest, dass, wenn unter ggf. günstigen Bedingungen die Betreuung unter drei Jahren kein Trauma für das Kind bedeutet, das noch lange nicht heißen muss, dass sie ohne negative Folgen für es bleibt.[273]

Weil das aber alles in allem so ist, möchte ich alle jungen Eltern ermutigen, ja geradezu bitten, ihrem Kind ihre liebevolle Nähe zu schenken und so lange wie möglich bei ihm zu bleiben. Ich möchte sie ermutigen und bitten, die Seele ihres Kindes vor einem System der verfrühten Trennung zu schützen. Wäre es nicht gut und auch für uns als Eltern wohltuend, liebevoll abzuwarten, bis unser Kind die innere Reife erlangt hat, eine zeitweilige Trennung von uns zu verkraften? Ich möchte dazu ermutigen, alle verfügbaren Hilfen auszuschöpfen. (siehe Kap. 11) Von der Politik muss jedoch gefordert werden, dass sie ihren Kurs ändert und bindungsfreundlichere Rahmenbedingungen für junge Familien schafft. (siehe Kap. 9) Denn wenn man die Kleinen schon befragen könnte, dann würden wohl 100 % bei ihrer Mama sein (und bleiben) wollen. Niemals würden sie sich eine Einrichtung wie eine Krippe selbst ausdenken, wie der Krippenforscher Matějček es formuliert hat.[274]

Ein Kind ohne Mutter ist eine Blume ohne Regen. (Indisches Sprichwort)

8. Frühe Wunden – späte Schmerzen: einige mögliche Spätfolgen früher Trennung

Kann man Spätfolgen einer frühen Trennung sehen, zum Beispiel bei uns in den neuen Bundesländern, wo es die Krippenbetreuung seit Generationen gibt? Oder hat sie uns nicht geschadet, wie viele Menschen meinen? Eine groß angelegte deutsche Studie darüber gibt es bislang nicht. Was es jedoch gibt, sind m. E. deutliche Anzeichen für die Folgen unsicherer Bindung als einer Basisursache*. Dazu einige Zahlen aus den neuen Bundesländern, aber auch aus anderen Krippenvorreiterländern:

Anzeichen für seelische Probleme

In der Zeitschrift „Psychologie heute" sprach der Potsdamer Psychotherapeut Michael Froese in einem Interview 2007 von doppelt so vielen Fällen von Angststörungen im Osten wie im Westen. Auch die Suizidrate sei höher.[275] Die Anzahl der Kinder und Jugendlichen mit ADHS steigt in ganz Deutschland, wie einer Studie des Zentralinstituts für die Kassenärztliche Versorgung über den Zeitraum 2008–2011 zu entnehmen ist.[276] Inzwischen ist mehr als eine halbe Million betroffen, dabei dreimal so häufig Jungen wie Mädchen. Die Untersuchung zeigt auch deutliche regionale Unterschiede, wobei die Länder Brandenburg, Sachsen und Thüringen neben Bayern und Rheinland-Pfalz durch hohe Diagnoseraten auffallen, was sicher nicht nur auf die regionale Facharztdichte zurückzuführen ist. ADHS wird bei Kindern aus Familien mit niedrigem sozialem Status doppelt so häufig diagnostiziert wie bei Familien mit hohem.[277] Die Fachwelt sieht die Ursachen von ADHS in einem Geflecht genetischer, neurobiologischer und psychosozialer Ursachen.[278] Hinsichtlich der Genetik kann man nichts ändern, aber an den psychosozialen Ursachen sehr wohl. Die sichere oder unsichere Bindung, das emotionale mütterliche Bindungsverhalten vor allem in der frühen Kindheit können den Unterschied ausmachen, weil sie die Ausprägung des „emotionalen" Gehirns beeinflussen. Ich kann aus eigener familiärer Betroffenheit von dieser positiven Wirkung sprechen. Außerdem weiß ich von Lehrern, wie sehr Konzentrationsschwächen und Aggressionen im Schulalltag zugenommen haben.[279]

In Schweden stiegen die Fälle von Depressionen bei jungen Mädchen beziehungsweise Frauen von 1985 bis 2005 um 1000 %. Angststörungen häuften sich bei jungen Frauen im gleichen Zeitraum um 250 %, bei jungen Männern um 100–400 %.[280] In Finnland gab es von 2004 bis 2009 einen starken Anstieg der Krankheitsausfälle wegen Depressionen: bei Männern plus 60,5 %, bei Frauen plus 42,1 %. Tätliche Angriffe und Tötungsdelikte bei Männern zwischen 18 und 20 Jahren haben sich in den letzten 30 Jahren mehr als verdoppelt.[281] Frankreich gilt in Europa als Spitzenreiter bei der Anzahl der Depressionen.[282] Mehr als 10.000 Menschen nehmen sich dort jährlich das Leben.[283] Und: Frankreich ist ein Krippen-Vorzeigeland. Bereits seit Generationen ist die frühe Fremdbetreuung üblich: Ab dem 18. Jahrhundert wurden 90 % der städtischen Neugeborenen vielfach schlecht situierten Ammen auf dem Lande anvertraut, während die Mütter und Väter kaum mehr Kontakt zu ihnen hatten. Das wurde und wird bis heute als eine Kultur der Distanz weitergegeben. Die übergroße Mehrheit der französischen Säuglinge verbringt bereits nach zwei Monaten 40 bis 50 Wochenstunden in der Krippe. Selbst französische Kinderpsychologen und -psychiater hätten sich bis vor Kurzem keine Gedanken über die psychischen Folgen gemacht, konstatiert der in Frankreich lebende deutsche Kinderarzt und Psychotherapeut Adrian Serban.[284]

Laut dem Mitteldeutschen Rundfunk (28. April 2016) hat sich die Anzahl der Drogentoten innerhalb eines Jahres (2015 gegenüber 2014) in Sachsen auf 27 verdreifacht, in Sachsen-Anhalt auf 25 verdoppelt und über die vergangenen zehn Jahre versechsfacht. Es greift mit Sicherheit zu kurz, das nur der Nähe zur Tschechei zuzuschreiben, wo „Crystal Meth" leicht zu haben ist. Es gibt eine seelische Grundlage für unsere Süchte. Der ostdeutsche Psychiater Hans-Joachim Maaz beschrieb das bereits kurz nach der Wende in seinem Buch „Der Gefühlsstau": Die DDR-Droge Nr. 1 war der Alkohol. 15 % der Bevölkerung betrieben Alkoholmissbrauch, 65.000 Menschen waren Alkoholiker, 2,5 Millionen starke Trinker.[285] Auch heute gibt es in den neuen Bundesländern deutlich mehr Alkoholtote als in den alten: in Mecklenburg-Vorpommern 37 (pro 100.000 Einwohner), in Sachsen-Anhalt 36, in Sachsen 26, in Brandenburg 25; dagegen in Baden-Württemberg 13, in Hessen und Bayern jeweils 14, nur in Bremen ebenfalls 25.[286] Jugendliche in England – ebenfalls mit einer hohen frühen Betreuungsquote – weisen laut UNICEF den höchsten Alkoholkonsum, Drogenmissbrauch und die höchste Kriminalitätsrate in ganz Europa auf.[287]

Anzeichen für Lern- und Sprachprobleme

Die neuen Bundesländer hatten im Jahr 2014 laut einer Länderauswertung der Bildungsstatistik die höchsten Raten an Schulabbrechern: Sachsen-Anhalt 11,1 %, Mecklenburg-Vorpommern 10,8 %. Am unteren Ende der Statistik lagen Bayern mit 4,6 % und Baden-Württemberg mit 4,9 %.[288]

Übrigens kam es auch im Krippenland Schweden 2013 zu einem Absturz bei den PISA-Studien der OECD.[289] Im Jahr 2012 wurden laut dem Mitteldeutschen Rundfunk 23 % der thüringischen Schulanfänger als sprachgestört eingestuft. Innerhalb des Sendegebiets des MDR brach 2016 jeder vierte Lehrling seine Lehre wieder ab. Als Gründe wurden mangelndes Durchhaltevermögen sowie schulische und soziale Probleme genannt („MDR aktuell" vom 6. September 2016).

Dazu passend zeigt eine Untersuchung der Universität Bologna den Einfluss früher Fremdbetreuung auf die kognitiven Fähigkeiten. IQ-Tests bei Kindern zwischen acht und 14 Jahren ergaben: Mit *jedem* Monat Krippenbesuch reduzierte sich der später gemessene IQ-Wert um durchschnittlich 0,5 %![290]

Anzeichen für Beziehungsprobleme/Bindungsangst

Das Verhältnis von verheirateten Elternpaaren zu anderen Formen der Lebenspartnerschaft betrug 2013 im Süden und Westen Deutschlands noch immer 5:1, im Osten hingegen bereits nur noch 2:1. Im Osten ist auch der Anteil der unehelichen Geburten deutlich höher. Generell gehe die diesbezügliche Schere zwischen Ost und West seit der Wende immer weiter auseinander, konstatierte die „Welt" 2007 basierend auf Angaben des Statistischen Bundesamtes.[291] Innerhalb von 15 Jahren stieg auch laut „Focus" der Anteil der Alleinerziehenden im Osten von 18 % auf 26 % und im Westen von 13 % auf 18 %.[292] Selbst wenn da sicher auch noch andere Faktoren hineinspielen: Die Fähigkeit zur verbindlich gelebten Ehe hat offensichtlich abgenommen.

Laut einer UNICEF-Studie zur Lage der Kinder in den Industrienationen von 2007 weisen die Länder mit hoher früher Fremdbetreuungsquote sowie Ganztagskindergarten und -schule in den Beziehungen der Kinder zu ihren Eltern und zu Gleichaltrigen die schlechtesten Werte auf, so Großbritannien, die USA und Schweden. Deutschland befinde sich im Mittelfeld, wobei jedoch die neuen Bundesländer sehr schlechte Werte aufweisen.[293] Das kann man auch im Alltag beobachten: Meine Kinder erzählten häufig davon, dass das Verhältnis ihrer Mitschüler zu deren Eltern „nicht so besonders" sei.

Beziehungsnöte, Bindungsangst, Lern- und Sprachschwierigkeiten, seelische Probleme, Suchtneigung und vieles mehr sind laut Entwicklungspsychologie und Bindungsforschung Indizien für frühkindliche Defizite an der Basis der Persönlichkeit in Form von unsicheren Bindungs- und Verhaltensmustern, um die inneren Mängel auszugleichen. Depressionen, Burn-out, Süchte, Übergewicht sind quasi zu Volkskrankheiten geworden. Mir sind persönlich unzählige traurige Fälle bekannt.[294] Auf diesem Gebiet herrscht große Not vor: Viele Erwachsene straucheln durch ihr Leben, viele Kinder „hängen durch". Lehrer klagen über mangelndes Konzentra-

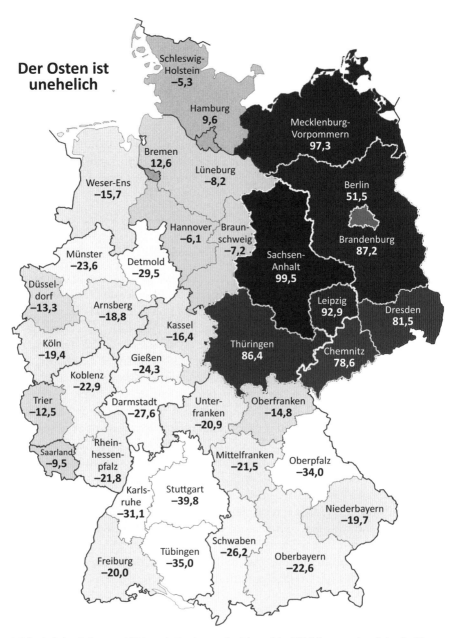

Nichteheliche Geburten 2008 nach Regierungsbezirken: Die Abbildung verdeutlicht die Unterschiede zwischen dem heutigen Ost- und Westdeutschland. Der Westteil Deutschlands liegt deutlich unter, der östliche Teil deutlich über dem Durchschnitt nichtehelicher Geburten. Zahlen: Focus 8/2010, S. 110/Statistisches Bundesamt.

tionsvermögen, geringe Anstrengungsbereitschaft und vermehrte Unruhe. Jedes meiner Kinder hatte in seiner Schulzeit einen bis zwei Klassenkameraden, die psychisch erkrankten. Wie sich verschiedene Risikofaktoren gegenseitig verstärken können, zeigt folgendes Beispiel:

Eine Bekannte bat mich, ihre Erfahrungen mit ihrer in den 1970er-Jahren geborenen Tochter in dieses Buch aufzunehmen. Das Kind hatte ein Geburtstrauma erlitten, weil es von der Nabelschnur stranguliert worden war und wiederbelebt werden musste. Trotzdem gedieh es zur Freude seiner Eltern im ersten Lebensjahr gut. Dann kam es in eine Krippe. Schon nach einer Woche Krippenaufenthalt hatte die Kleine einen so massiven Darminfekt, dass sie für drei Wochen – ohne Mutter, wie es üblich war – ins Krankenhaus musste. Die behandelnde Ärztin sagte zu meiner Bekannten: „Dieses Kind darf nie wieder in eine Krippe!" Also nahm sie ihre Tochter wieder heraus. Wegen einer leichten Entwicklungsverzögerung – sie streckte beim Hinfallen die Händchen nicht automatisch nach vorn aus – wurde Physiotherapie verordnet (laut Aussage einer älteren Physiotherapeutin mir gegenüber vermutlich nach Neumann-Neurode – dieses Verfahren wird meines Wissens nach heute nicht mehr angewendet). Dabei wurde das Kind nach Erzählung der Mutter mit dem Oberkörper schwungvoll nach vorn auf eine Pritsche fallen gelassen, damit es die Händchen nach vorne nahm. Es schrie besinnungslos. Die Mutter sagt: Obwohl ihr das Herz blutete, habe sie nur dabeigesessen und diese Qual nicht beendet. Sie habe eben gedacht, das müsse so sein. Die weitere Entwicklung des Mädchens verlief äußerlich unauffällig, die schulischen Leistungen waren sehr gut. Dennoch spürte die Mutter ein beschädigtes Vertrauen des Kindes zu ihr. Ab der Pubertät zeigte sich dann die instabile seelische Basis. Das Mädchen unternahm drei Selbstmordversuche. In ihrer weiteren Entwicklung wurde sie schwer depressiv und war mit Anfang 40 bereits arbeitsunfähig. Ihre Mutter zieht die Bilanz, sie wisse heute, dass ein Geburtstrauma – das man nicht immer verhindern könne – bereits seelische Risiken berge. Die anderen Risikofaktoren hätten aber nicht sein müssen. Das habe sie damals leider nicht gewusst; nun müsse sie damit leben.

Seelische Erkrankungen nehmen in ganz Deutschland zu, auch im Westen – tendenziell dort, wo die Bindungsbedingungen in der frühen Kindheit nicht günstig waren oder sind. Laut „Stressreport" von 2012 kam es wegen seelischer Erkrankungen in jenem Jahr bundesweit zu 56,2 Millionen Arbeitsunfähigkeitstagen. Das entspricht einem Ausfall der Wertschöpfung in Höhe von 10,3 Milliarden Euro. Das allein sollte uns abgesehen von der persönlichen Not zu denken geben. Und man braucht nicht viel Fantasie, um abzusehen, dass dies weiter zunehmen wird, je mehr Kinder immer früher einem zu hohen seelischen Stress ausgesetzt werden.

Anzeichen für die Wiederholung von Bindungserfahrungen

Leider kann sich eine frühe Fremdbetreuung auch auf die spätere eigene Elternschaft auswirken, wie ich nach über 25 Jahren Erfahrung in Stillberatung und Stillgruppenarbeit aus eigenem Erleben weiß. Frühe Bindungserfahrungen werden meist an die nächste Generation weitergegeben bzw. wiederholt: Bei traumatischen Erlebnissen spricht man auch vom Wiederholungszwang[295]: Seelische Traumata müssen – einem inneren Zwang folgend – in der nächsten Generation wiederholt werden, um sich unbewusst ein Stück weit davon zu befreien. „Ein Kind gehört in die Krippe" – das ist im Innersten vieler junger Eltern in den neuen Bundesländern fest verankert. Es korrespondiert mit finanziellen Zwängen und Unsicherheiten, zum Beispiel durch schlecht bezahlte Praktika oder befristete Stellen, existiert aber oft auch völlig losgelöst von Karrieregedanken. Selbst wenn ein Kind extrem schreit, heißt es: „Da muss es durch. Wir mussten da auch durch. Das Leben ist nun mal so." Diese Aussage drückt das allgemeine Empfinden bei uns aus. Auch der Zeitpunkt einer geplanten Wiederaufnahme der Arbeit entspricht meist diesem inneren Muster, nämlich spätestens nach einem Jahr. Das wiederum passt zum „Babyjahr" in der DDR und war auch schon vor der Verkürzung des sogenannten Elterngeldes auf ein Jahr ab 2007 so.

So halten 80 % der Ostdeutschen eine Berufstätigkeit der Mütter von Kleinkindern in Vollzeit und die damit verbundene Krippenbetreuung für unbedenklich oder gar förderlich, während insgesamt 60 % der europäischen Bevölkerung diese für bedenklich halten.[296] Dazu passt, dass in den neuen Bundesländern durchschnittlich 80 % der jetzigen Erwachsenen in einer Krippe waren und 80–90 % der heutigen Kleinkinder auch wieder dort sind (vgl. „Betreuungsquote" im Glossar). Die Wiederholung in der Folgegeneration könnte sich kaum deutlicher zeigen.[297]

Dass sich die Tendenz der unsicheren Bindungsmuster generationsübergreifend verstärken kann, ist ebenso quasi mit Händen zu greifen: Die erste Generation junger Eltern in der DDR gab ihre Kinder schon mit wenigen Wochen in die Krippe. Trotzdem war es üblich, dass die Eltern ihre Kinder so schnell wie möglich wieder aus der Einrichtung holten und sie an freien Tagen und im Urlaub selbstverständlich ganztägig zu Hause hatten. Viele waren dankbar, wenn eine liebe Oma oder ein lieber Opa in der Nähe war und das Kind „Mittagskind" sein konnte. Heute, zwei bis drei Generationen später, wird so manches Kind unter Umständen auch dann in die Krippe gegeben, wenn die Eltern daheim sind, im Urlaub sind, wenn ein zweites Kind geboren wurde oder bei Arbeitslosigkeit – teilweise sogar dann, wenn die Kinder krank sind, wie mir von Erzieherinnen berichtet wurde.

Zwar wurde im Zuge der NICHD-Studie festgestellt, dass die Mutter-Kind-Bindung durch Gruppenbetreuung nicht grundsätzlich leiden muss; allerdings wurde auch deutlich, dass „sehr frühe, umfangreiche Betreuung von zweifelhafter Qualität mit erheblichen Risiken für das Bindungsmuster zwischen Mutter und Kind einhergeht."[298] Dazu noch einmal die bereits zitierte Erzieherin aus Mecklenburg-Vorpommern: „Wenn die Mama [am späten Nachmittag, d. A.] kommt, sieht man oft erst die Bedürftigkeit der Kinder nach Nähe und Liebe und ihre Erschöpfung: Die Kinder schmiegen sich an, wollen ihre Kuschelsachen haben. Oder sie sind völlig überdreht und schreien nur noch als Druckventil. Leider wird das auch von den Erzieherinnen oft missdeutet als elterliches Versagen, denn bei ihnen machen das die Kinder natürlich nicht. Auch die Eltern verstehen die Reaktion der Kinder oftmals nicht. Sie kommen ihrerseits abgespannt von der Arbeit und da macht das Kind so einen Stress. Die Notsignale der Kinder werden mehrheitlich nicht verstanden."[299] Das Bindungsband wird brüchiger.

Auf einer unsicheren Eltern-Kind-Bindung basiert dann oft eine Unsicherheit in der Erziehung. Warum ist mein Kind gerade so nervig? Was hat es? Was kann ich von ihm schon erwarten? Warum hängt mein Kind so an mir? Warum macht es alles kaputt? Warum ist es so aggressiv? Ab wann braucht es wirklich andere Kinder als Spielkameraden? Was heißt „Bildung" in diesem Alter? Diese und weitere Fragen können Eltern, aber auch andere Erwachsene – so meine Beobachtung – nicht mehr sicher von innen heraus beantworten. Damit sind Fehldeutungen des kindlichen Verhaltens Tür und Tor geöffnet; wenn Eltern etwa sehen, dass ihr Einjähriges neugierig auf andere Kinder zustrebt, dann sehen sie sich darin bestätigt, es in die Krippe zu bringen. Leider wird verkannt, dass die Situation für das Kind komplett anders ist, wenn sie gehen, als wenn sie da sind, weil es dann keinen „sicheren Hafen" mehr hat.

Dabei wollen die meisten Eltern liebevoll sein: Das Stillen, also das Nicht-schreien-Lassen der kleinen Säuglinge steht heute höher im Kurs als noch vor 20 Jahren; auch Stillberatung wird stärker nachgefragt. Aber dieser gute Wille scheint nach einem Jahr oftmals wie abgeschnitten oder wird unterdrückt. Und viele Eltern geben auf Nachfrage auch zu, wie weh es ihnen tut, wenn sie gehen und die Kinder so schreien. Aber sie haben den Eindruck, sie müssten da einfach durch und hätten keine Wahl – weil sie das Geld brauchen, weil sie alleinerziehend sind, weil sie Druck vom Arbeitsamt bekommen usw. Außerdem machen es ja „alle" so. „Keiner" in ihrem Umfeld lebt anders mit seinen Kindern oder öffnet die Sicht darauf.

Manche Eltern können dieses gute Bindungsempfinden auch gar nicht recht entwickeln. Mangelnde emotionale „Polster", ein geschwächtes Nervenkostüm und Durchhaltevermögen führen schnell zur Überforderung. Hinzu kommt, wie Hans-Joachim Maaz schreibt, die Abwehr des eigenen inneren Mangelschmerzes[300]: Durch das eigene Kind kommt wieder hoch, was man als kleines Kind selbst als lieblos empfunden hat. Und das alles belastet die Beziehung zu den eigenen kleinen Kindern. Weitere Faktoren wie ungünstige Klinikbedingungen nach der Geburt, Druck aus dem unmittelbaren Umfeld, das Kind doch schon in eine Einrichtung zu geben, finanzielle Sorgen, die unsichere oder zerbrochene Beziehung des Elternpaares sowie die Tatsache, dass der Beruf für viele die einzige Quelle des Selbstwertes ist, verschärfen die Lage zusätzlich.[301] Und das trifft auf die Bedürfnisse der Kleinen, die dann nicht ausreichend befriedigt werden, wodurch bald zusätzlich Probleme auftreten können. *Wer nicht genug Liebe erfahren hat, hat es schwer, selbst zu lieben.* Und umgekehrt: Wer Liebe erfahren hat, ist eher bereit und von innen heraus in der Lage dazu, sich intensiv auf sein Kind einzulassen, länger bei ihm zu bleiben, später lieber in Teilzeit zu arbeiten und – um der Liebe willen – gegebenenfalls auch auf etwas zu verzichten.

Nach flächendeckender Einrichtungsbetreuung seit fast 60 Jahren – und davon immerhin fast 30 Jahre unter dem „Dach" der Bundesrepublik – haben wir in den neuen Bundesländern wohl kaum „blühende Landschaften" hinsichtlich der Sozialkompetenz und Bildung oder auch der Geburtenrate, die wir aber haben müssten, wenn wir den offiziellen Zielen für den Ausbau des Krippensystems in Westdeutschland Glauben schenken. Was wir sehr wohl haben, ist ein trauriges Gesamtbild. Dass Menschen inzwischen über Generationen hinweg an ihrer Unfähigkeit zu Beziehung, Glück und Liebe und an seelischen Problemen regelrecht kranken, erfahre ich in vielen Gesprächen. Wir haben einen Liebesnotstand, aber es gibt kaum eine Wahrnehmung seiner Ursachen. Um zu retten, was zu retten ist, wäre dringend eine Umkehr geboten. Die Empfehlung der Autoren der NICHD-Studie lautet aufgrund der Ergebnisse kurz gefasst denn auch: in die Eltern-Kind-Bindung *investieren*, die Qualität der Gruppenbetreuung *steigern*, aber diese gleichzeitig auch *reduzieren*.[302] Zum „Tag des Kindes" am 1. Juni 2018, als allerorten wieder nur der Mangel an Betreuungsplätzen in Blickpunkt stand, wurde von deutschen Experten eine Stellungnahme unter dem Titel „Kinder sind die Zukunft unserer Gesellschaft" veröffentlicht. Darin fordern sie wissenschaftlich fundiert, die frühe Bindung der Kinder zu ihren Eltern abzusichern – u. a. finanziell durch ein dreijähriges Grundgehalt – und Kinderkrippen „nur aus Not- und Ausnahmegründen" vorzuhalten, „mit optimalen Betreuungsmöglichkeiten durch einen hohen Personalschlüssel."[303]

Da fragt man sich doch: Warum betreibt unsere Familienpolitik das Gegenteil? Und wann investiert unser Staat endlich in die natürliche menschliche Bindung – in die Familie aus Vater, Mutter und Kind?

Wir haben erkannt, dass viele unserer Probleme durch die Lockerung der familiären Bindungen verursacht werden. (Michail Gorbatschow)

9. Geborgenheit von Anfang an

Wie könnten die gesellschaftlichen Rahmenbedingungen aussehen? Wenn, wie wir gesehen haben, die Trennung toxisch wirkt, also wie Gift, während die Nähe ein Kind aufblühen lässt – was wäre dann folgerichtiger als alles daranzusetzen, Bedingungen für sein Gedeihen, also für die familiäre Nähe zu schaffen? Das könnten aus meiner Sicht folgende sein:

- Eine finanzielle Absicherung der frühen Kindheit wäre zum einen durch *familiengerechte Steuern und Abgaben* und zum anderen durch ein *Elterngehalt für mindestens drei Jahre* (mit Rentenanspruch) für alle Eltern zu gewährleisten. In Schweden mit monatlich 330 Euro, Norwegen mit monatlich 600 Euro[304] und Finnland mit monatlich 336 Euro[305] gibt es so etwas schon. Die NICHD-Autoren empfehlen sogar eine finanziell unterstützte Erziehungszeit von fünf Jahren.[306] In Tschechien können die Eltern bis zu vier Jahre lang ihre Kinder selbst betreuen und bekommen in dieser Zeit einen Teil ihres vorherigen Gehalts weiter ausgezahlt.[307]

  Bekämen alle Eltern z. B. 1000–1500 Euro als Elterngehalt (so viel zahlt nämlich unser Staat im Monat für einen Krippenplatz[308]), dann könnte man von echter Wahlfreiheit sprechen. Im sogenannten Betreuungsurteil des Bundesverfassungsgerichtes von 1998 wurde entsprechend des Gleichbehandlungsgrundsatzes geurteilt, dass der Staat keine Betreuungsform finanziell bevorzugen dürfe, was aber derzeit sehr wohl der Fall ist. Gäbe es ein Elterngehalt, so könnten die Eltern tatsächlich wählen, ob sie ihr Kind selbst betreuen oder sich für das Geld Betreuung in einer Krippe oder bei einer Tagesmutter „einkaufen" wollen.

  Insgesamt entspräche das laut Umfragen dem mehrheitlichen Elternwillen.[309] Im Jahr 2005 befragte z. B. die Bosch-Stiftung Eltern nach ihren Wünschen zur Familienpolitik. Am wichtigsten war ihnen mehr Zeit für die Familie, und je mehr Kinder sie hatten, desto mehr finanzielle Hilfe forderten sie. Eine Betreuung außer Haus war ihnen nicht übermäßig wichtig.[310] Eine IPSOS-Meinungsumfrage von 2007 ergab, dass fast 70 % der Mütter ihr Kind zu Hause betreuen würden, wenn man ihnen monatlich 1000 Euro zahlte.[311] Selbst das im Vergleich dazu geringe und inzwischen wieder gekippte Betreuungsgeld erfreute sich laut tagesschau.de im April 2015 wachsender Beliebtheit und wurde von ca. 400.000 Eltern bezogen. Eine europaweite Umfrage im Jahr 2011 ergab, dass 61 % der Mütter am liebsten die ersten drei Jahre mit ihren Kindern zu Hause bleiben würden.[312] In Deutschland hat nur Bayern einen Schritt in die richtige Richtung gemacht: Es zahlt seit dem 1. September 2018 als Zusammenfassung des Betreuungs- und Landeserziehungsgeldes allen Eltern das Bayerische Familiengeld in Höhe von monatlich 250 Euro, ab dem dritten Kind 300 Euro.[313]

Ein Elterngehalt wäre *das* Signal dafür, dass die Arbeit in der und für die Familie als das angesehen werden wird, was sie ist: eine wichtige gesellschaftliche Arbeit, jeder anderen Arbeit ebenbürtig und gleichwertig.

- Es sollte uns darum gehen, Eltern für ihre Aufgabe zu ermutigen und zu begeistern, etwa in Elternkursangeboten, in denen Stillen und sichere Bindung behandelt werden und außerdem Feinfühligkeit[314] (nach Hans-Joachim Maaz) trainiert wird. Die Absicherung des Hebammenberufes gegenüber Versicherungsforderungen und die finanzielle Förderung der Stillberatung gehörten ebenso dazu wie die Umwandlung *aller* Geburtskliniken in „Babyfreundliche Krankenhäuser" nach WHO-Standard.
- *Familientherapeutische Angebote* sollte es dort geben, wo aufgrund von Kindheitsverletzungen und -defiziten der Eltern Probleme auftreten: nicht einfach die Kinder ohne Eltern in einer Kita fördern wollen, sondern die Eltern gemeinsam mit den Kindern begleiten, beispielsweise durch entsprechende tagesklinische oder stationäre Angebote.
- Mehr *praktische Familienhilfe* sollte es geben, um jungen Müttern in der Zeit nach der Geburt, bei Krankheiten und in anderen schwierigen Familiensituationen beizustehen. Auch dafür könnte das Elterngehalt zeitweise eingesetzt werden. Das wäre – nebenbei bemerkt – ein gutes Wirkungsfeld für Erzieherinnen, falls es irgendwann einmal wieder weniger Krippen geben sollte, aber auch für erfahrene Mütter, deren Kinder bereits groß sind.
- Der *Wiedereinstieg ins Erwerbsleben* nach einer längeren Familienphase sollte verbessert sowie mehr *Teilzeitarbeit* sowie *Heimarbeit* ermöglicht werden. Sollte es denn nicht möglich sein, einen Arbeitsplatz für drei Jahre verfügbar zu halten und in dieser Zeit jemanden befristet einzustellen oder bei längerem Ausscheiden einer jungen Mutter vielleicht einem älteren Arbeitslosen den beruflichen Wiedereinstieg zu ermöglichen?
- Die Berichterstattung der Medien sollte sich im Hinblick auf Stillen, Muttersein und frühe Familienbindung deutlich ändern: weg von Ignoranz und Herabsetzung des Mütterlichen, hin zu *Information* und *Würdigung*.

- Es wäre empfehlenswert, die gesellschaftliche Stellung der Ehe als verbindliche Gemeinschaft zwischen Mann und Frau und als Ort des Entstehens und Gedeihens von Kindern zu stärken: Dazu gehören eine Rückkehr zum Ehebegriff des Grundgesetzes, mehr Beratungsangebote bei und zur Vorbeugung von Beziehungskrisen sowie eine finanzielle Unterstützung der jungen Ehe. Eine Studie der amerikanischen Brookings Institution ergab, dass Ehen immer noch besser halten als unverbindliche Partnerschaften: Sie wertete Daten aus den USA und 16 europäischen Ländern aus und kam zu dem Ergebnis, dass die Gefahr einer Trennung der Eltern bei Kindern unverheirateter Paare doppelt so hoch ist wie bei verheirateten. Die Wahrscheinlichkeit, dass sich erstere bis zum 12. Lebensjahr ihrer Kinder trennen, ist um 90 % höher.[315]
- Die Großfamilie sollte gefördert werden, denn ihr Fehlen wird überall beklagt und wiederum als Argument für den Krippenausbau benutzt. Eine Möglichkeit, hier gegenzusteuern, wäre eine finanzielle Förderung des Baus oder Ausbaus von Privathäusern, wenn darin mehrere Generationen einer Familie unter ein Dach ziehen wollen.

Ich bin der festen Überzeugung, dass solche Maßnahmen nicht nur die seelische und körperliche Gesundheit in unserem Lande verbessern würden, sondern auch unsere Beziehungen zueinander, unsere Leistungskraft und nicht zuletzt auch die Lust darauf, Kinder zu haben. Da unsere Politik aber derzeit nichts davon tut, sind wir leider auf uns selbst gestellt, um gute Entscheidungen für unsere Kinder zu treffen. Was uns dabei außer diesem Wissen noch helfen kann, darauf werde ich noch zurückkommen.

Das Erste, das der Mensch im Leben vorfindet, das Letzte, wonach er die Hand ausstreckt, das Kostbarste, was er im Leben besitzt, ist die Familie.
(Alfred Kolping)

10. Bindungs-los – kinderfeindliche Tendenzen unserer Gesellschaft

Eine junge Mutter sagte einmal zu mir, als sie studierte und dann ihren ersten Job nach der Uni antrat, habe sie noch geglaubt, die Welt um sie herum sei halbwegs in Ordnung. Als sie jedoch ein Kind bekam, habe sie festgestellt, dass das keinesfalls so war. Sie habe nicht glauben können, wie schwierig es in unserer Gesellschaft, ja sogar im eigenen Umfeld sein konnte, einmal einfach nur Mutter zu sein.

Es ist tatsächlich nicht leicht, gegen den Strom zu schwimmen. Was jedoch kaum jemand bedenkt, ist der Umstand, dass es für die Familienfeindlichkeit ideologische Grundlagen und geistesgeschichtliche Traditionen gibt. Gleichzeitig haben wir seit der Industrialisierung eine Wirtschaft, die den Menschen als Arbeitskraft rücksichtslos vereinnahmen will. Die bäuerliche bzw. handwerkliche Lebensweise wurde zurückgedrängt, in der Wohn- und Arbeitsplatz noch eine Einheit bildeten und dadurch die familiäre Bindung noch einen selbstverständlichen kulturellen Rahmen hatte.[316] Familiäre Einheiten wurden räumlich immer weiter auseinandergerissen. Heute ist es bedeutender, „jemand zu sein", als zu jemandem zu gehören.[317] Man pocht darauf, sein eigenes Leben zu leben. Nicht mehr Bindung wird mit Freiheit und Glück verbunden, sondern Unabhängigkeit! In einer solchen Kultur, in einem solchen Klima, wird es immer schwerer, familiäre Gemeinschaft und insbesondere die frühe Bindung zu leben und (zumindest für sich selbst) gegen die gesellschaftliche Totalvereinnahmung zu verteidigen. Denn die Familie wird politisch und gesellschaftlich nicht mehr als Ganzes gesehen – man betrachtet die Menschen nur noch *einzeln*, *ohne* ihren familiären Kontext[318]: als Arbeitnehmer, als Schüler, als Kindergartenkinder usw. Das bedeutet: Sie werden nur bzw. vorwiegend in diesen außerfamiliären Zusammenhängen (finanziell) gefördert, und zwar bei genauem Hinsehen mit dem Ziel, die Unabhängigkeit und Loslösung von ihren familiären Zusammenhängen noch zu verstärken. Dieses Konzept nennt man *Defamilialisierung,* im Gegensatz zur *Familialisierung*. Der Politologe Stefan Fuchs weist in seinem Buch „Gesellschaft ohne Kinder"[319] nach, dass erstere nicht nur eine Folge der Industrialisierung in den westlichen Ländern ist, sondern durch Politik und Ideologie im Laufe der Zeit ganz bewusst betrieben wurde und wird – ein Prozess, der sowohl Folge als auch Ausdruck eines immer hemmungsloseren Individualismus ist.[320] Dazu einige vielsagende Zitate:

Im Jahr 2007 schrieb man mir aus dem Familienministerium: „Gerade junge Frauen wollen heute ganz selbstverständlich, was für Männer schon immer möglich war, nämlich ihre berufliche Qualifikation nutzen, finanziell unabhängig bleiben und trotzdem nicht auf Familie verzichten [...]. Kindertagesstätten bieten ein komplementäres – und bei problembelasteten Familien ein kompensatorisches – Angebot zur Erziehung und Bildung in der Familie." Dementsprechend wurde 2007 das Kinderförderungsgesetz mit dem Rechtsanspruch auf einen Krippenplatz ab der Einjährigkeit mit Wirkung ab 2013 verabschiedet. Eine entsprechende Propaganda in allen Medien sorgt seitdem dafür, dass man gar nichts anderes mehr denken kann. Heute stellt das Familienministerium 100 Millionen Euro *pro Jahr* für den weiteren Ausbau des Betreuungssystems bereit, wie der Mitteldeutsche Rundfunk am 4. Dezember 2014 meldete. Die 24-Stunden-Kita wurde bereits in Aussicht gestellt. Geld spielt keine Rolle für die neue, „moderne" Familienpolitik. Familienpolitik ist Einrichtungspolitik geworden.

Im Vergleich dazu ein Passus aus einer DDR-Säuglingsfibel von 1972: „Für die volle Durchsetzung der Gleichberechtigung der Frau haben unsere Kindereinrichtungen einen wesentlichen Beitrag zu liefern, weil sie der Mutter weitgehend die Ausübung ihres Berufes, ihre berufliche und kulturelle Qualifizierung und ihre Teilnahme am gesellschaftlichen Leben ermöglichen. Die Tages- und Wochenkrippen für Kinder der ersten drei Lebensjahre dienen nicht allein der Entlastung unserer Mütter, sondern stellen eine wertvolle und wirksame Ergänzung der Familienerziehung dar."[321]

Das war Marxismus pur. Karl Marx und Friedrich Engels schrieben bereits 1848 im „Manifest der Kommunistischen Partei" zur Errichtung der „Diktatur des Proletariats": „Aufhebung der Familie! [...] Aber sagt Ihr, wir heben die trautesten Verhältnisse auf, indem wir an die Stelle der *häuslichen* Erziehung die *gesellschaftliche* setzen."[322] (Hervorh. d. V.) Das 19. Jahrhundert, in dem das geschrieben wurde, ist übrigens genau die Zeit, in welcher das sogenannte *traditionelle*, bürgerliche Familienmodell und die *überkommene Mutterrolle* heute als nicht mehr zeitgemäß verortet werden. Aber wieso gelten dann Marx'sche Betreuungsideen für uns als zeitgemäß?

Nicht nur im Sozialismus, sondern auch im National-Sozialismus griff „Vater" Staat nach den Kindern. In dieser finsteren Zeit wurde zwar die Geburtenrate per Mutterkreuz gefördert, aber eine liebevolle Mutter-Kind-Bindung durch Härte bereits dem kleinsten Baby gegenüber unterdrückt.[323] Nichts steht der Errichtung und dem Erhalt eines totalitären Systems mehr im Wege als eine sichere Bindung zwischen Eltern und Kindern. Sie muss untergraben werden, wenn man massenhaft seelisch instabile, leicht zu manipulierende Menschen heranziehen will, die nichts hinterfragen und möglicherweise zu allem fähig sind.

Dass unsere jetzige Familienpolitik Anleihen bei totalitären Ideologien nimmt – auf die Idee darf man heute offiziell nicht kommen. Als eigentliches familienpolitisches Paradies gelten unseren Familienpolitikern seit den 2000er-Jahren die skandinavischen Länder, allen voran Schweden.[324] Dessen Familienpolitik fußt auf den Vorstellungen des sogenannten Schwedischen Wohlfahrtsstaatmodells: Schon in den 1930er-Jahren analysierte dessen Vordenkerin Alva Myrdal, „dass Kleinkinder ‚nicht in die modernen Industriegesellschaften passen', auch weil sie die Ehen mit Konflikten belasteten und die Mütter um ‚ihr Recht auf Erwerbstätigkeit' brächten. […] Myrdal sah es deshalb als Aufgabe des Staates an, die Eltern von der Bürde ihrer Kinder möglichst zu befreien, z. B. in Krippen. Umgekehrt seien auch die Eltern ein Problem für die Kinder, […] schließlich sei die Erziehung in Familien ‚durch emotionale Faktoren kontaminiert'. […] In der Kinderkrippe finde dagegen eine demokratische Erziehung statt: ‚durch den unpersönlichen Charakter allgemeiner Regeln'. Myrdal strebte mit ihrem Erziehungsmodell Kinder an, die […] ‚sich geschmeidig und ohne pochenden Egoismus, aber doch mit Selbstvertrauen in das Arbeits- und Gesellschaftsleben einfügen', […] ‚ohne verzehrende Konflikte von innen heraus.'"[325] Innerhalb der Kindergruppen setzte sie auf soziale Missbilligung als Erziehungsmethode. „So wachse ein ‚ganzes System sozialer Tabus heran, dem sich die Kinder als einer selbstverständlichen Sache unterwerfen.' […] [Die] Eltern [hätte sie] am liebsten ganz aus dem Leben der Kinder gestrichen, […] damit ‚eine psychisch wie physisch gesunde neue Generation' heranwächst." So Rainer Stadler in seinem Buch „Vater, Mutter, Staat".[326] Taugt das wirklich als Vorbild? Wo ist das kinderfreundliche Schweden des Michel aus Lönneberga?

Es ist geradezu tragisch, dass es in unserer Zeit einerseits immer mehr wissenschaftliche Fakten zur Bedeutung von Bindung gibt, unsere Politik und Öffentlichkeit diese jedoch andererseits umso mehr „vom Tisch wischen". Eine federführende Rolle spielen dabei die Profitinteressen des Großkapitals. Es geht um die Gewinnmaximierung und den Ausgleich des „Fachkräftemangels". Junge Mütter sollen sich bloß nicht zu lange bei ihren Kindern aufhalten. (Gleichzeitig kann der Preis für die Arbeit umso besser gedrückt werden, je mehr Leute Arbeit suchen. Das ist besonders dann der Fall, wenn auch Frauen zunehmend auf den Arbeitsmarkt drängen.) Im „Familienreport" von 2009 steht ganz unverblümt: Eine „nachhaltige Familienpolitik wirft eine positive, zum Teil beträchtliche Rendite ab"; „[…] es geht nicht mehr darum, mit einer familienfreundlichen Politik etwas Gutes tun zu wollen. Längstens ist Familienpolitik unverzichtbarer Bestandteil einer guten Wirtschaftspolitik."[327] So Thomas Straubhaar, Direktor des Wirtschaftsforschungsinstituts Hamburg. Bert Rürup wird dort wie folgt zitiert: „Wenige Kinder und eine geringere Erwerbsbeteiligung der Frauen vergrößern die volkswirtschaftlichen Probleme, die das Älterwerden unserer Gesellschaft mit sich bringt."[328]

Der „Familienreport" von 2017 führt das genauso weiter. Er wurde bezeichnenderweise unter Federführung des Wirtschaftsinstituts Prognos AG erstellt. Darin wird gefordert, der „demografischen Schrumpfung der Erwerbsbevölkerung" mit einer noch höheren Erwerbsbeteiligung der Eltern – besonders der Mütter – zu begegnen.[329] Deutlicher kann man nicht ausdrücken, wie sehr man die Frauen benutzen und ausbeuten will: als zusätzliche Fachkräfte, Steuerzahlerinnen für das Staatssäckel, Einzahlerinnen für die klammen Rentenkassen und ganz nebenbei auch noch zum Kinderkriegen. Die schönen Begriffe „Gleichstellung", „Selbstbestimmung" und „Vereinbarkeit von Beruf und Familie" liefert die linke Gender-Ideologie wohlfeil dazu. Kapitalismus und Sozialismus Hand in Hand?

Was es mit „Gender" auf sich hat, wissen viele noch immer nicht, weil wir als Wahlvolk nie darüber informiert wurden oder darüber bestimmen konnten, ob wir das überhaupt wollen. Dennoch ist „Gender"* seit 1999 deutsche Regierungsleitlinie.[330] Es bezeichnet das sogenannte soziale Geschlecht im Gegensatz zum biologischen und beruht als Ideologie auf dem Feminismus. Per Definition darf unser biologisches Geschlecht seither keine Rolle mehr spielen; die Geschlechtsunterschiede von Mann und Frau sollen ausschließlich kulturell geprägt sein. Wer bzw. was man sei, müsse man frei wählen dürfen.[331] Da darf es uns nicht verwundern, dass man nicht mehr von Vater und Mutter, geschweige denn von Mütterlichkeit und Väterlichkeit reden darf, weil man dadurch angeblich sexistische Rollenklischees zementiere.[332] Unter diesen Umständen hat die Familie von Vater, Mutter und Kind politisch schlechte Karten: Ihre Exklusivbedeutung wird geleugnet. Die Gender-Ideologie will die sogenannte Heteronormativität bzw. Heterosexualität „überwinden": „Vom ersten Bilderbuch an bis zum Abitur soll die Vorstellung von Vater/Mutter/Kind entnormalisiert werden".[333] Das ist die Vorstellung hinter den neuen „Bildungsplänen" der Bundesländer, basierend auf der sogenannten Sexualpädagogik der Vielfalt, wie sie der Soziologe Martin Voigt in seinem Artikel „Aufklärung oder Anleitung zum Sex?" beschreibt.[334] Ein erschreckendes Beispiel lieferte der Berliner Senat mit seiner Broschüre „Murat spielt Prinzessin, Alex hat zwei Mütter und Sophie heißt jetzt Ben" für Ein- bis Sechsjährige. Möglichst früh sollen Kinder dazu verführt werden, ihre sexuelle Identität als männlich oder weiblich in Zweifel zu ziehen und sich möglicherweise als transsexuell bzw. -gender zu bezeichnen: „[…] auch wenn das Kind [das] erst einmal vor Schreck vehement abwehrt, hat es ein Signal bekommen, dass ein solches Empfinden denkbar, sprechbar sein könnte."[335]

Folgender Fakt wird dabei vollkommen ausgeblendet: Die Identifizierung der Kinder mit ihrem Geschlecht erfolgt erst ab etwa dem fünften Lebensjahr.[336] Vorher ist es völlig normal und nicht etwa ein Zeichen von Transsexualität[337], wenn ein Drei- oder Vierjähriger möglicherweise sagt:

„Wenn ich groß bin und eine Mama werde, dann stille ich mein Kind auch." Wenn man das bedenkt, kann man das Ausmaß solcher Übergriffe und ihre möglichen Folgen für die Kinder erahnen. Dass sie dadurch seelisch vollkommen überfordert, desorientiert und zwangsläufig frühsexualisiert werden, was schon alleine durch die Verletzung der kindlichen Scham schwere seelische Schäden nach sich ziehen kann, wird nicht nur billigend in Kauf genommen, sondern ist – wenn man die Aussagen der ideologischen Vordenker betrachtet – ausdrücklich gewollt.[338] (vgl. „Sexualpädagogik der Vielfalt" im Glossar) Die Empfehlungen der Bundeszentrale für gesundheitliche Aufklärung für Kinder von null bis 15 Jahren (vgl. Glossar) bestätigen das. Sexueller Missbrauch wird in einem bisher unvorstellbaren Maße um sich greifen. Wie für die Durchsetzung der Gender-Pädagogik die im Grundgesetz festgeschriebenen Elternrechte ausgehebelt werden, kann man ebenfalls in der Berliner Broschüre erfahren: „Wenn Eltern [...] sich über das nicht geschlechtsrollenkonforme Verhalten eines Kindes ablehnend, negierend, korrigieren wollend oder restriktiv verhalten und dazu keine Gesprächsbereitschaft zeigen, sollte die Situation auch unter dem Blickwinkel einer *möglichen Kindeswohlgefährdung* betrachtet werden."[339] (Hervorh. d. A) Nicht umsonst gab es Elternproteste, etwa die „Demo für alle", die in vielen europäischen Großstädten stattfand.

Um den neuen Gender-Menschen heranzuziehen, muss man die Kinder in die Hand bekommen. Man braucht „die Lufthoheit über [den] Kinderbetten", wie es der führende SPD-Funktionär Olaf Scholz 2002 in diesem Zusammenhang ausdrückte[340]. Die Familienministerin Franziska Giffey (SPD) legte im März 2018 nach. Auf ihrer Homepage war zu lesen: „Wir brauchen eine Kindergartenpflicht ab dem dritten Lebensjahr, wenn möglich noch davor." Und dafür wollen diese Politiker auch noch „Kinderrechte" ins Grundgesetz bringen, obwohl der Schutz von Kindern darin bereits rechtlich gesichert ist. Wenn dann der Staat beispielsweise sagt, Kinder hätten ein Recht auf Bildung, aber gleichzeitig definiert, dass diese nur in solchen Einrichtungen stattfinden könne, dann ist es nur noch reine Formsache, eine Kita-Pflicht einzuführen! Nicht nur haben die Kinder dann kein Recht mehr auf ihre Eltern, sondern auch umgekehrt: Artikel 6 des Grundgesetzes, wonach die Eltern das Recht und die Pflicht zur Erziehung haben, wird zur Makulatur. Sollten da nicht alle Alarmglocken läuten? Eine Kita-Pflicht gab es nicht einmal in der DDR-Diktatur!

Die Ganztagsbetreuung ist ein Produkt des Schulterschlusses von Wirtschaft, Ideologie und Staat. Die Mehrheit der Eltern, insbesondere die Mütter, würden gern länger bei ihren Kindern bleiben. Alles, was sie (finanziell) in die Lage dazu versetzen könnte, wird von unserer gender- und profitgetriebenen Politik als „Fehlanreiz" verworfen – oder drastisch gekürzt, wie etwa ab 2007 das Elterngeld.

Trotz der wissenschaftlich nachgewiesenen Risiken werden uns Krippen als alternativloser Heilsweg zur Lösung aller sozialen Probleme präsentiert. Die Ganztagsbetreuung sei das Beste: für Kinder wegen der „Bildung" und für Eltern wegen der Ermöglichung voller Erwerbstätigkeit beider Elternteile, weil ein Gehalt heute nicht mehr ausreicht. Ein Vater von fünf Kindern brachte die hinterhältige Art der Argumentation so auf den Punkt: „Erst zieht die Politik uns über hohe Steuern und Abgaben das Geld aus der Tasche, und dann sagt sie uns: ‚Wenn ihr euer Geld wiederhaben wollt, dann bekommt ihr es nur, wenn ihr euer Kind in die Krippe bringt. Sonst nicht. Die Staatssubventionen, die dafür gebraucht werden, bezahlen wir mit euren Steuern. Und eure Kinder werden *wir* bilden – mit unseren Zielen.'"

So stellt sich diese Politik offen gegen die Belange und Interessen von Familien und betreibt damit ihren Niedergang, denn sie raubt der Familie das wichtigste Gut, das sie braucht, um zu funktionieren: Zeit! Jedes Miteinander, jede Beziehungspflege braucht Zeit, und zwar nicht nur eine sogenannte Qualitätszeit als Exklusivtermin im Kalender, sondern die selbstverständliche, alltägliche Zeit des Miteinander-Redens, -Tuns und -Lassens. Familienleben heißt Zusammensein, nicht Getrenntsein. Wenn das nicht mehr möglich ist, büßen Eltern das im Grundgesetz verbriefte Recht ein, ihre Kinder selbst zu erziehen, die Einflüsse und Erziehungsinhalte zu prüfen und sie gegebenenfalls davor zu schützen – weil sie zu wenig anwesend sein können. Aber nicht nur das: Sie büßen die Fähigkeit zur Erziehung ein, genauso wie ihre Kinder die Fähigkeit zur Beziehung. Gleichzeitig haben in der Zeit, in der die Eltern nicht anwesend sind, andere im Auftrag des Staates alle Macht über die Kinder.

Welch gänzlich andere Absicht steht hinter folgendem Zitat: „Die Mütter und Väter, die sich aus erzieherischer Verantwortung überwiegend ihren Kindern widmen, ggf. unter Verzicht auf die Ausübung ihres Berufes, leisten eine Arbeit von größter gesellschaftlicher Bedeutung [...]. Wir fordern deshalb, dass die Arbeit in Haushalt und Erziehung für die Frau oder den Mann als voll entlohnter Beruf mit Rentenanspruch anerkannt wird."[341]

Dem ist nichts hinzuzufügen. Diese Sätze schrieben einmal – man glaubt es kaum – die Grünen in ihrem Grundsatzpapier von 1980. Heute wird das „Ökosystem" Familie von ihnen als reaktionär bekämpft.

Die Seele eines Kindes ist heilig, und was vor sie gebracht wird, muss wenigstens den Wert der Reinheit haben. (Johann Gottfried Herder)

11. Wie kann ich den Alltag mit kleinen Kindern bewältigen?

Ein Kind großzuziehen, ist ein Großprojekt. Wenn uns das gelingen soll, brauchen wir Bindung, wie wir gesehen haben. Wie wir auch gesehen haben, werden wir von unserer Gesellschaft nicht etwa darin unterstützt, sondern es werden uns noch zusätzliche Steine in den Weg gelegt: Wir befinden uns in einer Eiszeit für die Mutter-Kind-Bindung und die Familie. Wenn ich mich entscheide oder entscheiden will, mein kleines Kind selbst zu betreuen, muss ich mit Schwierigkeiten rechnen und kann gehörig unter Druck geraten. Die folgenden Tipps sollen helfen, diese Entscheidung dennoch zu treffen.

Bemerkungen, die die mütterliche Empathie betreffen und uns verunsichern oder gar herabwürdigen, können sehr verletzen, besonders aus dem Familien- oder Freundeskreis. So mancher Milchstau oder stressbedingtes Versiegen der Muttermilch ist darauf zurückzuführen. Deshalb ist es wichtig, dass wir versuchen, uns davon bewusst innerlich abzugrenzen.

Ähnlich ist es mit Äußerungen in den Medien, die das Muttersein mit Geringschätzung bedenken. Die sollte man ignorieren, zumindest dann, wenn man schon angeschlagen ist oder dazu neigt, sich von so etwas „herunterziehen" zu lassen.

Es ist gleichfalls hilfreich, Fakten und Argumente zu sammeln, um sich selbst das Rückgrat zu stärken und auf solche Bemerkungen sachlich, aber bestimmt reagieren zu können. (Bei mir hat das letztlich zum Schreiben von Büchern geführt.)

Natürlich muss auch die finanzielle Lage der Familie überdacht werden: Können wir uns das leisten?

Ich erinnere mich zum Beispiel an eine junge Mutter, die durchgerechnet hatte, dass sie nach Abzug der Kita-Gebühren, der zusätzlichen Benzin- bzw. Fahrtkosten und der Mehrkosten für Kleidung von ihrem geringen Monatslohn gerade einmal zehn Euro übrig hatte. Das bestärkte sie darin, um diesen Preis doch auf keinen Fall ihr Kind wegzubringen.

Wir sollten uns auf jeden Fall die Frage stellen (und durchrechnen): Was brauchen wir wirklich und worauf können wir eventuell – vorerst – verzichten? Und wie wäre es, wenn man zum Beispiel die eigenen Eltern oder Großeltern, eventuell auch gute Freunde, um finanzielle Unterstützung bitten würde? Man könnte etwa einen bestimmten monatlichen Betrag festlegen, der zu gegebener Zeit zurückerstattet wird.

Eine andere familiäre Unterstützung bekam eine junge Mutter noch zu DDR-Zeiten. Da ihr Mann sich von ihr getrennt hatte, nahm sie das Angebot ihrer Eltern an, wieder in ihr Kinderzimmer in der elterlichen Neubauwohnung einzuziehen, um das kleine Kind nicht in die Krippe bringen zu müssen. Rückblickend sagte sie mir: Auch wenn sie selbst dadurch kaum Geld gehabt habe, die Eltern sie mitversorgt hätten und die Wohnverhältnisse beengt gewesen seien, sei diese Zeit für sie alle zum Segen geworden.

Auch die Möglichkeiten der Sozialhilfe sollte man ruhig ausschöpfen, denn noch haben wir offiziell das Recht auf eine *dreijährige Erziehungszeit*. Eine Frau aus Westdeutschland erzählte mir in diesem Zusammenhang, sie sei alleinerziehend gewesen und zu stolz, um aufs Sozialamt zu gehen: „So habe ich mein Kind zur Tagesmutter gegeben und bin arbeiten gegangen. Wie blöd war ich eigentlich! Ich hatte damals noch nicht das Selbstbewusstsein, dass ich zu Hause nicht ‚auf der faulen Haut liege', wenn ich mein Kind betreue, sondern dass das Arbeit ist."

Deshalb ist es wichtig, *Selbstbewusstsein* einzuüben: Als Vollzeit-Mütter sind wir freischaffend und leisten eine wertvolle Handarbeit an einem kostbaren Gut. Durch die hautnahe Bindung erlangen wir eine Höchstkompetenz genau für dieses, unser jeweils ganz individuelles Kind. Uns stünden also ein hoher Lohn und höchste Anerkennung zu. Wir bekommen allerdings nicht, was wir verdienen. Und das drückt auf das Wertgefühl vieler Frauen. Sie sind in den Augen unserer Gesellschaft nichts wert – sie arbeiten (angeblich) nicht, und deshalb werden sie auch nicht dafür entlohnt, z. B. durch ein Elterngehalt. Es ist ein katastrophaler Missstand, dass immer mehr Elternpaare finanziell dazu gezwungen sind, beide arbeiten zu gehen. Gleichzeitig wird den Müttern überall suggeriert, sie seien entweder zu dumm, ihre Kinder zu erziehen, oder zu schlau, um ihre Zeit mit den Kleinen zu vertun, weil sie zu etwas „Höherem" berufen seien.

Daher war es für mich emotional überlebenswichtig, mich von der Sicht anderer und unserer Gesellschaft auf mich *freizumachen*. Meine Würde – mein Wert – hängt nicht davon ab, wie andere mich sehen, sondern ich bin wertvoll, weil ich als Mensch einmalig, einzigartig und kostbar bin. Wenn ich jedoch innerlich davon abhängig bin, wie andere mich sehen, dann gewinnt diese Perspektive Macht über mich. Eine Frau erzählte mir einmal, Verwandte und Freunde hätten bei jeder Gelegenheit gestichelt, dass sie „versauere", und gefragt, wie lange sie sich noch von ihrem Mann „aushalten lassen wolle". Das habe sie nicht mehr ausgehalten und dann doch ihr Kind bald in die Krippe gebracht, eigentlich gegen ihr Gefühl. Ich habe jedoch auch Frauen erlebt, die tapfer durchgehalten haben. Meist hatten sie einen guten Ehemann hinter sich. (siehe Kap. 6) Aber auch eine gute Freundin, Gleichgesinnte in einer Stillgruppe, ein guter Freundeskreis, eine christliche Gemeinde oder die heutigen Möglichkeiten des Internets können ebenso immer wieder aufhelfen, ermutigen und unterstützen, beispielsweise die Seiten berufungmami.de, nestbau-familie.de oder fuerkinder.org.

Dieselben Leute, die sich herausnehmen, die Mütterlichkeit in uns zu attackieren, werden nicht da sein, wenn wir später Tränen vergießen, weil unser Kind ernsthafte Probleme macht. Die Mütter sind meiner Erfahrung nach diejenigen, die am meisten darunter leiden.

Für manche Frauen steht auch die Sorge im Raum, beruflich „den Anschluss zu verlieren" beziehungsweise fachlich „nicht wieder reinzukommen", wenn sie nicht schnell wieder arbeiten gingen. Dieses Risiko besteht sicherlich. Aber ist es nicht auch so, dass im „Zeitalter der befristeten Jobs" sowieso immer wieder eine berufliche Neuorientierung bis hinein in gegebenenfalls völlig andere Berufsfelder ansteht? Einen kontinuierlichen Karriereaufstieg können die Wenigsten vorweisen. Die Arbeit als solche hat daher heute ihren vielfach überhöhten sinnstiftenden Wert eigentlich verloren. Als Mutter hingegen bin ich für mein Kind unersetzlich, während ich überall sonst ersetzlich und austauschbar bin. Und wiegt nicht das Risiko für das ganze weitere Leben der Kinder, wenn ich sie zu früh aus der Hand gebe, schwerer?

Außerdem gibt uns niemand die Zeit zurück, die wir nicht mit unseren Kindern verbringen. Niemand hat so viel Freude wie wir an jeder neuen Regung und daran, was die Kleinen alles entdecken. Und niemand hat eine so feine Antenne dafür: Wie süß sind die Babyspeckröllchen und die wippenden Löckchen, wie herrlich ihr strahlendes Lächeln bei den ersten Trippelschrittchen ohne Hilfe! Wenn unser Umfeld sieht, dass wir uns auf unserem Weg, die Kleinen selbst zu betreuen, nicht beirren lassen, dann hört das Gerede auch irgendwann auf. Deshalb empfehle ich: Gelassenheit einüben und die Kinder genießen!

Nun läuft ja im Leben nicht immer alles so, wie man möchte. Was also tun, wenn ich als Mutter trotz allem früher wieder arbeiten gehen muss bzw. will, aus welchem Grund auch immer? Dann sollte ich überlegen, wie das Kind so schonend – das heißt: so bindungsnah und familiär – wie möglich betreut werden kann. Wenn die Mama gehen muss, wäre es am besten, wenn der Papa da sein und die Betreuung übernehmen könnte. Sollte das nicht möglich sein, wäre für das Kind eine liebe Oma oder jemand anderes aus der Verwandtschaft gut, den es kennt und der ins Haus kommt. Gibt es da niemanden, kommt vielleicht jemand aus dem nahen Freundeskreis der Familie infrage. Ist auch das nicht möglich, sollte man eine gute, einfühlsame Tagesmutter erwägen, die nur wenige Kinder betreut. Die für das Kind ungünstigste Variante ist eine Einrichtungsbetreuung, aus den bereits thematisierten Gründen. Deshalb sollte sie so kurz wie möglich ausfallen, so spät wie möglich einsetzen und nur als letztes Mittel erwogen werden.

Wenn ich den Alltag mit kleinen Kindern gut bewältigen möchte, dann brauche ich – eben, weil es ebenfalls harte Arbeit ist – so etwas wie ein Rüstzeug, welches mir das erleichtert. Dazu einige Tipps:

Bindung leben und zulassen!

Die Bindung arbeitet mir sozusagen zu: Je mehr ich die Grundbedürfnisse des Kleinen gleich nach der Geburt stille, desto rascher kehrt wieder Normalität in den Familienalltag ein. Je mehr Hautnähe ich zulasse, desto ausgeglichener wird mein Kind – bei manchen dauert es etwas länger, z. B. bei Kolikkindern. Und weiter: Die Hautnähe schenkt auch mir Ausgeglichenheit. Mein Kind und ich schwimmen im Oxytocin-Glück. Je mehr Nähe ich lebe, desto besser kann ich mein Kind „lesen" und verstehen. Wir bekommen den Bindungsbonus für die Erziehung. (siehe Kap. 2)

Essen, Trinken, Schlafen nicht vergessen!

Mütter sind oft so auf ihre Kinder fixiert, was ja wichtig ist, dass sie sich manchmal selbst vergessen – gerade zu Beginn, ehe sich alles ein wenig eingespielt hat. Da kann es schon einmal passieren, dass man keine Zeit hatte, sich etwas zu kochen, und schnell eine Tütensuppe her muss. Als Ausnahmefall macht das nichts. Auf Dauer jedoch führt das zu Mangelernährung – Vitamine, Mineralstoffe und Kalorien fehlen, und das, obwohl unser Körper Höchstleistungen erbringen will. Deshalb lieber ein Stück Vollkornbrot, Käse und Obst oder Müsli essen, was wesentlich nahrhafter ist.

Trinken müssen wir unbedingt, etwa zwei Liter am Tag und je nach Durstgefühl. Wenn man sich z. B. beim Stillen jedes Mal einen großen Becher Wasser hinstellt, hat man ihn gleich griffbereit und vergisst nicht, selbst zu trinken.

Wer sich nach längerer Stillzeit oder Krankheit schlapp und ausgelaugt fühlt, dem empfehle ich den „Kräftigungscocktail für erschöpfte Mütter"[342] (siehe Kasten auf der Folgeseite) oder auch Elektrolytpräparate aus der Apotheke, denn es könnte z. B. ein Mineralstoffmangel vorliegen. Dieser Cocktail hat mir mehrfach wirklich wieder auf die Beine geholfen.

Meist leiden wir unter Schlafmangel: Das Schlafen im Familienbett hilft *lang*fristig dagegen. Denken wir an die Schlafmuster, die sich aufeinander einstellen. *Kurz*fristig hilft ein Nickerchen mit Kind beim Stillen. Wenn das nicht möglich ist oder nicht ausreicht, dann ist es wichtig, sich Hilfe zu suchen und anzunehmen: den Papa, die Oma, den Opa oder eine Freundin bitten, mal mit dem Kleinen zum Beispiel spazieren zu gehen. Und dann hinlegen, ggf. vorher ein warmes Getränk zu sich nehmen und ein warmes Kirschkernkissen an die Füße, zur Entspannung! Es gibt einfach Situatio-

> *Kräftigungscocktail für erschöpfte Mütter und für Mütter, die an Gewicht verlieren bzw. deren Kinder nicht recht zunehmen wollen:*
>
> 3 EL Hefeflocken
> 1 EL Mineralstoffe (Pulver aus der Dose)
> 1 EL Weizenkeime
> 1 EL Pflanzenöl (kaltgepresst)
> ¼ Becher Joghurt (500 g)
> Saft einer frischgepressten Zitrone
> 1 EL granuliertes Lecithin
> (ev. noch 1–2 EL Sojamehl, 1 Eigelb, 1 EL Nussmus)
>
> Mit Milch (oder bei Allergien in der Familie andere Flüssigkeit) auf ½ l auffüllen und gut mixen. Ergibt 2 Portionen. Man kann auch gleich die doppelte Menge herstellen und für den nächsten Tag in den Kühlschrank stellen. In kleinen Mengen über den Tag verteilt trinken! Mixtur kann auch mit Fruchtsäften, stillem Mineralwasser usw. verdünnt werden.
> Wohl bekomm's!

nen, in denen vor Müdigkeit und Erschöpfung absolut nichts mehr geht. Ein halbes Stündchen Schlaf kann da schon Wunder wirken!

Prioritäten setzen!

Als Mama hat man viel zu tun, und gerade mit einem kleinen Kind kann man seine Zeit nicht mehr so straff und effizient einteilen, wie man es vielleicht vorher gewohnt war. Mir hat es sehr geholfen, das Wesentliche vom Unwesentlichen zu trennen, das richtig einzuüben und morgens z. B. zu überlegen: Was ist heute dran, was ist dringend oder das Dringendste? Was kann ich weglassen oder verschieben?[343] Je mehr auf mich einstürmte, je erschöpfter ich war, wenn ich merkte: das Jüngste hat gerade einen Wachstumsschub und muss mehr gestillt werden, oder wenn ich sowieso schon nicht wusste, wo mir der Kopf stand, desto mehr habe ich so gedacht. Fensterputzen, die Frühlingsdeko, auch mal eine Kontrolluntersuchung: All das kann man verschieben. Auch wenn ein größeres Kind einmal nicht zum Kindergarten oder Sport gebracht wird, nimmt es in seiner Entwicklung langfristig keinen Schaden. Oder man sagt auch mal den Besuch der Freundin ab – nicht weil man sie nicht mag, sondern weil man vielleicht schon am Limit kratzt. Ich weiß, dass das in unseren „leistungsbetonten" Ohren ketzerisch klingt. Aber ich habe sehr den Eindruck, dass wir uns hineintreiben lassen in Dinge und Strukturen, von denen wir denken, dass sie sein müssten. Wir glauben etwa, dass unsere (älteren) Kinder unbedingt jeden Tag in den Kindergarten müssten und sehr jung schon Klavierunterricht oder Sport bräuchten, spätestens ab der ersten Klasse. Uns wird suggeriert, dass diese Förderung so umfassend und so früh wie möglich nötig sei. Ich habe die Überbetonung dieser Dinge zunehmend hinterfragt und nicht nur mir, sondern auch meinen Kindern Ruhe, zweckfreie Zeit und tatsächlichen Freiraum gegönnt – sie haben die Musikschule oder den Sportverein erst ab etwa der dritten Klasse besucht bzw. dann, wenn sie wirklich Lust darauf hatten und es von sich aus wollten. Frühe Bildungsaktivitäten bringen unnützen Stress und schaden deshalb oft mehr, als sie nützen. Und die Schule frisst sowieso immer mehr von der Zeit unserer Kinder auf. Was für unsere Kinder langfristig wirklich eine Rolle spielt, ist: Gab es eine glückliche Stillbeziehung, als sie klein waren? Hatten wir eine warme, herzliche Familienatmosphäre? Gab es einen selbstverständlichen Familienalltag mit viel Gemeinschaft und zweckfreien Mußezeiten für die Kinder? Hatten sie die Chance, sie selbst zu werden und zu sein? Denn das baut sie wirklich auf – erst ihr Gemüt und dann, als schönen Nebeneffekt, ihre Bildung.

Wenn wir in unserem Alltag Prioritäten setzen wollen, dann hilft auch die Frage: Was zählt in zehn oder 20 Jahren noch? Und tatsächlich: Meine ungeputzten Fenster von vor 20 Jahren interessieren heute niemanden mehr. Weniger ist wirklich oft mehr.

Von Tag zu Tag denken!

Ein solches Denken bewährt sich in Krisenzeiten des Lebens, mit und ohne Baby.

Als ich zum Beispiel ein Kolik-Baby hatte, da merkte ich, wie gefährlich es ist, wenn man denkt: „Was soll nur werden, wenn das so weitergeht? Wie soll ich das nur aushalten?" Solche Fragen rauben uns die Zuversicht und die notwendige Kraft zum Durchhalten. Wie ein Berg steht das vor uns, was wir irgendwie durchstehen müssen. Und je mehr wir diesen Berg anstarren, umso bedrohlicher wird er. Deshalb müssen wir ihn in kleine Tagesportionen aufteilen, etwa nach dem Motto: Heute ist heute und ich denke nicht weiter. Alle heutigen Schwierigkeiten schließe ich am Abend ab und beginne den nächsten Morgen neu, wiederum nur für diesen einen Tag.

Alles hat seine Zeit!

Es ist eine alte Weisheit: „Alles im Leben hat seine Zeit."[344] Und oft ist es so, dass wir für die Bewältigung dessen, was gerade in unserem Leben akut ist, etwas anderes einschränken oder ausklammern müssen: entweder ein Baby zu stillen und zu hüten *oder* abends wieder weggehen zu können. Oder: entweder kleine Kinder *oder* einen perfekten Haushalt zu haben *oder* eben auch wieder berufstätig sein zu können, ohne dass die Kleinen schreien und Stress haben, weil wir weggehen. Eine der schlimmsten Lebenslügen unserer Zeit ist, dass wir alles jetzt und sofort, also alles gleichzeitig haben und tun dürfen – aber eigentlich sollen und müssen –, wenn wir jemand sein wollen. Die Formulierung „Vereinbarung von Beruf und Familie" spricht hier Bände. Wenn wir o. g. Grundsatz missachten, laufen wir Gefahr, vieles nur halb(-herzig) und weniger gut zu erledigen oder/und uns nervlich völlig fertigzumachen.

Hausarbeit mit kleinen Kindern einüben!

Hausarbeit mit kleinen Kindern ist eine echte Herausforderung. In der Regel kann man nichts tun, ohne dabei unterbrochen zu werden. Gleichzeitig muss man immer ein Auge auf das Kind haben, damit ihm nichts passiert und es nichts „Dummes" anstellt. Deshalb braucht man auch dafür ein wenig Übung und Geduld mit sich selbst. Hier hilft ebenfalls die innere Einstellung viel. Eine junge Mutter formulierte es etwa so: „Meine Unterbrechungen sind meine eigentliche Arbeit", was heißt, ihr inneres Augenmerk liegt in erster Linie auf dem Kind. In meiner Familie hat es gut funktioniert, wenn ich zum Beispiel morgens nach dem Frühstück erst einmal noch ein bisschen mit den Kindern gespielt oder ein Bilderbuch angesehen habe und erst dann zu meinem sonstigen Tagewerk übergegangen bin. Damit waren – zumal wir schon vor dem Aufstehen ein gemütliches Still„stündchen" hatten – die Grundbedürfnisse schon einmal gut gesättigt. Im Allgemeinen haben meine Kleinen dann erst einmal zufrieden vor sich hingespielt. Wichtig ist m. E. auch, dass man bei den Verrichtungen weiter mit ihnen redet – zum Beispiel darüber, was man gerade tut – und dass man sich durch Blickkontakt weiterhin gesprächs- und kontaktbereit zeigt. Alle Tätigkeiten, bei denen das möglich ist, sind mit Kindern m. E. leichter zu erledigen als solche, bei denen man das nicht kann, z. B. telefonieren, am PC arbeiten, lesen, aufs Handy schauen. Unsere Kleinen haben einen untrüglichen Sinn dafür, inwieweit sie unsere Aufmerksamkeit haben. Sie fordern sie sofort ein, um sich wieder zu vergewissern, dass wir für sie da sind. Abgesehen davon, dass es damals noch keine Mobiltelefone gab, habe ich solche Dinge daher nur abends getan, wenn die Kinder schliefen, bzw. wenn mein Mann da war. Aber es gab auch Zeiten, in denen so etwas eben ausfiel und mein Mann wirklich Wichtiges erledigt hat.

Wie wir schon gesehen haben, tritt das Kind ab einem Jahr in die Nachahmungsphase ein. Die Kleinen wollen Dinge tun, die wir auch tun. Deshalb möchten sie mit uns mitmachen und auch „arbeiten": einmal im Topf rühren, die Würstchen hineinlegen, den Handfeger benutzen und putzen oder das Topfregal einräumen. Wenn wir einen Weg finden, sie bei diesen Tätigkeiten einzubeziehen und mitmachen zu lassen, dann ist das nicht nur entlastend für uns, sondern gleichzeitig eine Beziehungspflege, auch wenn alles etwas länger dauert. Das Kind lernt dabei unendlich viel über die Dinge dieser Welt und darüber, wie wir sie bewerten. Hier „passiert" *Bildung*, weil unser Kind *mit uns zusammen* ist! Und es lernt das Leben selbst kennen, nämlich dass man nicht immer nur spielen kann, sondern auch Pflichten erfüllen muss. Das sehe ich in Kindereinrichtungen – einmal abgesehen davon, dass unter Stress stehende Kinder sowieso nicht so aufnahmebereit sind – auch aus einem anderen Grund nicht gegeben: Die Kleinen sehen dort im Normalfall nicht, dass man z. B. Essen erst einmal zubereiten muss, um am Ende eine Mahlzeit zu haben, selbst wenn es vielleicht einmal ein Ernährungsprojekt gibt. Normalerweise kommt das Essen irgendwoher und ist plötzlich einfach da.

Ausruhen mit kleinen Kindern einüben!

Das Ausruhen mit kleinen Kindern ist mindestens ebenso eine Kunst wie die Hausarbeit mit ihnen. Und es gilt auch hier: Wenn die Kinder die Botschaft erhalten: „Ich bin für dich da, auch wenn ich mich ausruhe", dann geht es (meistens) gut; andernfalls fangen sie schnell an zu quengeln. Eine gute Möglichkeit ist es, sich im Kinderzimmer auf den Fußboden (auf eine Matte oder ein Kissen) zu setzen, vielleicht mit einer Tasse Tee (aber ohne Handy!), und die Tür zu schließen. Und dann einfach mal nichts zu tun! Nur da zu sein und das Kleine um sich herum spielen zu lassen, auch ruhig auf es einzugehen und ggf. zu stillen. Je nach Temperament des Kindes und bei sicherer Bindung macht es da eine ganze Weile mit. Allein schon das ruhige Dasitzen in bequemer Haltung ist wohltuend. Das ist auch manchmal *die* Rettung bei Unwohlsein, um zumindest ein wenig Ruhe halten zu können.

Wenn es einmal ein Zeitfenster gibt, um etwas Zweckfreies zu tun, das einem Freude bereitet, dann kann man es ähnlich handhaben: Den größeren (Vorschul- oder Schul-)Kindern kann man sagen, dass man einmal eine Dreiviertelstunde lang nicht gestört werden möchte. Das Telefon kann man klingeln lassen und später zurückrufen, die WhatsApp-Nachrichten laufen auch nicht weg. Das kleinste Kind aber sollte um uns sein dürfen. Das klappt mit einem ausgeglichenen Kleinkind, das man ggf. schnell noch gestillt hat, meist recht gut – man kann auftanken. Auch beim „Zwei-Minuten-Urlaub", etwa beim Blick aus dem Fenster, kann man die Seele kurz einmal baumeln lassen.

Wichtig ist mir folgende Einstellung geworden: Mein Kind soll nicht die Botschaft empfangen, dass ich mich nur ausruhen oder wohlfühlen könnte, wenn es abwesend ist.

Den Ehepartner nicht aus dem Blick verlieren!

Auch das ist manchmal gar nicht so einfach. Schließlich ist man ausgelastet, und so manche Unternehmung geht mit einem kleinen Kind nicht mehr. Auch ist man als Mama häufig einfach fertig oder zumindest für sich selbst berührungssatt. Doch auch unser Mann braucht uns, selbst wenn er ebenso mit seinem Baby schmust, und wir brauchen ihn. Es gibt auch Männer, die insgeheim auf das Kleine eifersüchtig sind, insbesondere solche, die selbst zu wenig Mütterlichkeit erfahren haben und die die Nähe ihrer Frau auch deshalb brauchen, um das ein Stück weit zu kompensieren.

Wie so oft im Leben kommt es auf die kleinen Dinge an. Sie machen den Unterschied aus: beim Reden bewusst Blickkontakt suchen, liebevoll ansehen, Gefühle mitteilen – als Ich-Botschaften, auf Vorwürfe und Ironie verzichten, wenn man sich geärgert hat, und bei Kritik das Problem benennen und nicht mit „du" und „immer" den Menschen angreifen. Ich weiß, dass das nicht leicht ist und umso schwerer fällt, je abgespannter man ist oder je weniger man liebevolle Streitkultur in der eigenen Herkunftsfamilie erlebt hat. Aber um der Liebe willen sollten wir es versuchen. Denn wie oft hört man, dass Paare sich unmerklich auseinanderleben und dann, wenn sie vor einem Scherbenhaufen stehen, feststellen, dass es die tagtäglichen kleinen Sticheleien und Herabsetzungen waren, die die Liebe haben sterben lassen. Deshalb: mit kleinen Gesten des Wohlwollens die Liebe erhalten! Dazu gehört zum Beispiel auch, Wünsche bewusst auszusprechen: „Wie gern würde ich mal wieder mit dir schick ausgehen, ins Theater, zum Tanzen …" Zeigen wir unserem Mann, dass wir ihn noch immer für genauso begehrens- und liebenswert halten wie vor dem Kind. *Das gilt natürlich auch umgekehrt.* Wir Frauen sehnen uns nach solchen Gesten, und zwar umso mehr, je erschöpfter wir uns fühlen. Leider ist es so, dass Männer oftmals nicht bzw. nicht so schnell bemerken, was ihre Frau braucht. Sie sind eher ziel- und sachorientierte Problemlöser. Sie denken: Wenn sie einmal gesagt haben, dass sie uns lieben, dann gilt das für immer. Wir müssen ihnen deshalb sagen, dass wir beispielsweise ihre Liebeserklärungen immer wieder brauchen, um glücklich zu sein.

Außerdem haben Wünsche, die nicht ausgesprochen werden, eine besondere Eigenart: Sie werden immer „toller", je weniger sie sich gerade erfüllen lassen. Sie können uns geradezu beherrschen. Eine Mutter mehrerer Kinder erzählte mir, dass sie unbedingt wieder einmal schön mit ihrem Mann essen gehen wollte und das Gefühl hatte, ohne einen solchen Höhepunkt den Alltag nicht mehr länger bewältigen zu können. Sie sagte: Als sie das Ganze endlich organisiert hatten, sei es ein sehr schöner Abend geworden. So überwältigend, wie sie geglaubt hatte, dass er für sie werden müsste, sei er jedoch nicht gewesen. Sie habe sich einfach nur so sehr darauf fixiert.

Wichtig sind auch das Vergeben und ein Aufeinander-zu-Gehen, indem man nicht immer bis zum Letzten darauf beharrt, recht zu haben. Niemand von uns ist perfekt. Wenn wir das zugeben können, dann ist auch der andere eher dazu bereit, Kritik anzunehmen.

Eine Mutter kann den Platz von allen anderen einnehmen, ihr eigener aber kann von niemand anderem besetzt werden. (Sprichwort)

12. Und was habe ich davon? – Über Lebensglück und Muttersein

„Ist das nicht zu viel der Hingabe – so lange stillen, drei Jahre zu Hause bleiben, auf die Karriere verzichten ..?" So bin ich oft gefragt worden.³⁴⁵ In unserer Welt wird diese Frage meist mit „Ja" beantwortet. Auch deshalb wollen viele junge Mütter schnell wieder zurück an den Arbeitsplatz. Denn nur dort winken Anerkennung und Geld. Das Kind ist nur eine Belastung, da drohen (angeblich) die „Opferfalle"³⁴⁶, auf jeden Fall aber Missachtung und eine Null auf dem Konto. Und tatsächlich: Große Leistungen vollbringen wir leichter, wenn wir dafür belohnt oder gelobt werden. Tritt aber das Gegenteil ein, dann wird uns harte Arbeit noch saurer. Vom Muttersein – so, wie es unser Kind instinktiv erwartet, und länger, als es die Öffentlichkeit derzeit als normal hinstellt – erwarten viele für sich selbst wenig auf der Haben-Seite. Unser Zeitgeist hält das Mutterglück für eine kitschige Erfindung des 19. Jahrhunderts. Es wird negiert. Und in der Tat, es stellt sich nicht einfach von allein ein. Dazu bedarf es einer Grundbedingung – der (Haut-)Nähe. Erst Bindung(-sverhalten) erzeugt Bindung – erst die Höchstausschüttung von Oxytocin beim Stillen bewirkt tiefe Entspannung und innere Ruhe.³⁴⁷ Mit Oxytocin werden wir vom Glück überschwemmt. Und das macht dann unsere Stärke aus. Wir werden zufriedener und kommunikativer. Das unsichtbare (hormonelle) Band zieht uns immer wieder zu unserem Kind hin. Dabei lernen wir beständig besser, auf es einzugehen und seine Grundbedürfnisse optimal zu beantworten.³⁴⁸ Sein eigener hoher Oxytocinspiegel macht es seinerseits ausgeglichen und zufrieden. Er schenkt ihm Gedeihen.³⁴⁹ Eine Spirale des Glücks kommt in Gang.³⁵⁰

Und umgekehrt: Je weniger Mutter und Kind in einer Kultur Bindung leben können oder wollen, umso mehr bleibt dieses Glück aus. Das Muttersein verkommt dann leicht zu stupidem Windelnwechseln, Füttern, Hausputzen. Wer das bei seiner eigenen Mutter so erlebt oder erlebt hat, der glaubt der Einflüsterung vom „Versauern am Herd". Ein riesiges Arbeitspensum ohne den Lohn des Glücks, des tiefen Erfülltseins! Wie soll man da nicht sauer werden? Es erscheint mir ein trauriges Zeichen unserer Zeit zu sein, dass Frauen ihr Muttersein mehr mit Frustration und Stress verbinden als mit Erfüllung.

Denjenigen, die Mutterglück nicht erlebt haben, kann man es erfahrungsgemäß oft kaum vermitteln. Dennoch kann man es auch heute noch erleben. Dass uns das Muttersein im Einklang mit unserer menschlichen Natur nicht nur glücklicher macht, sondern auch gesünder leben lässt, dafür „sprechen" allein die Vorteile des Stillens *für die Mutter* Bände[351]:

> *Vorteile des Stillens für die Mutter:*
> - kurz- und mittelfristig:
>   - geringerer Blutverlust nach der Geburt durch schnellere Rückbildung der Gebärmutter;
>   - schnellerer Fettabbau und Gewichtsabnahme nach der Geburt;
>   - geringeres Risiko einer postnatalen Depression;
>   - Entspannung durch Oxytocin und Prolaktin;
>   - Migräne wird gelindert[352];
>   - teilweise empfängnisverhütende Wirkung[353].
> - langfristige Verringerung des Risikos für:
>   - Brustkrebs[354];
>   - Krebs der Eierstöcke (bei Erstgeburt mit 35 Jahren und 15 Monaten Stillzeit um ca. 55 %);
>   - Krebs der Gebärmutterschleimhaut (bei 12 Monaten Stillzeit um 25 % geringer);
>   - Diabetes (Typ 1 und Typ 2);
>   - Osteoporose (und damit Hüftfrakturen)[355];
>   - rheumatoide Arthritis[356];
>   - Übergewicht und Bluthochdruck;
>   - Herz-Kreislauf-Erkrankungen (Schlaganfall, Herzinfarkt).

Das Stillen kurbelt über die Milchproduktion den Fettstoffwechsel an, und allein deshalb verringern sich die die Risiken z. B. für Herz-Kreislauf-Erkrankungen. Aber auch die entspannende Wirkung von Oxytocin trägt dazu bei, und zwar nicht nur kurzfristig, sondern sogar noch Monate und Jahre danach. Und die Effekte sind tendenziell umso größer, je länger eine Frau gestillt hat.[357] Wenn ein kleines Kind gestillt wird und keine vorzeitige Trennung erlebt, wird es zudem weniger häufig krank, was wiederum weniger Stress auch für die Mama bedeutet. Und mit einem ausgeglicheneren Kind lebt es sich sowieso leichter. Es strahlt die Geborgenheit zurück. Es lässt sich leichter lenken, ist eher bereit, auf uns zu hören und uns nachzuahmen. Bindung ist die beste Basis für Erziehung(-serfolg), denn auch unsere eigene Kompetenz für unser ganz individuelles Kind wächst. (siehe Kap. 2 und 5)

Mit einem sicher gebundenen Kind wird es auch dann leichter, wenn wir selbst einmal krank werden. Ich habe es erlebt, wie mein Einjähriges sich während meiner schweren Angina so lange neben mich legte, bis es mir wieder besser ging, und sich möglicherweise wegen des Stillens nicht ansteckte.

Ein wunderbarer Nebeneffekt der frühen, herzlichen Bindung kann auch folgender sein: Wenn gleich nach der Geburt das Bonding stattfindet, dann kann das Oxytocin *die* Brücke zum Kind sein – auch für solche Mütter, die selbst keine so günstige bzw. eine emotional karge Kindheit hinter sich haben.[358] Das ist m. E. ein wichtiger Faktor, wenn nicht sogar der entscheidende Faktor dafür, dass sie ihre eigenen Früherfahrungen nicht unbewusst an das Kind weitergeben und sie ihren inneren Mangel durch die Nähe zum Kind positiv ausgleichen können. Ich habe Frauen kennengelernt, die das bei sich selbst so wahrgenommen haben und auf dieser Basis sogar ihrer eigenen Mutter mit größerem inneren Frieden begegnen konnten.

Muttersein bedeutet für mich all das, was ich bisher beschrieben habe. Mit jedem Kind wuchs meine Einfühlung und meine Erfüllung. Die Wissenschaft erklärt das damit, dass dieses Geschehen bis in unsere Tiefe hinein wirkt, bis in die Epigenetik. Bei manchen Frauen erwacht die Mütterlichkeit erst so richtig mit dem zweiten oder dritten Kind, und sie nehmen das erstaunt zur Kenntnis.[359] Im Rückblick kann ich sagen: Das Leben mit den eigenen Kindern beschenkt die Mutter überreich, es macht glücklich und fordert heraus; man darf mit ihnen selbst noch einmal Kind sein und die Welt entdecken. Es ist das pure Leben, und wenn man es so zu sehen gelernt hat, wird es nie langweilig. Keinen einzigen Augenblick habe ich bereut. Ich war und bin immer wieder dankbar, dass ich mich nicht aufreiben musste zwischen dem Job und den Kindern – auch ein großer Pluspunkt, wo doch heute so viel von „Entschleunigung" die Rede ist.

Und es hat auch langfristig Früchte getragen: Die Pubertät unserer Kinder haben wir relativ entspannt erlebt. Das heißt nicht, dass es nie Probleme gegeben hätte oder nicht auch mal die Türen geknallt hätten. Die ganz großen Sorgen aber blieben aus. Das innere Verständnis und das Vertrauen waren und sind so groß und das Bindungsband so sicher, dass Unstimmigkeiten schnell bereinigt werden konnten und können: Schließlich hören sie dann, wenn *wir* etwas sagen, noch immer die gleiche Stimme der Liebe, nämlich *unsere* Stimme, die sie schon an ihrem Lebensanfang hörten. Die tiefe Sehnsucht nach Gelingen der Erziehung und danach, auch mit großen Kindern gut verbunden zu sein, hat sich für uns erfüllt. Und das ist doch sehr viel auf der Haben-Seite! Ist das nicht Nachhaltigkeit als Lohn für Hingabe? Und könnte nicht die „Opferfalle" vielmehr genau dort drohen, wo wir allen Einflüsterungen unserer Zeit Gehör schenken?

Auch wenn vielleicht nicht alle Mütter so lange wie ich aus dem Beruf herausgehen wollen oder können, so sollten wir uns und unseren Kindern jedenfalls die wichtigen ersten drei Jahre gönnen. Wir sollten sie uns als gesellschaftliche Normalität zurückholen und ein Recht darauf einklagen! *Muttersein ist erfülltes Frausein*, wenn wir uns darauf ein- und nicht daran hindern lassen. Dass wir dabei selbst unausweichlich auf der Strecke bleiben würden, ist eine handfeste Lüge unserer Zeit. Im Gegenteil, intensiv gelebte Mütterlichkeit verändert uns: Wir haben die Chance, empathischer, selbstloser und stressresistenter zu werden und zu lernen, was im Leben wirklich zählt. Unsere Wahrnehmung anderer Menschen, aber auch unseres eigenen Befindens wird feiner. Und das ist die Wärme, die nicht nur Familien zusammenhält, sondern sich auch wohltuend auf andere gesellschaftliche Bereiche auswirken kann, beispielsweise auf das Betriebsklima in Unternehmen, wenn Mütter nach längerer Auszeit mit kleinen Kindern wieder in den Beruf zurückkehren. Es wird Zeit, den mütterfeindlichen Feminismus und die Gender-Ideologie, die unsere Politik bestimmen, zu entsorgen, wenn unsere Gesellschaft nicht in Herzenskälte erstarren soll.

Wo man Liebe aussät, da wächst Freude empor. (William Shakespeare)

Schlusswort

Wenn ein Kind geboren wird, bringt es eine übergroße Sehnsucht nach Liebe mit auf die Welt. Sie wird gestillt, wenn seine Bedürfnisse artgerecht – der Art *Mensch* gerecht – beantwortet werden. Das Kleine braucht die einfühlsame Mütterlichkeit seiner Mutter, umhüllt von der schützenden Väterlichkeit seines Vaters. Dabei ist das Biologische das Ur-Soziale.

Es ist unser Vorteil, dass wir heute viel darüber wissen, was unsere Kinder zum guten Großwerden brauchen. Mit den wissenschaftlichen Erkenntnissen darüber lassen sich ganze Bibliotheken füllen. Aber eigentlich sind sie gar nicht nötig, denn die Kleinen zeigen uns, was sie brauchen – wir müssen es nur wieder sehen und fühlen lernen. Wir brauchen wieder offene Herzen. Wir brauchen wieder Vertrauen in unsere tief angelegten Instinkte, wenn es um unsere Kinder geht. Um dieses Vertrauen zu stärken und dazu zu ermutigen, den guten Herzensimpulsen zu folgen, benötigen wir heute jedoch auch hieb- und stichfeste Informationen über die Sachverhalte. Wir brauchen sie, um tragfähige Entscheidungen treffen zu können, um unser eigenes Rückgrat zu stärken, um unserem Umfeld unsere Haltung zu verdeutlichen und auch, um Forderungen an unsere Politiker zu stellen. Dass Kinder Liebe brauchen – das zugewandte Da-Sein ihrer Eltern, insbesondere ihrer Mama –, kann nicht mehr als rückwärtsgewandt oder als persönliche Gefühlsduselei abgetan werden, denn es ist eine Tatsache!

Eine Familie kann ohne Bindung keine Familie sein und nicht als Familie funktionieren. Ohne Bindung kann sie ihre Aufgabe in der Gesellschaft nicht erfüllen – nämlich ein Raum zu sein für Liebe, Geborgenheit, Vertrautheit und gegenseitiges Füreinander-da-Sein. Nur dort, wo Kinder genau das erleben, werden sie später selbst eine solche Gefühlsreife an den Tag legen können, dass sie ihrerseits genauso Familie leben können. Kein Staat mit noch so teuren Einrichtungen vermag das zu leisten. Ebenso wenig kann er die vielfältigen Folgen unsicherer Bindungen und zerstörter Beziehungen abfedern, aber alle Bereiche der Gesellschaft werden davon beeinträchtigt: von einer zunehmenden Entfremdung und einem selbstsüchtigen Um-sich-selbst-Drehen, von zunehmender Gewalt auf den Straßen und im Internet, von der Gier nach Konsum, Leistung und Macht, um sich selbst wertvoll zu fühlen, von vermehrten Süchten und Depressionen, von der Flucht in virtuelle Welten und der zunehmenden Schwierigkeit, der nächsten Generation Bildung und Kultur zu vermitteln. Wir klagen über Kälte und Verrohung, aber kaum jemand zählt eins und eins zusammen: So, wie wir unsere (kleinen) Kinder behandeln, werden sie selbst einmal sein – werden sie sich und andere sehen und behandeln. Vieles, was wir an sozialen Problemen beklagen, ist eigentlich die ganz normale Reaktion der ehemaligen kleinen Kinder auf ihre völlig unnormale frühkindliche Situation. Wer an Liebe unternährt ist, von dem kann man nicht erwarten, dass er selbst lieben kann. Auch nicht, dass er seelisch stark und hoch motiviert seinen Platz im Leben ausfüllt. Deshalb bleibt die Frage: Wollen wir eine solche Entwicklung? Oder haben wir eine andere Sehnsucht – als Eltern, aber auch als Großeltern oder Lehrer? Da uns die Politik „im Regen stehen lässt", kommt es auf unsere eigene Sicht an: Wie können wir einen Bindungsfreiraum für unsere Kinder retten? Wollen wir Kinder großziehen, die später gut und einfühlsam mit sich und anderen umgehen werden? Können wir damit zum Wegweiser für unser Umfeld werden und Nachahmer finden? Werden wir unser Recht immer wieder von unseren Politikern einklagen? Und die Frage aller Fragen: Können wir in unserer Gesellschaft noch genügend Kraft und Liebe aufbringen, um die Liebe am Lebensanfang als essenziell zu akzeptieren und zu ermöglichen?

Die familiäre Bindung ist der Kitt einer Gesellschaft. Sie ist ihr grundlegender Zusammen-Halt. Deshalb brauchen wir eine Willkommenskultur für kleine Kinder – einen Klimawandel für die Familie.

Vater, Mutter, Kind – die Familie – das ist der ewig alte und immer neue Dreiklang, der die Welt zusammenhält! (Ernst Wiechert)

Quellen- und Literaturverzeichnis

Averdijk, Margit, Besemer, Sytske et al.: The Relationship Between Quantity, Type, and Timing of External Childcare and Child Problem Behavior in Switzerland; in: European Journal of Developmental Psychology 6/2011, S. 637–660.
Baker, Michael, Gruber, Jonathan u. Milligan, Kevin: Universal Child Care, Maternal Labor Supply, and Family Well-Being; in: Journal of Political Economy, 4/2008, S. 709–745.
Ball, Helen L.: To sleep or not to sleep – Familienbettforschung in Großbritannien; in: Stillzeit 6/2002, S. 16–19.
Bard, Kim A.: Die Entwicklung von Schimpansen, die von Menschen aufgezogen wurden. Fähigkeiten der Mütter, Bindung und Bewältigungsverhalten; in: Brisch, Karl Heinz u. Hellbrügge, Theodor (Hg.): Kinder ohne Bindung. Deprivation, Adoption und Psychotherapie, Klett-Cotta, Stuttgart 2006, S. 44–60.
Behncke, Burghard: Der sich beschleunigende Kreislauf zwischen der Kleinkindsozialisation in Kinderkrippen und gegenwärtigen Tendenzen in Wirtschaft und Gesellschaft; in: Psyche 3/2006, S. 237–252.
ders.: Zur Erhöhung der Zahl der Kinderkrippenplätze in Deutschland; in: Herman, Eva u. Steuer, Maria (Hg.): Mama, Papa oder Krippe? Erziehungsexperten über die Risiken der Fremdbetreuung, SCM Hänssler, Holzgerlingen 2010, S. 87–134.
Belsky, Jay: Kleinkindergruppen-Fremdbetreuung und Kindesentwicklung in den Grundschuljahren; in: Herman, Eva u. Steuer, Maria (Hg.): Mama, Papa oder Krippe? Erziehungsexperten über die Risiken der Fremdbetreuung, SCM Hänssler, Holzgerlingen 2010, S. 135–142.
Bergmann, Christine: Brustkrebs und Stillen; in: Stillzeit 3/2004, S. 16.
dies.: Was ich schon immer mal sagen wollte: Erfahrungen aus 38 Jahren Stillberatung; in: Stillzeit 3/2015, S. 18.
Bergmann, Wolfgang: An den Quellen des seelischen Lebens; in: Herman, Eva u. Steuer, Maria (Hg.): Mama, Papa oder Krippe? Erziehungsexperten über die Risiken der Fremdbetreuung, SCM Hänssler, Holzgerlingen 2010, S. 27–36.
Bernard, Kristin, Peloso, Elisabeth et al.: Examining Change in Cortisol Patterns During the 10-Week Transition to a New Child-Care Setting; in: Child Development 2/2015, S. 456–471.
Beronneau, Antje: Wochenkrippen in der DDR – Rückschau auf ein kollektives Trauma; in: Sulz, Serge K. D. et al. (Hg.): Schadet die Kinderkrippe meinem Kind? Worauf Eltern und ErzieherInnen achten und was sie tun können, CIP-Medien, München 2018, S. 15–21.
Berufsverband der Kinder- und Jugendärzte e. V.: Plötzlicher Kindstod: Säuglinge sollten in ihrem eigenen Bettchen schlafen, Pressemitteilung vom 29. März 2016. Online: https://www.kinderaerzte-im-netz.de/news-archiv/meldung/article/ploetzlicher-kindstod-saeuglinge-sollten-in-ihrem-eigenen-bettchen-schlafen/
Bieger, Wilfried: Cortisol-Spiegel bei Burn-Out und Chronic Fatigue Syndrom. Online: https://dr-bieger.de/cortisol-spiegel-bei-burn-out-und-chronic-fatigue-syndrom/
Biddulph, Steve: Jungen! Wie sie glücklich heranwachsen, Heyne, München 2002.
Böhm, Rainer: Auswirkungen frühkindlicher Gruppenbetreuung auf die Entwicklung und Gesundheit von Kindern; in: Kinderärztliche Praxis 5/2011, S. 316–321.
ders.: Die dunkle Seite der Kindheit; in: Frankfurter Allgemeine Zeitung 81/2012, S. 7.
ders.: Wenn Kleinkinder chronisch gestresst sind. Gesundheitsrisiko Krippenbetreuung, pädiatrie hautnah, Sonderheft 1/2013, S. 16–18.
ders.: Neurobiologische Aspekte der Kleinkindbetreuung; in: Dammasch, Frank u. Teising, Martin (Hg.): Das modernisierte Kind, Brandes & Apsel, Frankfurt a. M. 2013, S. 115–128.

ders.: Kindergesundheit als gesellschaftlicher Auftrag. Vortrag auf der Tagung des Familiennetzwerkes und des Institutes für Bildungswissenschaften „‚Was kommt, wenn Familie geht?' – Erfahrungsberichte aus den skandinavischen Ländern" am 25. Mai 2013 in Frankfurt a. M. Online: http://www.fuerkinder.org/files/A-Kindergesundheit.pdf

Borchert, Jürgen: Sozialstaats-Dämmerung, Riemann, München 2013.

Both, Denise u. Reich-Schottky, Utta: Wie lange kann, soll oder darf eine Stillbeziehung dauern? Stellungnahme zur Stilldauer; in: Stillzeit 4/2009, S. 28. Online: https://www.lalecheliga.de/images/pdf/StellungnahmeStilldauer.pdf

Bowlby, Richard: Die Bindungsbedürfnisse von Babys und Kleinkindern in Fremdbetreuung; in: Herman, Eva u. Steuer, Maria (Hg.): Mama, Papa oder Krippe? Erziehungsexperten über die Risiken der Fremdbetreuung, SCM Hänssler, Holzgerlingen 2010, S. 143–156.

Brocksieper, Sonja: „Gipfelstürmer brauchen ein Basislager!". So entstehen Bindung und Urvertrauen als Grundlage für Lebens- und Beziehungskompetenz; in: Team.F Seminar-Magazin 4/2016, S. 4–7.

Bueb, Bernhard: Lob der Disziplin. Eine Streitschrift, List, Berlin 2006.

Bundesinstitut für Risikobewertung: Stillen ist gesund und kann nicht warten. Online: https://www.bfr.bund.de/de/presseinformation/2017/25/stillen_ist_gesund_und_kann_nicht_warten-201173.html

Bundesministerium für Familie, Senioren, Frauen und Jugend (Hg.): Familienreport 2009. Leistungen, Wirkungen, Trends, Berlin 2009. Online: https://www.bmfsfj.de/bmfsfj/service/publikationen/familienreport-2009/95770

dass. (Hg.): Investitionen in Infrastruktur für Familien – ein Motor für inklusives Wachstum. Monitor Familienforschung Nr. 36, Berlin 2017. Online: https://www.bmfsfj.de/blob/jump/116144/monitor-familienforschung--ausgabe-36---investitionen-in-infrastruktur-fuer-familien----data.pdf

Butzmann, Erika: Audiokommentar zum Film v. Mundzeck, Heike u. Braack, Holger: Krippenkinder. Familie und Tagesbetreuung in gemeinsamer Verantwortung, Hamburg 2011.

dies.: Sozial-kognitive Entwicklungstheorien in der Praxis. Theoretische Folgerungen aus der Praxis, Deutscher Studienverlag, Weinheim 2000.

dies.: Elternkompetenzen stärken. Bausteine für Elternkurse, E. Reinhardt, München u. Basel 2011.

dies.: Vortrag zu den Risiken der frühen Krippenbetreuung, 2013. Online: http://nestbau-familie.de/fileadmin/user_upload/website_files/pdfs/Vortrag_Risiken_Krippenbetreuung_Frau_Butzmann.pdf

Cahill, Larry: Sein Gehirn, ihr Gehirn; in: Spektrum der Wissenschaft 3/2006, S. 28–35.

Caspers, Kirsten: Stillen und Mutter-Kind-Kontakt während des Schlafens. Kindliche Nachtruhe aus anthropologischer Sicht; in: Stillzeit 4/2006, S. 34 f.

Czerny, Adalbert: Der Arzt als Erzieher des Kindes, Deuticke, Leipzig u. Wien 1908.

Der menschliche Säugling als Tragling – unter besonderer Berücksichtigung der Prophylaxe gegen Hüftdysplasie. Auszug aus der Dissertation von Dr. Evelin Kirkilionis, Universität Freiburg, 1990; in: AFS-Rundbrief 8/1998, S. 9–119.

DeRose, Laurie, Wilcox, W. Bradford et al.: The Cohabitation–go–Round: Cohabitation and Family Instability Across the Globe, Social Trends Institute, New York u. Barcelona 2017. Online: http://worldfamilymap.ifstudies.org/2017/files/WFM-2017-FullReport.pdf

Dunovsky, Jiri: Morbidität von Kindern in Kinderkrippen in der Tschechoslowakei; in: Der Kinderarzt, 8/1990, S. 1180–1187.

Eckstein, Tina, Kappler, Gregor et al.: Stressregulation bei Kleinkindern nach Krippeneintritt: Die Wiener Kinderkrippenstudie. Vortrag bei der 47. Jahrestagung der Deutschen Gesellschaft für Psychologie, Bremen 2010.

Eia, Harald: Gehirnwäsche. Ep. 1: Das Gleichstellungs-Paradox. Dokumentation für das norwegische Fernsehen, Oslo 2010. Online: https://www.eva-herman.net/harald-eia-gehirnwasche-das-gleichstellungs-paradox/

Ekström, Christian Sörlie: The Swedish Model. Vortrag auf der Tagung des Familiennetzwerkes und des Institutes für Bildungswissenschaften „‚Was kommt, wenn Familie geht?' – Erfahrungsberichte aus den skandinavischen Ländern" am 25. Mai 2013 in Frankfurt a. M.

Familienbund der Katholiken, LV Bayern: Viel Betreuung – viele Bildungsverlierer, Pressemitteilung vom 29. Juli 2014. Online: https://www.erzbistum-muenchen.de/cms-media/media-28420020.pdf

Fegter, Renate: Näher zu Mama. Sensorische Stimulation durch Familienbett; in: Stillzeit 2/2004, S. 34 f.

Fort, Margherita, Ichino, Andrea u. Zanella, Giulio: Cognitive and Non-Cognitive Costs of Daycare 0–2 for Girls; in: IZA Discussion Paper Nr. 9756, Bonn 2016. Online: http://ftp.iza.org/dp9756.pdf

Franz, Matthias: Die Sprache der Gefühle. Die Entwicklung unserer emotionalen Fähigkeiten; in: Herman, Eva u. Steuer, Maria (Hg.): Mama, Papa oder Krippe? Erziehungsexperten über die Risiken der Fremdbetreuung, SCM Hänssler, Holzgerlingen 2010, S. 55–86.

Frömel, Susanne: Die Nippel der Welt. Wie aus der scheinbar harmlosen Tätigkeit des Stillens ein Religionsersatz werden konnte. Online: https://sz-magazin.sueddeutsche.de/frauen/die-nippel-der-welt-76715

Fuchs, Stefan: Einstellungen zu Familie und Erwerbstätigkeit in Europa – Ostdeutschland als Avantgarde der „Moderne"?, o. O. 2007. Online: http://www.erziehungstrends.net/Familie/Ostdeutschland

ders.: Gesellschaft ohne Kinder. Woran die neue Familienpolitik scheitert, Springer VS, Wiesbaden 2014.

Gebhardt, Birte et al.: ADHS bei Kindern und Jugendlichen. Befragungsergebnisse und Bewertung von Daten der Gmünder ErsatzKasse GEK, GEK Edition, Bremen u. Schwäbisch Gmünd 2008.

Gehm, Karl-Heinz: Interview mit Olaf Scholz, deutschlandfunk.de vom 3. November 2002.

Gersdorff, Mathias von (Hg.): Ehe und Familie im Sperrfeuer revolutionärer Angriffe, Deutsche Vereinigung für eine Christliche Kultur, Frankfurt a. M. 2014.

ders.: Gender-Revolution in den Schulen. Angriff auf Elternrecht und Kindeswohl, Deutsche Vereinigung für eine Christliche Kultur, Frankfurt a. M. 2018.

Gill, Melanie P. K.: Mutterschaft: Entwertet und vorenthalten; in: Herman, Eva u. Steuer, Maria (Hg.): Mama, Papa oder Krippe? Erziehungsexperten über die Risiken der Fremdbetreuung, SCM Hänssler, Holzgerlingen 2010, S. 47–54.

Götze, Hanne K.: „Ich kann und will das nicht mehr". Interview mit einer Krippenerzieherin aus Mecklenburg-Vorpommern; in: für uns. Das Magazin für mehr Lebensfreude 2017, S. 36 ff. Online: https://www.fuerkinder.org/kinder-brauchen-bindung/aus-erfahrung-praxisbeitraege/601-ich-kann-und-will-das-nicht-mehr

dies.: Kinder brauchen Mütter. Die Risiken der Krippenbetreuung – Was Kinder wirklich stark macht, Ares, Graz 2011.

Gresens, Regine: Häufige Fragen zum Langzeitstillen (1). Online: https://www.stillkinder.de/haeufige-fragen-zum-langzeitstillen/

Grobe, Thomas G., Dörning, Hans u. Schwartz, Friedrich Wilhelm: Barmer GEK Arztreport 2012, Asgard, St. Augustin 2012.

Grossman, Karin: Merkmale einer guten Gruppenbetreuung für Kinder unter 3 Jahren im Sinne der Bindungstheorie und ihre Anwendung auf berufsbegleitende Supervision; in: Deutscher Familienverband (Hg.): Handbuch Elternbildung, Bd. 2: Wissenswertes im zweiten bis vierten Lebensjahr des Kindes, Leske & Budrich, Opladen 1999, S. 165–184.

Guóth-Gumberger, Márta u. Hormann, Elisabeth: Stillen. Rat und praktische Hilfe für alle Phasen der Stillzeit, Graefe und Unzer, München 2000.

Haarer, Johanna: Die deutsche Mutter und ihr erstes Kind, J. F. Lehmanns, München 1934.

Hellbrügge, Theodor: Kind und Sprache. Eingangsreferat auf dem Internationalen Symposium „Früherkennung von Hörstörungen und frühe Sprachanbahnung" an der Universität Köln, 9.–10. März 2001. Abgedruckt als ders.: Sprache als Funktion des Säuglingsalters; in: Pediatrics and Related Topics (= Pädiatrie und Grenzgebiete) 6/2001, S. 491–496.

ders.: Vom Deprivationssyndrom zur Entwicklungs-Rehabilitation; in: Brisch, Karl Heinz u. ders. (Hg.): Kinder ohne Bindung. Deprivation, Adoption und Psychotherapie, Klett-Cotta, Stuttgart 2006, S. 13–28.

Hempel, Hans-Christoph: Säuglingsfibel. Entwicklung, Pflege und Ernährung im 1. Lebensjahr, 3., durchges. Aufl., S. Hirzel, Leipzig 1972.

Henzinger, Ursula: Stillen. Die Quelle mütterlicher Kraft, Walter, Zürich u. Düsseldorf 1999.

Herman, Eva: Das Eva-Prinzip. Für eine neue Weiblichkeit, Pendo, München u. Zürich 2006.

Jacob, Jenet I.: The Socio-Emotional Effects of Non-Maternal Childcare on Children in the USA: A Critical Review of Recent Studies; in: Early Child Development and Care 5/2009, S. 559–570.

Jacoby, Anne u. Vollmers, Florian: Vorsicht Opferfalle!; in: Frankfurter Allgemeine Hochschulanzeiger 84/2006, S. 27.

Kalz, Manfred: Erfahrung in Kinderkrippen der DDR. Vortrag auf dem Internationalen Familienkongress in Dresden am 4. Oktober 1991.

Kaplan, Louise: Die zweite Geburt. Die ersten Lebensjahre des Kindes, 5. Aufl., Piper, München u. Zürich 1987.

Kast-Zahn, Annette u. Morgenroth, Hartmut: Jedes Kind kann schlafen lernen, Gräfe und Unzer, München 2007.

Khreninger, Charlotte von: Was kümmert uns die WHO? Offizielle Stillempfehlungen in Deutschland; in: Stillzeit 5/2004, S. 33 ff.

Kirkilionis, Evelin: Ein Baby will getragen sein. Alles über geeignete Tragehilfen und die Vorteile des Tragens, 10. Aufl., Kösel, München 2009.

Klonovsky, Michael: Ein Nagel im Sarg des westlichen Menschen. Was Gender und Gender-Mainstreaming mit Dekadenz zu tun haben; in: Focus 52/2010, S. 64 ff.

Kotsch, Michael (Hg.): Abschied von den Geschlechtern. Die Gender-Ideologie im Vormarsch, Christliche Verlagsgesellschaft, Dillenburg 2008.

Kuby, Gabriele: Die globale sexuelle Revolution. Zerstörung der Freiheit im Namen der Freiheit, fe-Medienverlag, Kißlegg 2014.

Kuhn, Angelika u. Kuhn, Michael: Was brauchen „Krippenkinder"? Mutternähe oder Fremdbetreuung – Bindung oder Bildung. Online: http://www.laktationsberatung.de/pdf/Was%20brauchen%20Krippenkinder%20-%20Bindung%20oder%20Bildung%20-%20Angelika%20Kuhn.pdf

La Leche League International (Hg.): Handbuch für die stillende Mutter, 2. Ausg., LLL Deutschland, München 1986.

Lakotta, Beate u. Thimm, Katja: „Das Ich ist eine Einbahnstraße". Der Hirnforscher Gerhard Roth über das Entstehen von Persönlichkeit, die Schwierigkeit, sich und andere zu ändern, die neuronale Automatisierung menschlichen Verhaltens und das kollektive Scheitern der deutschen Pädagogik vor Hitler; in: Der Spiegel 35/2007, S. 124–127.

Lehn, Birgitta vom: Stress in der Krippe; in: fr.de vom 4. Oktober 2010.

Liedloff, Jean: Auf der Suche nach dem verlorenen Glück. Gegen die Zerstörung unserer Glücksfähigkeit in der frühen Kindheit, C. H. Beck, München 1980.

Lothrop, Hannah: Das Stillbuch, 25., erw. u. vollst. überarb. Aufl., Kösel, München 2000.

Lutterotti, Nicola von: Mütterliche Zuwendung mildert die Stressempfindlichkeit. Ein Gespräch mit dem Neurobiologen Michael Meaney, nzz.ch/ vom 5. Dezember 2014.

Maaz, Hans-Joachim: Der Gefühlsstau. Ein Psychogramm der DDR, Argon, Berlin 1990.

ders.: Der Lilith-Komplex. Die dunklen Seiten der Mütterlichkeit, dtv, München 2005.

ders.: Die narzisstische Gesellschaft. Ein Psychogramm, 2., durchges. Aufl., C. H. Beck, München 2012.

Mahler, Margaret S.: Symbiose und Individuation; in: Psyche. Zeitschrift für Psychoanalyse und ihre Anwendungen 7/1975, S. 609–625.

Main, Mary u. Solomon, Judith: Discovery of an Insecure-Disorganized/Disoriented Attachment Pattern; in: Brazelton, T. Berry u. Yogman, Michael W. (Hg.): Affective Development in Infancy, Ablex, Norwood 1986, S. 95–124.

Martin, Richard M., Ness, Andrew R. et al.: Does Breast-Feeding in Infancy Lower Blood Pressure in Childhood? The Avon Longitudinal Study of Parents and Children (ALSPAC); in: Circulation 10/2004, S. 1259–1266.

Marx, Karl u. Engels, Friedrich: Manifest der Kommunistischen Partei, Bildungs-Gesellschaft für Arbeiter, London 1848.

Matějček, Zdeněk: Psychosoziale Bewertung von Kinderkrippen; in: Der Kinderarzt 4/1990, S. 561–569.

ders.: Kinder ohne Liebe. Kinderkrippen in der Kritik, Dokumentarfilm von Kurt Goldberger, Prag 1963.

Mauel, Angelika: Auf Kosten der Kinder und auf dem Rücken der Erzieherinnen. Online: www.fuerkinder.org/kinder-brauchen-bindung/aus-erfahrung-praxisbeitraege/303

Meves, Christa: Was unsere Liebe vermag. Eine Lebenskunde, Herder, Freiburg i. Br., Basel u. Wien 1982.
dies.: Geheimnis Gehirn. Warum Kollektiverziehung und andere Unnatürlichkeiten für Kleinkinder schädlich sind, Resch, Gräfelfing 2005.
dies.: Von der Natur zum Geist. Der Mensch im Schöpfungsplan, Christiana im fe-Medienverlag, Kißlegg-Immenried 2017.
dies.: Die Oxytocinforschung ist in Hochform; in: Meves aktuell 2/2017. Online: https://www.christa-meves.eu/app/download/5808685292/2017-02+Meves+Aktuell+Februar+2017.pdf
Mika, Bascha: Die Feigheit der Frauen. Rollenfallen und Geiselmentalität. Eine Streitschrift wider den Selbstbetrug, C. Bertelsmann, München 2011.
Ministerium für Arbeit und Soziales der Tschechischen Republik: EU-Informationen über Kinderzulagen. Online: https://ec.europa.eu/social/main.jsp?catId=1106&langId=de&intPageId=4469
Moulin, Margarete: Liebe auf Distanz. Online: https://www.zeit.de/2013/37/frankreich-kinder-staatliche-fruehfoerderung
Mouvement Mondial des Mères (Hg.): Was Müttern in Europa wichtig ist. Umfrage unter Müttern in Europa. Ergebnisse 2011, MMM Europe, Brüssel 2011. Online: http://www.maskulist.de/fileadmin/docu/Muetter.pdf
Mühlan, Claudia: Bleib ruhig, Mama! Die ersten drei Jahre. Tips zur Kleinkinderziehung, 8. Aufl., Schulte & Gerth, Aßlar 1993.
dies. u. Mühlan, Eberhard: Vergiß es, Mama! Tips für (angehende) Teenager-Eltern, 3. Aufl., Verlag Schulte & Gerth, Aßlar 1994.
Neufeld, Gordon: Gute Beziehungen und offene Herzen; in: Herman, Eva u. Steuer, Maria (Hg.): Mama, Papa, oder Krippe? Erziehungsexperten über die Risiken der Krippenbetreuung, SCM Hänssler, Holzgerlingen 2010, S. 11–26.
ders. u. Maté, Gabor: Unsere Kinder brauchen uns! Die entscheidende Bedeutung der Kind-Eltern-Bindung, Genius, Bremen 2006.
NICHD Early Childcare Research Network: Child-care Effect Sizes for the NICHD Study of Early Child Care and Youth Development; in: American Psychologist 2/2006, S. 99–116.
Nowak, Britta: Familienbett und SIDS; in: Stillzeit 6/2002, S. 23 f.
o. A.: Hauptkritikpunkte am Bestseller „Jedes Kind kann schlafen lernen" und am sogenannten „Ferbern". Online: https://rabeneltern.org/index.php/wissenswertes/schlafen-wissenswertes/1223-hauptkritikpunkte-am-bestseller-qjedes-kind-kann-schlafen-lernenq-und-dem-sogenannten-qferbernq
o. A.: Mutterbrust betäubt den Schmerz; in: Stillzeit 1/2003, S. 29.
o. A.: Mütterersatzmittel und Attrappen in der Säuglingspflege im Laufe der Kulturgeschichte; in: AFS-Rundbrief 8/1998, S. 9 ff.
o. A.: Weniger Werbung für Süßes und Junk Food? WHO fordert Beschränkungen, tagesschau.de vom 29. Dezember 2017.
Pechstein, Johannes: Das „Ja zum Kind" durch Kinderbewahranstalten?; in: Medizin und Ideologie. Informationsblatt der Europäischen Ärzteaktion 1/1993, S. 33–36. (Nachdruck aus: Sozialpädiatrie 4/1993)
Pressestelle Verband Familienarbeit e.V.: Psychotherapeuten gegen staatliche Förderung der Fremdbetreuung von U3-Kindern. Kinder sind die Zukunft unserer Gesellschaft. Online: *http://familienarbeit-heute.de/?p=4965* (siehe auch Anhang).
Pressetext Austria: Stillen reduziert den Blutdruck. Blutdruckwerte bereits sehr früh festgelegt, www.pressetext.com vom 2. März 2004.
Rabe, Wanda: Beginnen wir ohne Kindheit!; in: Sulz, Serge K. D. et al. (Hg.): Schadet die Kinderkrippe meinem Kind? Worauf Eltern und ErzieherInnen achten und was sie tun können, CIP-Medien, München 2018, S. 245–260.
Reich-Schottky, Utta: Gefahren der künstlichen Säuglingsernährung; in: Stillzeit 2/2004, S. 18 f.
dies.: Langes Stillen – gut für Mamas Gelenke; in: Stillzeit 5/2004, S. 53.
dies.: 30 Jahre IBFAN: David gegen Goliath – Mehr als ein Geburtstag; in: Stillzeit 4/2009, S. 29 ff.
Renz-Polster, Herbert: Kinder verstehen. Born to be wild: Wie die Evolution unsere Kinder prägt, Kösel, München 2012.

Ritzert, Barbara: ADHS-Studie: Mehr Kinder werden diagnostiziert, aber zurückhaltender medikamentös therapiert, Informationsdienst Wissenschaft vom 3. Dezember 2014. Online: https://idw-online.de/de/news616568

Roth, Gerhard: Persönlichkeit, Entscheidung und Verhalten. Warum es so schwierig ist, sich und andere zu ändern, 9., akt. u. erw. Aufl., Klett-Cotta, Stuttgart 2015.

Rusanen, Erja: 40 Jahre frühkindliche Bildung in Finnland– eine kritische Auseinandersetzung. Vortrag auf der Tagung des Familiennetzwerkes und des Institutes für Bildungswissenschaften „‚Was kommt, wenn Familie geht?' – Erfahrungsberichte aus den skandinavischen Ländern" am 25. Mai 2013 in Frankfurt a. M.

Sachs, Hans: Freud und der Gender-Plan, agenda, Münster 2017.

Scheerer, Ann-Kathrin: Krippenbetreuung sollte nicht schöngeredet werden. Die Risiken einer unreflektierten Trennung von Mutter und Kind durch frühkindliche Betreuung müssen für jedes einzelne Kind bedacht werden; in: Frankfurter Allgemeine Zeitung vom 10. Juli 2008, S. 8.

Schmidt, Nicola: Artgerecht. Das andere Baby-Buch. Natürliche Bedürfnisse stillen, gesunde Entwicklung fördern, naturnah erziehen, 4. Aufl., Kösel, München 2015.

Schore, Allan: Gesundheit und Krankheit: Entwicklungspsychologische Entstehungsbedingungen. Vortrag auf der 63. Jahrestagung der Deutschen Gesellschaft für Sozialpädiatrie und Jugendmedizin am 23. September 2011 in Bielefeld.

Seabrook, John: Mit dem Baby zusammen schlafen; in: Stillzeit 6/2002, S. 22. Online: https://attachment-parenting.de/mit-dem-baby-zusammen-schlafen-von-john-seabrook/

Sears, William: Schlafen und Wachen. Ein Elternbuch für Kindernächte, La Leche Liga Schweiz, Zürich 1991.

ders.: Vater werden; in: für uns. Das Magazin für mehr Lebensfreude, 2017, S. 23–26.

Seiler, Johannes: Stresshormon verringert Knochenstabilität bei Kindern. Pressemitteilung der Rheinischen Friedrich-Wilhelms-Universität Bonn vom 19. September 2014. Online: https://idw-online.de/de/news604291

Serban, Adrian: Vorbild Frankreich? Traditionsgebundene Fremdbetreuung vor dem Hintergrund aktueller anthropologischer und neurowissenschaftlicher Erkenntnisse; in: Sulz, Serge K. D. et al. (Hg.): Schadet die Kinderkrippe meinem Kind? Worauf Eltern und ErzieherInnen achten und was sie tun können, CIP-Medien, München 2018, S. 9–14.

Shi, Lijie, Sánchez-Guijo, Alberto et al.: Higher Glucocorticoid Secretion in the Physiological Range Is Associated With Lower Bone Strength at the Proximal Radius in Healthy Children; in: Journal of Bone and Mineral Research 2/2015, S. 240–248. Online: https://onlinelibrary.wiley.com/doi/full/10.1002/jbmr.2347

Siems, Dorothea: Im Süden hält die Begeisterung für Familie an, welt.de vom 28. November 2007.

Small, Meredith F.: Schlaf bei mir: Ein transkultureller Blick auf das Schlafen im Familienbett; in: Stillzeit 4/2006, S. 36 ff. Online: https://rabeneltern.org/index.php/wissenswertes/schlafen-wissenswertes/1215-qschlaf-bei-mir-ein-transkultureller-blick-auf-das-schlafen-im-familienbettq

Sozialpädagogisches Fortbildungsinstitut Berlin-Brandenburg u. Bildungsinitiative Queerformat (Hg.): Murat spielt Prinzessin, Alex hat zwei Mütter und Sophie heißt jetzt Ben. Sexuelle und geschlechtliche Vielfalt als Themen frühkindlicher Inklusionspädagogik. Handreichung für pädagogische Fachkräfte der Kindertagesbetreuung, Berlin 2018.

Sporleder, Elke: Hinweise zum Stillen in den ersten Lebenstagen; in: dies.: Problemlos stillen? – Natürlich!, Selbstverlag, Hannover 1995.

dies.: Kräftigungscocktail für erschöpfte Mütter und für Mütter, die an Gewicht verlieren bzw. deren Kinder nicht recht zunehmen wollen; in: dies.: Stillförderung – Stillmanagement: Infos für Multiplikatoren, unter Mitarb. v. Christiane Friedrich, Elizabeth Hormann, Angelika Kuhn, Still- und Laktationsberaterinnen IBCLC, Nr. 21 (o. J.).

Spreng, Manfred u. Seubert, Harald: Vergewaltigung der menschlichen Identität. Über die Irrtümer der Gender-Ideologie, hg. v. Andreas Späth, 4., überarb. u. erw. Aufl., Logos Editions, Ansbach 2014.

Stacherl, Sonja: Nähe und Geborgenheit. Durch Körperkontakt Säuglinge fördern, Walter, Zürich u. Düsseldorf 1997.

Stadler, Rainer: Vater, Mutter, Staat. Das Märchen vom Segen der Ganztagsbetreuung. Wie Politik und Wirtschaft die Familie zerstören, Ludwig, München 2014.

Sulz, Serge K. D. u. Tichy, Andrea: Mütter berichten über ihr Kind in der Kinderkrippe; in: Sulz, Serge K. D. et al. (Hg.): Schadet die Kinderkrippe meinem Kind? Worauf Eltern und ErzieherInnen achten und was sie tun können, CIP-Medien, München 2018, S. 233–244.
Sunderland, Margot: Die neue Elternschule. Kinder richtig verstehen und liebevoll erziehen, Dorling Kindersley, München 2017.
Suwala, Abigail: Frankreichs dunkelste Zahl. Online: https://www.treffpunkteuropa.de/frankreichs-dunkelste-zahl
Textor, Martin R. u. Bostelmann, Antje: Das Kita-Handbuch. Online: https://www.kindergartenpaedagogik.de/
Thiemeiner, Barbara: Der menschliche Säugling als Tragling; in: AFS-Rundbrief 11/1996, S. 14 ff.
Tietze, Wolfgang, Becker-Stoll, Fabienne et al.: NUBBEK. Nationale Untersuchung zur Bildung, Betreuung und Erziehung in der frühen Kindheit, Das Netz, Weimar u. Berlin 2013.
Tirkot, Christine: Gemeinsam schlafen – Chance oder Risiko; in: Stillzeit 4/2006, S. 14–19.
Tronick, Edward, Brazelton, T. Berry et al.: Infant Emotions in Normal and Pertubated Interactions. Präsentation auf dem Zweijahreskongress der Society for Research in Child Development 1975 in Denver, Colorado.
U.S. Department of Health and Human Services – National Institute of Child and Human Development (Hg.): The NICHD Study of Early Child Care and Youth Development. Findings for Children up to Age 4½ Years, Rockville 2006.
Uvnäs–Moberg, Kerstin: Oxytocin, das Hormon der Nähe. Gesundheit – Wohlbefinden – Beziehung, Springer, Berlin u. Heidelberg 2016.
Vermeer, Harriet J. u. van IJzendoorn, Marinus H.: Children's Elevated Cortisol Levels at Daycare: A Review and Meta-Analysis; in: Early Childhood Research Quarterly 3/2006 S. 390–401.
Voigt, Martin: Aufklärung oder Anleitung zum Sex?; in: Frankfurter Allgemeine Zeitung vom 23. Oktober 2014, S. 6.
ders.: Mädchen im Netz. Süß, sexy, immer online, Springer, Berlin u. Heidelberg 2016.
Vonhoff, Anna: Der Scheidungs-Ländercheck: Hier scheitern die meisten Ehen, focus.de vom 8. Juli 2013.
Voss, Hubertus von, Grützmacher, Angelika u. Pfahl, Birgit: Stillen und Muttermilchernährung. Ein Ratgeber für Kinderkrankenschwestern, Hebammen, Kinderärzte, Gynäkologen und Geburtshelfer, Beraterinnen in geburtsvorbereitenden Kursen und Stillgruppen, Ausbildungsstätten sowie für Eltern, hg. v. Bundesministerium für Gesundheit, Bundeszentrale für gesundheitliche Aufklärung, Köln 1992.
Walker, Marsha: Zufüttern des gestillten Kindes: Nur eine einzige Flasche wird nicht schaden – oder doch?; in: Stillzeit 2/2004, S. 20 f.
Wasner, Michael: Suff mit Todesfolge – besonders im Osten, spiegel.de vom 11. Dezember 2012.
Weidt, Birgit: Aufarbeitung Ost: Die seelischen Spuren der DDR. Ein Gespräch mit dem Potsdamer Psychotherapeuten Michael Froese über die individuelle Verarbeitung traumatischer Erfahrungen in der ehemaligen DDR; in: Psychologie heute 4/2007, S. 40–43.
Weimer, John P.: Wirtschaftliche Aspekte des Stillens. Überblick und Analyse; in: Stillzeit 4/2005, S. 4–11.
Welter, Biggi: Stillberatung – Verschlucken beim Stillen. Online: https://www.rund-ums-baby.de/stillberatung/verschlucken-beim%20stillen_134031.htm
Wiener Kinderkrippen Studie (WiKi): Die „Eingewöhnungsphase" von Kleinkindern in Kinderkrippen. Fachportal der Universität Wien. Online: https://bildungswissenschaft.univie.ac.at/psychoanalytische-paedagogik/forschung/abgeschlossene-projekte/wiener-kinderkrippen-studie-wiki-die-eingewoehnungsphase-von-kleinkindern-in-kinderkrippen/
Wilhelm, Klaus: Die frühe Kindheit und der späte Schmerz; in: Psychologie heute 5/2014, S. 26–30.
Winterhoff, Michael: Warum unsere Kinder Tyrannen werden. Oder: Die Abschaffung der Kindheit, Goldmann, München 2010.
Zastrow, Volker: „Gender Mainstreaming". Politische Geschlechtsumwandlung; in: Frankfurter Allgemeine Zeitung vom 19. Juni 2006, S. 8.
Zentrum Bayern Familie und Soziales: Bayerisches Familiengeld. Online: https://www.zbfs.bayern.de/familie/familiengeld/

Glossar

ACTH: Abkürzung für Adrenocorticotropin. Dieses Hormon wird im Vorderlappen der Hirnanhangsdrüse gebildet und steuert u. a. die Ausschüttung von Cortisol durch die Nebennieren.

Basisursache: Gegenbegriff zur angeblichen Einseitigkeit, die Krippenbefürworter in Gesprächen über die Folgen dieses Systems häufig als Vorwurf aufführen. Es geht bei diesem Thema aber nicht um Mono-, sondern um Grundkausalität, um Letzt-Ursachen, die sich freilich bei jedem Menschen anders und unterschiedlich stark auswirken können.

Betreuungsquote in Ost- und Westdeutschland (Stand: 2016):
- ab einem Jahr: in allen ostdeutschen Kreisen mindestens 50 %, Frankfurt a. d. Oder 84, 5 %, Westdeutschland: 28, 8 %, nur in fünf Kreisen und Städten etwa 50 %;
- ab zwei Jahren: in 75 von 77 ostdeutschen Kreisen bis 80 % und mehr (Kreis Elbe-Elster in Brandenburg: 99,9 %), Westdeutschland: 54,4 %.
(Quelle: Textor, Martin R. u. Bostelmann, Antje: Das Kita-Handbuch Online: https://www.kindergartenpaedagogik.de/)

Bilirubin: gelber Gallenfarbstoff, der nach der Geburt natürlicherweise vermehrt durch den Abbau von Hämoglobin (rotem Blutfarbstoff) entsteht. Die Werte können bei langsamerem Abbau in der Leber erhöht sein. Diese benötigt dazu Zucker, der durch das Kolostrum bereitgestellt wird. Daher ist Stillen gleich nach der Geburt und so oft wie möglich wichtig.

Cortisol: gilt als das Stresshormon schlechthin; es wird in der Nebenniere gebildet.

Epigenetik: wörtlich: „um das Genom herum". Demnach gibt es unterschiedliche genetische Aktivierungsmuster und bei genetischer Gleichheit verschiedene Varianten von Hirnfunktionen, z. B. hinsichtlich der sogenannten Stressachse, der Ausbildung von Depressionen, Angststörungen usw.

Gender: Auf der Weltfrauenkonferenz in Peking 1995 gelang die Durchsetzung der Genderideologie. Deren Ziele, wie die Abschaffung der Unterscheidung zwischen Mann und Frau, der Vollzeitmütter und der Elternrechte, mehr Sex, mehr Verhütung, mehr Abtreibungen, mehr homosexuelles Verhalten usw. finden heute die Unterstützung u. a. der Vereinten Nationen.

Kognition: von cognoscere, lat. für „erkennen, erfahren".

morgendlicher Cortisolspiegel: ist normalerweise erhöht und flacht über den Tag hinweg ab. Der höhere morgendliche Wert bringt den Schwung, den wir brauchen, um den Tag zu beginnen. Liegt er generell zu niedrig, haben wir dauerhaft schon morgens zu wenig Kraft und eine geringe Stresstoleranz.

Empfehlungen für Sexualaufklärung der Bundeszentrale für gesundheitliche Aufklärung:
- 0–4 Jahre: frühkindliche Masturbation;
- 4–6 Jahre: Selbstbefriedigung, Homosexualität;
- 6–9 Jahre: Geschlechtsverkehr, Verhütung, Lust;
- 9–12 Jahre: Gender-Orientierung;
- 12–15 Jahre: alles über das Thema „Sex".

Neugeborenenreflexe: angeborene Reflexe zu Schutzzwecken, z. B. der Greifreflex. Wenn das Baby lernt, seine Muskeln bewusst zu kontrollieren, verlieren sie sich.

Opioide: starke Schmerzmittel.

oral: von os, lat. für „Mund": durch den Mund.

präverbal: vorsprachliche Lautbildung.

Sexualpädadogik der Vielfalt: basiert ideologisch auf dem Neomarxismus der 68er, deren Vertreter (z. B. Herbert Marcuse) freien Sex in jeder Form bis hin zur Pädophilie als „revolutionäres Potenzial" propagierten. Diese Theorien beruhen u. a. auf den Schriften des Sexualreformers Wilhelm Reich aus den 1920er-Jahren, die während der 68er-Studentenrevolte an den Universitäten verteilt wurden. Helmut Kentler, Sozialpädagoge an der Universität Hannover, war ab den 1970er-Jahren ein weiterer Vordenker und Pädophiliebefürworter. Seit 2015 wird das sogenannte „Kentler-Experiment" untersucht: Er hatte in den 1960er-Jahren mindestens drei obdachlose Jugendliche bei pädophilen Männer untergebracht, und das unter der Obhut der Berliner Senats-Jugendverwaltung. Ein heutiger Vordenker ist der Sozialpädagoge Uwe Sielert, der u. a. das Kinderbuch „Lisa und Jan" für Vier- bis Achtjährige verfasst hat. Darin werden sexuelle Handlungen zwischen Kindern gezeigt, beschrieben und zur Nachahmung empfohlen. Sielert war Mitarbeiter der Bundeszentrale für gesundheitliche Aufklärung.

Symbiose: enge Lebensgemeinschaft zum gegenseitigen Vorteil.

Stellungnahme zum „Tag des Kindes" 2018: Kinder sind die Zukunft unserer Gesellschaft

Das soziale Verhalten eines Erwachsenen wird wesentlich von den frühen Entwicklungsbedingungen geprägt. Entwicklungspsychologische Erkenntnisse, die Bindungsforschung, die Säuglings- und Kleinkind- und die Hirnforschung geben wissenschaftlich gesicherte Auskunft über hilfreiche und schädigende Einflüsse auf die Kindesentwicklung.

Verkürzt gelten dabei die Aussagen:
- Gute Beziehung verbessert die Chancen von Erziehung!
- Bindung ist die wichtigste Voraussetzung für Bildung!
- Die Fähigkeit für demokratisches, freiheitliches und tolerantes Verhalten wird durch die frühe Beziehungsqualität zwischen Eltern und Kind gewonnen!

Deshalb ist eine Politik zu fordern, die optimale Entwicklungsbedingungen für Kinder fördert. Wir treten daher für eine Familienpolitik ein, die es den Eltern erlaubt, ihre Kleinkinder selbst zu betreuen.

Wir fordern:
- ein Grundgehalt für Eltern für die ersten drei Jahre eines Kindes (incl. sozialer Absicherung), das alternativ auch zur Finanzierung einer außerhäuslichen Betreuung nach Wahl der Eltern verwendet werden kann.
- Erleichterung von Teilzeitarbeit von Eltern bei gleichzeitigem Karriereschutz, z.B. in Form von Home-Office-Arbeitsplätzen.
- Kostenlose Angebote für „Eltern-Schulen" zur Verbesserung der Beziehungsfähigkeit von Eltern und als Hilfe zur Konfliktbewältigung.
- Kinderkrippen für Kinder unter drei Jahren sollten nur aus Not- und Ausnahmegründen vorgehalten werden mit optimalen Betreuungsmöglichkeiten durch einen hohen Personalschlüssel (2–3 Kinder/Krippenbetreuer).

Diese Stellungnahme haben unterzeichnet:
Dr. Hans-Joachim Maaz, Psychoanalytiker und Psychiater
Dr. Rainer Böhm, Leitender Arzt des Sozialpädiatrischen Zentrums, Bielefeld Bethel
Dr. Gerald Hüther, Neurobiologe
Prof. Dr. Hans Sachs, Psychotherapeut, Facharzt für Frauenheilkunde und Geburtshilfe
Prof. Dr. Serge Sulz, Psychiater, Psychologe, Psychotherapeut

sowie die Mitglieder des Bündnisses „Rettet die Familie":

Antje Kräuter, Diplompsychologin, Psychologische Psychotherapeutin
Marlies Wildberg, Diplompsychologin, Psychologische Psychotherapeutin

Pressestelle Verband Familienarbeit e.V.
30. Mai 2018
(http://familienarbeit-heute.de/?p=4965)

Anmerkungen

1. Vgl. Götze, Hanne K.: Kinder brauchen Mütter. Die Risiken der Krippenbetreuung – Was Kinder wirklich stark macht, Ares, Graz 2011, S. 28 ff.
2. Neufeld, Gordon u. Maté, Gabor: Unsere Kinder brauchen uns! Die entscheidende Bedeutung der Kind-Eltern-Bindung, Genius, Bremen 2006, S. 22.
3. Vgl. Fegter, Renate: Näher zu Mama. Sensorische Stimulation durch Familienbett; in: Stillzeit 2/2004, S. 34 f., hier S. 34.
4. Schore, Allan: Gesundheit und Krankheit: Entwicklungspsychologische Entstehungsbedingungen. Vortrag auf der 63. Jahrestagung der Deutschen Gesellschaft für Sozialpädiatrie und Jugendmedizin am 23. September 2011 in Bielefeld.
5. Vgl. u. a. Sachs, Hans: Freud und der Gender-Plan, agenda, Münster 2017, S. 67.
6. Vgl. Uvnäs–Moberg, Kerstin: Oxytocin, das Hormon der Nähe. Gesundheit – Wohlbefinden – Beziehung, Springer, Berlin u. Heidelberg 2016, S. 93.
7. Ebenda, S. 24.
8. Ebenda, S. 102.
9. Vgl. Behncke, Burghard: Zur Erhöhung der Zahl der Kinderkrippenplätze in Deutschland; in: Herman, Eva u. Steuer, Maria (Hg.): Mama, Papa oder Krippe? Erziehungsexperten über die Risiken der Fremdbetreuung, SCM Hänssler, Holzgerlingen 2010, S. 87–134, hier S. 94, sowie Mahler, Margaret S.: Symbiose und Individuation; in: Psyche. Zeitschrift für Psychoanalyse und ihre Anwendungen 7/1975, S. 609–625.
10. Welter, Biggi: Stillberatung – Verschlucken beim Stillen. Online: https://www.rund-ums-baby.de/stillberatung/verschlucken-beim%20stillen_134031.htm.
11. Guóth-Gumberger, Márta u. Hormann, Elisabeth: Stillen. Rat und praktische Hilfe für alle Phasen der Stillzeit, Graefe und Unzer, München 2000, S. 14.
12. o. A.: Weniger Werbung für Süßes und Junk Food? WHO fordert Beschränkungen, tagesschau.de vom 29. Dezember 2017.
13. Vgl. Martin, Richard M., Ness, Andrew R. et al.: Does Breast-Feeding in Infancy Lower Blood Pressure in Childhood? The Avon Longitudinal Study of Parents and Children (ALSPAC); in: Circulation 10/2004, S. 1259–1266, sowie Pressetext Austria: Stillen reduziert den Blutdruck. Blutdruckwerte bereits sehr früh festgelegt, www.pressetext.com vom 2. März 2004.
14. Sporleder, Elke: Hinweise zum Stillen in den ersten Lebenstagen; in: dies.: Problemlos stillen? – Natürlich!, Selbstverlag, Hannover 1995.
15. Vgl. Walker, Marsha: Zufüttern des gestillten Kindes: Nur eine einzige Flasche wird nicht schaden – oder doch?; in: Stillzeit 2/2004, S. 20 f.
16. Vgl. Reich-Schottky, Utta: Gefahren der künstlichen Säuglingsernährung; in: Stillzeit 2/2004, S. 18 f., sowie Weimer, John P.: Wirtschaftliche Aspekte des Stillens. Überblick und Analyse; in: Stillzeit 4/2005, S. 4–11.
17. Bundesinstitut für Risikobewertung: Stillen ist gesund und kann nicht warten. Online: https://www.bfr.bund.de/de/presseinformation/2017/25/stillen_ist_gesund_und_kann_nicht_warten-201173.html
18. Vgl. Jacoby, Anne u. Vollmers, Florian: Vorsicht Opferfalle!; in: Frankfurter Allgemeine Hochschulanzeiger 84/2006, S. 27 sowie Frömel, Susanne: Die Nippel der Welt. Wie aus der scheinbar harmlosen Tätigkeit des Stillens ein Religionsersatz werden konnte. Online: https://sz-magazin.sueddeutsche.de/frauen/die-nippel-der-welt-76715.

19 Vgl. Reich-Schottky, Utta: 30 Jahre IBFAN: David gegen Goliath – Mehr als ein Geburtstag; in: Stillzeit 4/2009, S. 29 ff., sowie Bergmann, Christine: Was ich schon immer mal sagen wollte: Erfahrungen aus 38 Jahren Stillberatung; in: Stillzeit 3/2015, S. 18.
20 Weimer: Wirtschaftliche Aspekte des Stillens, S. 12.
21 Vgl. Reich-Schottky: Gefahren.
22 Vgl. Meves, Christa: Geheimnis Gehirn. Warum Kollektiverziehung und andere Unnatürlichkeiten für Kleinkinder schädlich sind, Resch, Gräfelfing 2005, S. 53 ff.
23 Ebenda, S. 57.
24 Vgl. Khreninger, Charlotte von: Was kümmert uns die WHO? Offizielle Stillempfehlungen in Deutschland; in: Stillzeit 5/2004, S. 33 ff., sowie Both, Denise u. Reich-Schottky, Utta: Wie lange kann, soll oder darf eine Stillbeziehung dauern? Stellungnahme zur Stilldauer; in: Stillzeit 4/2009, S. 28. Online: https://www.lalecheliga.de/images/pdf/StellungnahmeStilldauer.pdf.
25 Vgl. Gresens, Regine: Häufige Fragen zum Langzeitstillen (1). Online: https://www.stillkinder.de/haeufige-fragen-zum-langzeitstillen/, und Stacherl, Sonja: Nähe und Geborgenheit. Durch Körperkontakt Säuglinge fördern, Walter, Zürich u. Düsseldorf 1997, S. 129.
26 Ebenda.
27 Vgl. Kuhn, Angelika u. Kuhn, Michael: Was brauchen „Krippenkinder"? Mutternähe oder Fremdbetreuung – Bindung oder Bildung. Online: http://www.laktationsberatung.de/pdf/Was%20brauchen%20Krippenkinder%20-%20Bindung%20oder%20Bildung%20-%20Angelika%20Kuhn.pdf.
28 Vgl. o. A.: Mutterbrust betäubt den Schmerz; in: Stillzeit 1/2003, S. 29.
29 Vgl. Uvnäs-Moberg: Hormon der Nähe, S. 70.
30 Ebenda, S. 90.
31 Vgl. Lothrop, Hannah: Das Stillbuch, 25., erw. u. vollst. überarb. Aufl., Kösel, München 2000, S. 135.
32 Sporleder: Hinweise zum Stillen.
33 Vgl. Uvnäs-Moberg: Hormon der Nähe, S. 94 f.
34 Ebenda.
35 Vgl. Sears, William: werden; in: für uns. Das Magazin für mehr Lebensfreude, 2017, S. 23–26..
36 Vgl. Thiemeiner, Barbara: Der menschliche Säugling als Tragling; in: AFS-Rundbrief 11/1996, S. 14 ff.
37 Vgl. o. A.: Muttersersatzmittel und Attrappen in der Säuglingspflege im Laufe der Kulturgeschichte; in: AFS-Rundbrief 8/1998, S. 9 ff.
38 Vgl. Der menschliche Säugling als Tragling – unter besonderer Berücksichtigung der Prophylaxe gegen Hüftdysplasie. Auszug aus der Dissertation von Dr. Evelin Kirkilionis, Universität Freiburg, 1990; in: AFS-Rundbrief 8/1998, S. 9–119.
39 Vgl. Kirkilionis, Evelin: Ein Baby will getragen sein. Alles über geeignete Tragehilfen und die Vorteile des Tragens, 10. Aufl., Kösel, München 2009.
40 Vgl. Stacherl: Nähe und Geborgenheit, S. 181, sowie Schmidt, Nicola: Artgerecht. Das andere Baby-Buch. Natürliche Bedürfnisse stillen, gesunde Entwicklung fördern, naturnah erziehen, 4. Aufl., Kösel, München 2015, S. 163 ff.
41 Vgl. Kirkilionis: Tragehilfen, S. 43 ff.
42 Ebenda, S. 43 ff.
43 Vgl. ebenda, S. 46 ff.
44 Vgl. ebenda, S. 86 ff.
45 Vgl. ebenda, S. 53 ff., S. 64 ff., S. 72 ff.
46 Vgl. ebenda, S. 104 ff.
47 Vgl. Schmidt: Artgerecht, , S. 166 f.
48 Vgl. ebenda, S. 165.
49 Vgl. Kirkilionis: Tragehilfen, S. 101 f.
50 Meves: Geheimnis Gehirn, S. 96.
51 Herman, Eva: Das Eva-Prinzip. Für eine neue Weiblichkeit, Pendo, München u. Zürich 2006, S. 127.
52 Franz, Matthias: Die Sprache der Gefühle. Die Entwicklung unserer emotionalen Fähigkeiten; in: Herman, Eva u. Steuer, Maria (Hg.): Mama, Papa oder Krippe? Erziehungsexperten über die Risiken der Fremdbetreuung, SCM Hänssler, Holzgerlingen 2010, S. 55–86, hier S. 72.
53 Ebenda.
54 Ebenda, S. 76 f.
55 Ebenda, S. 72.
56 Vgl. Spreng, Manfred u. Seubert, Harald: Vergewaltigung der menschlichen Identität. Über die Irrtümer der

Gender-Ideologie, hg. v. Andreas Späth, 4., überarb. u. erw. Aufl., Logos Editions, Ansbach 2014.
57 Vgl. Hellbrügge, Theodor: Kind und Sprache. Eingangsreferat auf dem Internationalen Symposium „Früherkennung von Hörstörungen und frühe Sprachanbahnung" an der Universität Köln, 9.–10. März 2001. Abgedruckt als ders.: Sprache als Funktion des Säuglingsalters; in: Pediatrics and Related Topics (= Pädiatrie und Grenzgebiete) 6/2001, S. 491–496.
58 Vgl. ebenda sowie Franz: Sprache der Gefühle, S. 72 und 76 f.
59 Vgl. Neufeld, Gordon: Gute Beziehungen und offene Herzen; in: Herman, Eva u. Steuer, Maria (Hg.): Mama, Papa, oder Krippe? Erziehungsexperten über die Risiken der Krippenbetreuung, SCM Hänssler, Holzgerlingen 2010, S. 11–26., hier S. 19.
60 Herman: Eva-Prinzip, S. 128.
61 Vgl. Grobe, Thomas G., Dörning, Hans u. Schwartz, Friedrich Wilhelm: Barmer GEK Arztreport 2012, Asgard, St. Augustin 2012.
62 Vgl. Mühlan, Claudia: Bleib ruhig, Mama! Die ersten drei Jahre. Tips zur Kleinkinderziehung, 8. Aufl., Schulte & Gerth, Aßlar 1993, S. 96.
63 Vgl. Meves: Geheimnis Gehirn, S. 45 ff. u. S. 75 f.
64 Vgl. Uvnäs-Moberg: Hormon der Nähe, S. 29, S. 104, S. 245.
65 Ebenda.
66 Vgl. Stacherl: Nähe und Geborgenheit, S. 58.
67 Vgl. Caspers, Kirsten: Stillen und Mutter-Kind-Kontakt während des Schlafens. Kindliche Nachtruhe aus anthropologischer Sicht; in: Stillzeit 4/2006, S. 34 f.
68 Vgl. Renz-Polster, Herbert: Kinder verstehen. Born to be wild: Wie die Evolution unsere Kinder prägt, Kösel, München 2012, S. 100.
69 Vgl. Small, Meredith F.: Schlaf bei mir: Ein transkultureller Blick auf das Schlafen im Familienbett; in: Stillzeit 4/2006, S. 36 ff. Online: https://rabeneltern.org/index.php/wissenswertes/schlafen-wissenswertes/1215-qschlafbei-mir-ein-transkultureller-blick-auf-das-schlafen-im-familienbettq.
70 Ebenda, S. 36
71 Ebenda.
72 Vgl. Fegter: Näher zu Mama, sowie Berufsverband der Kinder- und Jugendärzte e. V.: Plötzlicher Kindstod: Säuglinge sollten in ihrem eigenen Bettchen schlafen, Pressemitteilung vom 29. März 2016. Online: https://www.kinderaerzte-im-netz.de/news-archiv/meldung/article/ploetzlicher-kindstod-saeuglinge-sollten-in-ihrem-eigenen-bettchen-schlafen/.
73 Vgl. Seabrook, John: Mit dem Baby zusammen schlafen; in: Stillzeit 6/2002, S. 22. Online: https://attachment-parenting.de/mit-dem-baby-zusammen-schlafen-von-john-seabrook/.
74 Vgl. ebenda sowie o. A.: Hauptkritikpunkte am Bestseller „Jedes Kind kann schlafen lernen" und am sogenannten „Ferbern". Online: https://rabeneltern.org/index.php/wissenswertes/schlafen-wissenswertes/1223-hauptkritikpunkte-am-bestseller-qjedes-kind-kann-schlafen-lernenq-und-dem-sogenannten-qferbernq.
75 Vgl. Kast-Zahn, Annette u. Morgenroth, Hartmut: Jedes Kind kann schlafen lernen, Gräfe und Unzer, München 2007, S. 111.
76 Ebenda, S. 50.
77 Vgl. Sunderland, Margot: Die neue Elternschule. Kinder richtig verstehen und liebevoll erziehen, Dorling Kindersley, München 2017, S. 40.
78 Vgl. o. A.: Hauptkritikpunkte.
79 Sears, William: Schlafen und Wachen. Ein Elternbuch für Kindernächte, La Leche Liga Schweiz, Zürich 1991.
80 Vgl. Caspers: Mutter-Kind-Kontakt.
81 Vgl. Tirkot, Christine: Gemeinsam schlafen – Chance oder Risiko; in: Stillzeit 4/2006, S. 14–19.
82 Vgl. Nowak, Britta: Familienbett und SIDS; in: Stillzeit 6/2002, S. 23 f.
83 Ebenda, S. 23.
84 Vgl. Ball, Helen L.: To sleep or not to sleep – Familienbettforschung in Großbritanien; in: Stillzeit 6/2002, S. 16–19.
85 Vgl. Hellbrügge: Kind und Sprache.
86 Vgl. Maaz, Hans-Joachim: Der Lilith-Komplex. Die dunklen Seiten der Mütterlichkeit, dtv, München 2005, S. 29.
87 Ebenda, S. 81.

88 Vgl. Bard, Kim A.: Die Entwicklung von Schimpansen, die von Menschen aufgezogen wurden. Fähigkeiten der Mütter, Bindung und Bewältigungsverhalten; in: Brisch, Karl Heinz u. Hellbrügge, Theodor (Hg.): Kinder ohne Bindung. Deprivation, Adoption und Psychotherapie, Klett-Cotta, Stuttgart 2006, S. 44–60, sowie Uvnäs-Moberg: Hormon der Nähe, S. 25 ff.
89 Vgl. Neufeld u. Maté: Unsere Kinder brauchen uns!, S. 17 f.
90 Ebenda.
91 Brocksieper, Sonja: „Gipfelstürmer brauchen ein Basislager!". So entstehen Bindung und Urvertrauen als Grundlage für Lebens- und Beziehungskompetenz; in: Team.F SeminarMagazin 4/2016, S. 4–7.
92 Vgl. Neufeld: Gute Beziehungen, S. 13.
93 Vgl. ebenda, S. 12, sowie ders. u. Maté: Unsere Kinder brauchen uns!, S. 34 ff., und Gill, Melanie P. K.: Mutterschaft: Entwertet und vorenthalten; in: Herman, Eva u. Steuer, Maria (Hg.): Mama, Papa oder Krippe? Erziehungsexperten über die Risiken der Fremdbetreuung, SCM Hänssler, Holzgerlingen 2010, S. 47–54, hier S.49 f.
94 Neufeld: Gute Beziehungen, S. 13.
95 Vgl. ebenda, S. 15, sowie ders. u. Maté: Unsere Kinder brauchen uns!, S. 57.
96 Ebenda sowie Bergmann, Wolfgang: An den Quellen des seelischen Lebens; in: Herman, Eva u. Steuer, Maria (Hg.): Mama, Papa oder Krippe? Erziehungsexperten über die Risiken der Fremdbetreuung, SCM Hänssler, Holzgerlingen 2010, S. 27–36, hier S. 33 f.
97 Neufeld: Gute Beziehungen, S. 18.
98 Bowlby, Richard: Die Bindungsbedürfnisse von Babys und Kleinkindern in Fremdbetreuung; in: Herman, Eva u. Steuer, Maria (Hg.): Mama, Papa oder Krippe? Erziehungsexperten über die Risiken der Fremdbetreuung, SCM Hänssler, Holzgerlingen 2010, S. 143–156, hier S. 146.
99 Vgl. Neufeld u. Maté: Unsere Kinder brauchen uns!, S. 22 ff., sowie Neufeld: Gute Beziehungen, S. 18 f.
100 Vgl. Tronick, Edward, Brazelton, T. Berry et al.: Infant Emotions in Normal and Pertubated Interactions. Präsentation auf dem Zweijahreskongress der Society for Research in Child Development 1975 in Denver, Colorado.
101 Vgl. Uvnäs-Moberg: Hormon der Nähe.
102 Vgl. Bergmann: Quellen, sowie Butzmann, Erika: Elternkompetenzen stärken. Bausteine für Elternkurse, E. Reinhardt, München u. Basel 2011, S. 26 f.
103 Neufeld u. Maté: Unsere Kinder brauchen uns!, S. 95.
104 Ebenda, S. 25.
105 Ebenda, S. 127.
106 Ebenda, S. 128.
107 Matějček, Zdeněk: Psychosoziale Bewertung von Kinderkrippen; in: Der Kinderarzt 4/1990, S. 561–569, hier S. 565.
108 Czerny, Adalbert: Der Arzt als Erzieher des Kindes, Deuticke, Leipzig u. Wien 1908, sowie Pechstein, Johannes: Die „Ja zum Kind" durch Kinderbewahranstalten?; in: Medizin und Ideologie. Informationsblatt der Europäischen Ärzteaktion 1/1993, S. 33–36, hier S. 35.
109 Bergmann: Quellen, S. 31.
110 Ebenda, S. 32.
111 Götze: Kinder brauchen Mütter, S. 62.
112 Vgl. Neufeld u. Maté: Unsere Kinder brauchen uns!, S. 51 ff., sowie Neufeld: Gute Beziehungen, S. 26.
113 Vgl. Mühlan, Claudia u. Mühlan, Eberhard: Vergiß es, Mama! Tips für (angehende) Teenager-Eltern, 3. Aufl., Verlag Schulte & Gerth, Aßlar 1994, S. 141.
114 Vgl. Neufeld, Gordon; Maté, Gabor: Unsere Kinder brauchen uns: Die entscheidende Bedeutung der Eltern-Kind-Bindung, Genius Verlag Bremen, 2006, S. 76
115 Vgl. Götze: Kinder brauchen Mütter, S. 169.
116 Vvgl. Neufeld u. Maté: Unsere Kinder brauchen uns!, S. 67 f.
117 Bergmann: Quellen, S. 34.
118 Ebenda.
119 Vgl. Götze: Kinder brauchen Mütter, S. 119.
120 Vgl. Roth, Gerhard: Persönlichkeit, Entscheidung und Verhalten. Warum es so schwierig ist, sich und andere zu ändern, 9., akt. u. erw. Aufl., Klett-Cotta, Stuttgart 2015, S. 32 f.
121 Ebenda, S. 33, sowie Main, Mary u. Solomon, Judith: Discovery of an Insecure-Disorganized/Disoriented Attachment Pattern; in: Brazelton, T. Berry u. Yogman, Michael W. (Hg.): Affective Development in Infancy, Ablex, Norwood 1986, S. 95–124.
122 Vgl. Franz: Sprache der Gefühle, S. 59, sowie Lakotta, Beate u. Thimm, Katja: „Das Ich ist eine Einbahnstraße". Der Hirnforscher Gerhard Roth über das Entstehen von Persönlichkeit, die Schwierigkeit, sich und andere zu ändern, die neuronale Automatisierung menschlichen Verhaltens und das kol-

lektive Scheitern der deutschen Pädagogik vor Hitler; in: Der Spiegel 35/2007, S. 124–127, hier S. 127, Matějček: Psychosoziale Bewertung, S. 561.
123 Vgl. Franz: Sprache der Gefühle, S. 58.
124 Vgl. Meves: Geheimnis Gehirn, S. 106 ff.
125 Vgl. ebenda, S. 110 ff.
126 Vgl. Götze: Kinder brauchen Mütter, S. 152 ff., S. 184 ff., S. 186 ff.
127 Vgl. Neufeld u. Maté: Unsere Kinder brauchen uns!.
128 Vgl. ebenda, S. 105 ff.
129 Vgl. Voigt, Martin: Mädchen im Netz. Süß, sexy, immer online, Springer, Berlin u. Heidelberg 2016.
130 Vgl. ebenda, S. 125 ff., sowie u. Maté: Unsere Kinder brauchen uns!, S. 170 ff.
131 Neufeld: Gute Beziehungen, S. 23.
132 Meves: Geheimnis Gehirn, S. 17.
133 Roth: Persönlichkeit, Entscheidung und Verhalten, S. 119.
134 Vgl. ebenda, S. 118.
135 Vgl. Böhm, Rainer: Neurobiologische Aspekte der Kleinkindbetreuung; in: Dammasch, Frank u. Teising, Martin (Hg.): Das modernisierte Kind, Brandes & Apsel, Frankfurt a. M. 2013, S. 115–128, hier S. 117.
136 Vgl. Roth: Persönlichkeit, Entscheidung und Verhalten, S. 106 ff.
137 Lakotta u. Thimm: „Das Ich ist eine Einbahnstraße", S. 127.
138 Franz: Sprache der Gefühle, S. 59.
139 Vgl. Uvnäs-Moberg: Hormon der Nähe, S. 42.
140 Vgl. Böhm: Neurobiologische Aspekte, S. 117.
141 Vgl. Uvnäs-Moberg: Hormon der Nähe, S. 67.
142 Vgl. ebenda, S. 27, u. S. 200.
143 Ebenda, S. 200.
144 Vgl. ebenda, 193 ff.
145 Vgl. Schore: Gesundheit und Krankheit.
146 Vgl. Franz: Sprache der Gefühle, S. 60.
147 Schore: Gesundheit und Krankheit.
148 Vgl. ebenda.
149 Bowlby: Bindungsbedürfnisse, S. 147.
150 Ebenda.
151 Herman: Eva-Prinzip, S. 111.
152 Vgl. Schore: Gesundheit und Krankheit, sowie Bieger, Wilfried: Cortisol-Spiegel bei Burn-Out und Chronic Fatigue Syndrom. Online: https://dr-bieger.de/cortisol-spiegel-bei-burn-out-und-chronic-fatigue-syndrom/.
153 Vgl. Böhm: Neurobiologische Aspekte, S. 119.
154 Vgl. Böhm, Rainer: Auswirkungen frühkindlicher Gruppenbetreuung auf die Entwicklung und Gesundheit von Kindern; in: Kinderärztliche Praxis 5/2011, S. 316–321, hier S. 318.
155 Vgl. Wilhelm, Klaus: Die frühe Kindheit und der späte Schmerz; in: Psychologie heute 5/2014, S. 26–30.
156 Seiler, Johannes: Stresshormon verringert Knochenstabilität bei Kindern. Pressemitteilung der Rheinischen Friedrich-Wilhelms-Universität Bonn vom 19. September 2014. Online: https://idw-online.de/de/news604291
157 Vgl. Böhm: Neurobiologische Aspekte, S. 119.
158 Bergmann: Quellen, S. 27.
159 Ebenda, S. 29.
160 Vgl. Franz: Sprache der Gefühle, S. 60.
161 Vgl. ebenda, S. 61.
162 Vgl. ebenda.
163 Vgl. ebenda.
164 Vgl. ebenda, S. 60.
165 Ebd.
166 Vgl. Butzmann: Elternkompetenzen, S. 42.
167 Vgl. ebenda, S. 24 ff, sowie dies.: Sozialkognitive Entwicklungstheorien in der Praxis. Theoretische Folgerungen aus der Praxis, Deutscher Studienverlag, Weinheim 2000.
168 Meves: Geheimnis Gehirn, S. 136 ff.
169 Neufeld u. Maté: Unsere Kinder brauchen uns!, S. 80 ff.
170 Butzmann: Elternkompetenzen, S. 27, unter Bezug auf Kaplan, Louise: Die zweite Geburt. Die ersten Lebensjahre des Kindes, 5. Aufl., Piper, München u. Zürich 1987.
171 Vgl. ebenda, S. 26 ff.
172 Vgl. ebenda.
173 Vgl. ebenda.
174 Vgl. ebenda, S. 28 f.
175 Vgl. ebenda, S. 34.
176 Ebenda, S. 32.
177 Neufeld u. Maté: Unsere Kinder brauchen uns!, S. 80 u. S. 85.
178 Vgl. Butzmann: Elternkompetenzen, S. 49.
179 Neufeld u. Maté: Unsere Kinder brauchen uns!, S. 85.
180 Butzmann: Entwicklungstheorien, S. 74 ff.
181 Vgl. Butzmann: Elternkompetenzen, S. 45.
182 Vgl. Meves: Geheimnis Gehirn, S. 145 f., sowie Neufeld u. Maté: Unsere Kinder brauchen uns!, S. 82.
183 Vgl. Meves: Geheimnis Gehirn, S. 137 f. u. S. 146 f.
184 Vgl. Butzmann: Elternkompetenzen, S. 30.
185 Vgl. ebenda, S. 44
186 Vgl. Meves: Geheimnis Gehirn, S. 154 ff.

187 Vgl. ebenda, S. 174, sowie Götze: Kinder brauchen Mütter, S. 121.
188 Götze: Kinder brauchen Mütter, S. 152 ff.
189 Vgl. Butzmann: Entwicklungstheorien, S. 21 ff.
190 Vgl. z. B. Bueb, Bernhard: Lob der Disziplin. Eine Streitschrift, List, Berlin 2006, oder Winterhoff, Michael: Warum unsere Kinder Tyrannen werden. Oder: Die Abschaffung der Kindheit, Goldmann, München 2010.
191 Bergmann: Quellen, S. 34 f.
192 Vgl. Meves, Christa: Was unsere Liebe vermag. Eine Lebenskunde, Herder, Freiburg i. Br., Basel u. Wien 1982, S. 39, sowie dies.: Geheimnis Gehirn, S. 292, und dies.: Von der Natur zum Geist. Der Mensch im Schöpfungsplan, Christiana im fe-Medienverlag, Kißlegg-Immenried 2017, S. 31.
193 Vgl. Meves: Geheimnis Gehirn, S. 273.
194 Butzmann: Elternkompetenzen, S. 49.
195 Vgl. ebenda, S. 93 ff.
196 Vgl. Meves: Geheimnis Gehirn, S. 152.
197 Vgl. Schmidt: Artgerecht, S. 194.
198 Vgl. Butzmann: Elternkompetenzen, S. 46.
199 Vgl. Uvnäs-Moberg: Hormon der Nähe, S. 95.
200 Vgl. ebenda, S. 88 f., S. 104.
201 Vgl. Bergmann: Quellen, S. 31 f.
202 Ebenda, S. 31.
203 Ebenda, S. 33.
204 Vgl. Götze: Kinder brauchen Mütter, S. 72 ff.
205 Vgl. Cahill, Larry: Sein Gehirn, ihr Gehirn; in: Spektrum der Wissenschaft 3/2006, S. 28–35, hier S. 30 f.
206 Ebenda.
207 Eia, Harald: Gehirnwäsche. Ep. 1: Das Gleichstellungs-Paradox. Dokumentation für das norwegische Fernsehen, Oslo 2010. Online: https://www.eva-herman.net/harald-eia-gehirnwaesche-das-gleichstellungs-paradox/.
208 Götze: Kinder brauchen Mütter, S. 74.
209 Vgl. Meves: Geheimnis Gehirn, S. 102 f.
210 Vgl. Biddulph, Steve: Jungen! Wie sie glücklich heranwachsen, Heyne, München 2002, S. 11.
211 Vgl. ebenda, S. 73–81.
212 Götze: Kinder brauchen Mütter, S. 152 ff, S. 175 ff.
213 Vgl. Rusanen, Erja: 40 Jahre frühkindliche Bildung in Finnland– eine kritische Auseinandersetzung. Vortrag auf der Tagung des Familiennetzwerkes und des Institutes für Bildungswissenschaften „‚Was kommt, wenn Familie geht?' – Erfahrungsberichte aus den skandinavischen Ländern" am 25. Mai 2013 in Frankfurt a. M.
214 Tronick: Infant Emotions.
215 Vgl. Liedloff, Jean: Auf der Suche nach dem verlorenen Glück. Gegen die Zerstörung unserer Glücksfähigkeit in der frühen Kindheit, C. H. Beck, München 1980, S. 35 u. S. 42 ff.
216 Vgl. Matějček: Psychosoziale Bewertung, S. 565.
217 Götze: Kinder brauchen Mütter, S. 17 ff.
218 Vgl. Liedloff: Suche nach dem verlorenen Glück, S. 44 f.
219 Vgl. Matějček: Psychosoziale Bewertung, S. 561, sowie ders.: Kinder ohne Liebe. Kinderkrippen in der Kritik, Dokumentarfilm von Kurt Goldberger, Prag 1963, und Hellbrügge, Theodor: Vom Deprivationssyndrom zur Entwicklungs-Rehabilitation; in: Brisch, Karl Heinz u. ders. (Hg.): Kinder ohne Bindung. Deprivation, Adoption und Psychotherapie, Klett-Cotta, Stuttgart 2006, S. 13–28, hier S. 13.
220 Vgl. Behncke, Burghard: Der sich beschleunigende Kreislauf zwischen der Kleinkindsozialisation in Kinderkrippen und gegenwärtigen Tendenzen in Wirtschaft und Gesellschaft; in: Psyche 3/2006, S. 237–252, hier S. 246.
221 Rusanen: 40 Jahre frühkindliche Bildung in Finnland.
222 Vgl. Lehn, Birgitta vom: Stress in der Krippe; in: fr.de vom 4. Oktober 2010.
223 Tietze, Wolfgang, Becker-Stoll, Fabienne et al.: NUBBEK. Nationale Untersuchung zur Bildung, Betreuung und Erziehung in der frühen Kindheit, Das Netz, Weimar u. Berlin 2013.
224 Vgl. Mauel, Angelika: Auf Kosten der Kinder und auf dem Rücken der Erzieherinnen. Online: www.fuerkinder.org/kinder-brauchen-bindung/aus-erfahrung-praxisbeitraege/303.
225 Medienbekannt wurden 2012 Kindesmisshandlungen in Krippen in Altenburg (Festbinden zum Schlafen) und 2014 im Raum Gera (Festbinden, Einsperren in dunklen Raum).
226 Sulz, Serge K. D. u. Tichy, Andrea: Mütter berichten über ihr Kind in der Kinderkrippe; in: Sulz, Serge K. D. et al. (Hg.): Schadet die Kinderkrippe meinem Kind? Worauf Eltern und ErzieherInnen achten und was sie tun können, CIP-Medien, München 2018, S. 233–244.
227 Stadler, Rainer: Vater, Mutter, Staat. Das Märchen vom Segen der Ganztagsbetreuung. Wie Politik und Wirtschaft die Familie zerstören, Ludwig, München 2014, S. 66.

228 Vgl. Behncke: Kinderkrippenplätze, S. 110.
229 Ebenda.
230 Götze, Hanne K.: „Ich kann und will das nicht mehr". Interview mit einer Krippenerzieherin aus Mecklenburg-Vorpommern; in: für uns. Das Magazin für mehr Lebensfreude 2017, S. 36 ff. Online: https://www.fuerkinder.org/kinder-brauchen-bindung/aus-erfahrungpraxisbeitraege/601-ich-kann-und-will-das-nicht-mehr.
231 Rabe, Wanda: Beginnen wir ohne Kindheit!; in: Sulz, Serge K. D. et al. (Hg.): Schadet die Kinderkrippe meinem Kind? Worauf Eltern und ErzieherInnen achten und was sie tun können, CIP-Medien, München 2018, S. 245–260, hier S. 255.
232 Vgl. Matějček: Psychosoziale Bewertung, S. 564.
233 Vgl. Scheerer, Ann-Kathrin: Krippenbetreuung sollte nicht schöngeredet werden. Die Risiken einer unreflektierten Trennung von Mutter und Kind durch frühkindliche Betreuung müssen für jedes einzelne Kind bedacht werden; in: Frankfurter Allgemeine Zeitung vom 10. Juli 2008, S. 8, sowie Mauel: Auf Kosten der Kinder.
234 Rusanen: 40 Jahre frühkindliche Bildung in Finnland.
235 Butzmann, Erika: Audiokommentar zum Film v. Mundzeck, Heike u. Braack, Holger: Krippenkinder. Familie und Tagesbetreuung in gemeinsamer Verantwortung, Hamburg 2011.
236 Vgl. Götze: Kinder brauchen Mütter, S. 92 f.
237 Vgl. Kalz, Manfred: Erfahrung in Kinderkrippen der DDR. Vortrag auf dem Internationalen Familienkongress in Dresden am 4. Oktober 1991.
238 Beronneau, Antje: Wochenkrippen in der DDR – Rückschau auf ein kollektives Trauma; in: Sulz, Serge K. D. et al. (Hg.): Schadet die Kinderkrippe meinem Kind? Worauf Eltern und ErzieherInnen achten und was sie tun können, CIP-Medien, München 2018, S. 15–21, hier S. 17.
239 Vgl. Meves: Geheimnis Gehirn, S. 121, sowie Dunovsky, Jiri: Morbidität von Kindern in Kinderkrippen in der Tschechoslowakei; in: Der Kinderarzt, 8/1990, S. 1180–1187..
240 Vgl. Böhm: Gruppenbetreuung, S. 318, sowie ders.: Kindergesundheit als gesellschaftlicher Auftrag. Vortrag auf der Tagung des Familiennetzwerkes und des Institutes für Bildungswissenschaften „,Was kommt, wenn Familie geht?' – Erfahrungsberichte aus den skandinavischen Ländern" am 25. Mai 2013 in Frankfurt a. M. Online: http://www.fuerkinder.org/files/A-Kindergesundheit.pdf.
241 Wiener Kinderkrippen Studie (WiKi): Die „Eingewöhnungsphase" von Kleinkindern in Kinderkrippen. Fachportal der Universität Wien. Online: https://bildungsanalytische-paedagogik.univie.ac.at/psychoanalytische-paedagogik/forschung/abgeschlossene-projekte/wiener-kinderkrippen-studie-wiki-die-eingewoehnungsphase-von-kleinkindern-in-kinderkrippen/.
242 Lehn: Stress in der Krippe; vgl. Eckstein, Tina, Kappler, Gregor et al.: Stressregulation bei Kleinkindern nach Krippeneintritt: Die Wiener Kinderkrippenstudie. Vortrag bei der 47. Jahrestagung der Deutschen Gesellschaft für Psychologie, Bremen 2010, sowie Böhm: Gruppenbetreuung, S. 318.
243 Vgl. Böhm, Rainer: Die Die dunkle Seite der Kindheit; in: Frankfurter Allgemeine Zeitung 81/2012, S. 7.
244 Vgl. Vermeer, Harriet J. u. van IJzendoorn, Marinus H.: Children's Elevated Cortisol Levels at Daycare: A Review and Meta-Analysis; in: Early Childhood Research Quarterly 3/2006 S. 390–401, sowie Böhm, Rainer: Wenn Kleinkinder chronisch gestresst sind. Gesundheitsrisiko Krippenbetreuung, pädiatrie hautnah, Sonderheft 1/2013, S. 16–18, hier S. 17.
245 Vgl. Böhm: Gruppenbetreuung, S. 318.
246 Vgl. Böhm: Die dunkle Seite der Kindheit.
247 Behncke: Kinderkrippenplätze, S. 100.
248 Böhm: Gesundheitsrisiko Krippenbetreuung, S. 16.
249 Vgl. Böhm: Die dunkle Seite der Kindheit, sowie ders.: Neurobiologische Aspekte, S. 122.
250 Vgl. Bieger: Cortisol-Spiegel.
251 Vgl. Böhm: Die dunkle Seite der Kindheit.
252 Vgl. Böhm: Gruppenbetreuung, S. 316.
253 Vgl. Behncke: Kleinkindsozialisation, S. 246, sowie U.S. Department of Health and Human Services – National Institute of Child and Human Development (Hg.): The NICHD Study of Early Child Care and Youth Development. Findings for Children up to Age 4½ Years, Rockville 2006, und Belsky, Jay: Kleinkindergruppen-Fremdbetreuung und Kindesentwicklung in den Grundschuljahren; in: Herman, Eva u. Steuer, Maria (Hg.):

Mama, Papa oder Krippe? Erziehungsexperten über die Risiken der Fremdbetreuung, SCM Hänssler, Holzgerlingen 2010, S. 135–142, S. 137.
254 Vgl. Böhm: Die dunkle Seite der Kindheit.
255 Ebenda.
256 Vgl. Behncke: Kinderkrippenplätze, S. 116.
257 Vgl. Belsky: Kleinkindergruppen-Fremdbetreuung, S. 137.
258 Vgl. Behncke: Kinderkrippenplätze, S. 114.
259 Vgl. Belsky: Kleinkindergruppen-Fremdbetreuung, S. 136.
260 Böhm: Gesundheitsrisiko Krippenbetreuung, S. 17, sowie Averdijk, Margit, Besemer, Sytske et al.: The Relationship Between Quantity, Type, and Timing of External Childcare and Child Problem Behavior in Switzerland; in: European Journal of Developmental Psychology 6/2011, S. 637–660.
261 Ebenda.
262 Böhm: Gruppenbetreuung, S. 318.
263 Lutterotti, Nicola von: Mütterliche Zuwendung mildert der Stressempfindlichkeit. Ein Gespräch mit dem Neurobiologen Michael Meaney, nzz.ch/ vom 5. Dezember 2014.
264 Vgl. Roth: Persönlichkeit, Entscheidung und Verhalten, S. 35 u. S. 49.
265 Lutterotti: Mütterliche Zuwendung.
266 Vgl. Behncke: Kinderkrippenplätze, S. 112, unter Bezug auf Grossman, Karin: Merkmale einer guten Gruppenbetreuung für Kinder unter 3 Jahren im Sinne der Bindungstheorie und ihre Anwendung auf berufsbegleitende Supervision; in: Deutscher Familienverband (Hg.): Handbuch Elternbildung, Bd. 2: Wissenswertes im zweiten bis vierten Lebensjahr des Kindes, Leske & Budrich, Opladen 1999, S. 165–184.
267 Neufeld: Gute Beziehungen, S. 14.
268 Ebenda, S. 23.
269 Böhm: Die dunkle Seite der Kindheit.
270 Ebenda.
271 Vgl. Uvnäs-Moberg: Hormon der Nähe, S. 227 u. S. 234 ff.
272 Vgl. Behncke: Kinderkrippenplätze, S. 99.
273 Ebenda.
274 Vgl. Matějček, Zdeněk: Über die Krippen in der Tschechoslowakei, in: Der Kinderarzt 6/1989, S. 834.
275 Weidt, Birgit: Aufarbeitung Ost: Die seelischen Spuren der DDR. Eein Gespräch mit dem Potsdamer Psychotherapeuten Michael Froese über die individuelle Verarbeitung traumatischer Erfahrungen in der ehemaligen DDR; in: Psychologie heute 4/2007, S. 40–43, hier S. 42.
276 Ritzert, Barbara: ADHS-Studie: Mehr Kinder werden diagnostiziert, aber zurückhaltender medikamentös therapiert, Informationsdienst Wissenschaft vom 3. Dezember 2014. Online: https://idw-online.de/de/news616568.
277 Ebenda.
278 Gebhardt, Birte et al.: ADHS bei Kindern und Jugendlichen. Befragungsergebnisse und Bewertung von Daten der Gmünder ErsatzKasse GEK, GEK Edition, Bremen u. Schwäbisch Gmünd 2008, S. 23 f.
279 Belsky: Kleinkindergruppen-Fremdbetreuung, S. 137.
280 Ekström, Christian Sörlie: The Swedish Model. Vortrag auf der Tagung des Familiennetzwerkes und des Institutes für Bildungswissenschaften „‚Was kommt, wenn Familie geht?' – Erfahrungsberichte aus den skandinavischen Ländern" am 25. Mai 2013 in Frankfurt a. M.
281 Rusanen: 40 Jahre frühkindliche Bildung in Finnland.
282 Moulin, Margarete: Liebe auf Distanz. Online: https://www.zeit.de/2013/37/frankreich-kinder-staatliche-fruehfoerderung.
283 Suwala, Abigail: Frankreichs dunkelste Zahl. Online: https://www.treffpunkteuropa.de/frankreichs-dunkelste-zahl.
284 Vgl. Moulin: Liebe auf Distanz, sowie Serban, Adrian: Vorbild Frankreich? Traditionsgebundene Fremdbetreuung vor dem Hintergrund aktueller anthropologischer und neurowissenschaftlicher Erkenntnisse; in: Sulz, Serge K. D. et al. (Hg.): Schadet die Kinderkrippe meinem Kind? Worauf Eltern und ErzieherInnen achten und was sie tun können, CIP-Medien, München 2018, S. 9–14, hier S. 9 ff.
285 Vgl. Maaz, Hans-Joachim: Der Gefühlsstau. Ein Psychogramm der DDR, Argon, Berlin 1990, S. 87.
286 Wasner, Michael: Suff mit Todesfolge – besonders im Osten, spiegel.de vom 11. Dezember 2012.
287 Butzmann, Erika: Vortrag zu den Risiken der frühen Krippenbetreuung, 2013. Online: http://nestbau-familie.de/fileadmin/user_upload/website_files/pdfs/Vortrag_Risiken_Krippenbetreuung_Frau_Butzmann.pdf.
288 Familienbund der Katholiken, LV Bayern: Viel Betreuung – viele Bildungsverlierer, Pressemitteilung vom 29. Juli 2014. Online: https://www.

erzbistum-muenchen.de/cms-media/media-28420020.pdf.
289 Vgl. Stadler: Vater, Mutter, Staat, S. 147.
290 Fort, Margherita, Ichino, Andrea u. Zanella, Giulio: Cognitive and Non-Cognitive Costs of Daycare 0–2 for Girls; in: IZA Discussion Paper Nr. 9756, Bonn 2016. Online: http://ftp.iza.org/dp9756.pdf.
291 Siems, Dorothea: Im Süden hält die Begeisterung für Familie an, welt.de vom 28. November 2007.
292 Vonhoff, Anna: Der Scheidungs-Ländercheck: Hier scheitern die meisten Ehen, focus.de vom 8. Juli 2013.
293 Vgl. Butzmann: Risiken.
294 Vgl. ausführlich in Götze: Kinder brauchen Mütter, S. 124 ff.
295 Vgl. Weidt: Spuren der DDR, S. 43, sowie Matějček: Psychosoziale Bewertung, S. 561, und Sachs: Freud und der Genderplan, S. 64.
296 Vgl. Fuchs, Stefan: Einstellungen zu Familie und Erwerbstätigkeit in Europa – Ostdeutschland als Avantgarde der „Moderne"?, o. O. 2007. Online: http://www.erziehungstrends.net/Familie/Ostdeutschland.
297 Vgl. Matějček: Psychosoziale Bewertung, S. 561, sowie Götze: Kinder brauchen Mütter, S. 152 ff.
298 Böhm: Die dunkle Seite der Kindheit.
299 Götze: Interview mit einer Krippenerzieherin, S. 37.
300 Vgl. Maaz, Hans-Joachim: Die narzisstische Gesellschaft. Ein Psychogramm, 2., durchges. Aufl., C. H. Beck, München 2012, S. 102 f.
301 Vgl. ausführlich in Götze: Kinder brauchen Mütter, S. 175 ff.
302 Böhm: Die dunkle Seite der Kindheit.
303 Pressestelle Verband Familienarbeit e.V.: Psychotherapeuten gegen staatliche Förderung der Fremdbetreuung von U3-Kindern. Kinder sind die Zukunft unserer Gesellschaft. Online: http://familienarbeit-heute.de/?p=4965.
304 Stadler: Vater, Mutter, Staat, S. 182.
305 Rusanen: 40 Jahre frühkindliche Bildung in Finnland.
306 Böhm: Gruppenbetreuung, S. 321.
307 Ministerium für Arbeit und Soziales der Tschechischen Republik: EU-Informationen über Kinderzulagen. Online: https://ec.europa.eu/social/main.jsp?catId=1106&langId=de&intPageId=4469.
308 Vgl. Stadler: Vater, Mutter, Staat, S. 181, sowie Götze: Kinder brauchen Mütter, S. 251.
309 Vgl. ebenda, S. 252.
310 Vgl. Stadler: Vater, Mutter, Staat, S. 173, sowie Borchert, Jürgen: Sozialstaats-Dämmerung, Riemann, München 2013.
311 Vgl. Götze: Kinder brauchen Mütter, S. 252.
312 Mouvement Mondial des Mères (Hg.): Was Müttern in Europa wichtig ist. Umfrage unter Müttern in Europa. Ergebnisse 2011, MMM Europe, Brüssel 2011. Online: http://www.maskulist.de/fileadmin/docu/Muetter.pdf, vgl. auch Stadler: Vater, Mutter, Staat, S. 184.
313 Zentrum Bayern Familie und Soziales: Bayerisches Familiengeld. Online: https://www.zbfs.bayern.de/familie/familiengeld/
314 Vgl. Maaz: Lilithkomplex, S. 192.
315 Vgl. DeRose, Laurie, Wilcox, W. Bradford et al.: The Cohabitation–go–Round: Cohabitation and Family Instability Across the Globe, Social Trends Institute, New York u. Barcelona 2017. Online: http://worldfamilymap.ifstudies.org/2017/files/WFM-2017-FullReport.pdf.
316 Vgl. Gill: Mutterschaft, S. 48 f., sowie Neufeld: Gute Beziehungen, S. 12 ff.
317 Uvnäs-Moberg: Hormon der Nähe, S. 9.
318 Vgl. Gill: Mutterschaft, S. 48 f.
319 Fuchs, Stefan: Gesellschaft ohne Kinder. Woran die neue Familienpolitik scheitert, Springer VS, Wiesbaden 2014.
320 Vgl. ebenda, S. 107 ff.
321 Hempel, Hans-Christoph: Säuglingsfibel. Entwicklung, Pflege und Ernährung im 1. Lebensjahr, 3., durchges. Aufl., S. Hirzel, Leipzig 1972, S. 173.
322 Marx, Karl u. Engels, Friedrich: Manifest der Kommunistischen Partei, Bildungs-Gesellschaft für Arbeiter, London 1848, S. 13 f.
323 Vgl. Haarer, Johanna: Die deutsche Mutter und ihr erstes Kind, J. F. Lehmanns, München 1934, S. 270 ff., sowie Götze: Kinder brauchen Mütter, S. 176 f.
324 Vgl. Fuchs: Gesellschaft ohne Kinder, S. 32 ff.
325 Stadler: Vater, Mutter, Staat, S. 142.
326 Ebenda, S. 143.
327 Bundesministerium für Familie, Senioren, Frauen und Jugend (Hg.): Familienreport 2009. Leistungen, Wirkungen, Trends, Berlin 2009, S. 14. Online: https://www.bmfsfj.de/bmfsfj/service/publikationen/familienreport-2009/95770.
328 Ebenda.
329 Bundesministerium für Familie, Senioren, Frauen und Jugend (Hg.): Investitionen in Infrastruktur für Familien – ein Motor für inklusives Wachstum.

Monitor Familienforschung Nr. 36, Berlin 2017, S. 7. Online: https://www.bmfsfj.de/blob/jump/116144/monitor-familienforschung--ausgabe-36---investitionen-in-infrastruktur-fuer-familien----data.pdf.

330 Vgl. Klonovsky, Michael: Ein Nagel im Sarg des westlichen Menschen. Was Gender und Gender-Mainstreaming mit Dekadenz zu tun haben; in: Focus 52/2010, S. 64 ff., sowie Zastrow, Volker: „Gender Mainstreaming". Politische Geschlechtsumwandlung; in: Frankfurter Allgemeine Zeitung vom 19. Juni 2006, S. 8.

331 Ebenda sowie vertiefend Kuby, Gabriele: Die globale sexuelle Revolution. Zerstörung der Freiheit im Namen der Freiheit, fe-Medienverlag, Kißlegg 2014, und Kotsch, Michael (Hg.): Abschied von den Geschlechtern. Die Gender-Ideologie im Vormarsch, Christliche Verlagsgesellschaft, Dillenburg 2008.

332 Vgl. Voigt, Martin: Aufklärung oder Anleitung zum Sex?; in: Frankfurter Allgemeine Zeitung vom 23. Oktober 2014, S. 6, sowie Götze: Kinder brauchen Mütter, S. 71.

333 Vgl. ebenda sowie Kuby: Die globale sexuelle Revolution, S. 77 ff., S. 112, S. 149 ff., sowie Gersdorff, Mathias von (Hg.): Ehe und Familie im Sperrfeuer revolutionärer Angriffe, Deutsche Vereinigung für eine Christliche Kultur, Frankfurt a. M. 2014, S. 35 ff., und Sachs: Freud und der Gender-Plan, S. 105.

334 Vgl. Voigt: Aufklärung oder Anleitung, sowie Gersdorff, Mathias von: Gender-Revolution in den Schulen. Angriff auf Elternrecht und Kindeswohl, Deutsche Vereinigung für eine Christliche Kultur, Frankfurt a. M. 2018.

335 Sozialpädagogisches Fortbildungsinstitut Berlin-Brandenburg u. Bildungsinitiative Queerformat (Hg.): Murat spielt Prinzessin, Alex hat zwei Mütter und Sophie heißt jetzt Ben. Sexuelle und geschlechtliche Vielfalt als Themen frühkindlicher Inklusionspädagogik. Handreichung für pädagogische Fachkräfte der Kindertagesbetreuung, Berlin 2018, S. 74.

336 Vgl. Meves: Geheimnis Gehirn, S. 196 ff.

337 Vgl. Sozialpädagogisches Fortbildungsinstitut Berlin-Brandenburg u. Bildungsinitiative Queerformat: Murat spielt Prinzessin, S. 50.

338 Vgl. Voigt: Aufklärung oder Anleitung, sowie Gersdorff: Gender-Revolution.

339 Vgl. Sozialpädagogisches Fortbildungsinstitut Berlin-Brandenburg u. Bildungsinitiative Queerformat: Murat spielt Prinzessin, S. 75.

340 Gehm, Karl-Heinz: Interview mit Olaf Scholz, deutschlandfunk.de vom 3. November 2002.

341 Stadler: Vater, Mutter, Staat, S. 176.

342 Sporleder, Elke: Kräftigungscocktail für erschöpfte Mütter und für Mütter, die an Gewicht verlieren bzw. deren Kinder nicht recht zunehmen wollen; in: dies.: Stillförderung – Stillmanagement: Infos für Multiplikatoren, unter Mitarb. v. Christiane Friedrich, Elizabeth Hormann, Angelika Kuhn, Still- und Laktationsberaterinnen IBCLC, Nr. 21 (o. J.).

343 Vgl. Götze: Kinder brauchen Mütter, S. 170 ff.

344 Prediger 3,1.

345 Vgl. Götze: Kinder brauchen Mütter, S. 160 ff.

346 Vgl. Mika, Bascha: Die Feigheit der Frauen. Rollenfallen und Geiselmentalität. Eine Streitschrift wider den Selbstbetrug, C. Bertelsmann, München 2011.

347 Vgl. Uvnäs-Moberg: Hormon der Nähe, S. 84 ff.

348 Vgl. ebenda, S. 101 ff.

349 Vgl. ebenda, S. 102.

350 Vgl. Götze: Kinder brauchen Mütter, S. 162.

351 Kuhn u. Kuhn: Mutternähe oder Fremdbetreuung.

352 Vgl. Götze: Kinder brauchen Mütter, S. 162.

353 Ebenda.

354 Vgl. ebenda, S. 161, sowie Bergmann, Christine: Brustkrebs und Stillen; in: Stillzeit 3/2004, S. 16.

355 Vgl. Stacherl: Nähe und Geborgenheit, S. 118.

356 Vgl. Reich-Schottky, Utta: Langes Langes Stillen – gut für Mamas Gelenke; in: Stillzeit 5/2004, S. 53.

357 Uvnäs-Moberg: Hormon der Nähe, S. 97.

358 Vgl. ebenda, S. 85, S. 90 ff.

359 Vgl. Götze: Kinder brauchen Mütter, S. 164.

Aus unserem Programm

ISBN 978-3-902475-94-7

ARES VERLAG

www.ares-verlag.com

Aus unserem Programm

ISBN 978-3-902732-90-3

ARES VERLAG

www.ares-verlag.com

Aus unserem Programm

ISBN 978-3-902732-39-2

ARES VERLAG

www.ares-verlag.com